Por qué olvidamos y cómo recordar mejor

Andrew E. Budson
Elizabeth A. Kensinger

Por qué olvidamos
y cómo recordar mejor

La ciencia que estudia la memoria

Título original: *Why we Forget and how to Remember Better: The Science Behind Memory*

© Oxford University Press, 2023

© Editorial Pinolia, S. L., 2024
   Calle de Cervantes, 26
   28014 Madrid
www.editorialpinolia.es
info@editorialpinolia.es

© Traducción: Equipo Pinolia
Por qué olvidamos y cómo recordar mejor se publicó originalmente en inglés en 2023. Esta traducción se publica por acuerdo con Oxford University Press. Editorial Pinolia es el único responsable de esta traducción de la obra original y Oxford University Press no tendrá ninguna responsabilidad por cualquier error, omisión o inexactitud o ambigüedad en dicha traducción o por cualquier pérdida causada por confiar en ella.

Colección: Divulgación científica
Primera edición: marzo de 2024

Depósito legal: M-2803-2024
ISBN: 978-84-19878-37-3

Corrección y maquetación: Palabra de apache
Diseño de cubierta: Álvaro Fuster-Fabra
Impresión y encuadernación: Liberdúplex S.L.

Printed in Spain - Impreso en España

ÍNDICE

PARTE III: CUANDO HAY POCA MEMORIA (O DEMASIADA)

PARTE IV: HACER LAS COSAS BIEN

PARTE V: TÉCNICAS PARA RECORDAR MEJOR

En la apasionante película de Christopher Nolan *Memento* (2000), su protagonista, Leonard Shelby, trata de encontrar al hombre que cree que asesinó a su mujer durante un violento allanamiento de morada. La búsqueda de Shelby se ve obstaculizada por una lesión en la cabeza que sufrió durante el ataque y que le hizo perder la capacidad de recordar los acontecimientos, por lo que depende de notas manuscritas, fotografías e incluso de mensajes tatuados para sí mismo con el fin de llevar a cabo la persecución. Parte de la genialidad de la película es que Nolan presenta la trama principal mostrando las escenas en orden inverso, de modo que la experiencia del público es similar a la de Leonard: los acontecimientos se suceden, pero no tenemos ni idea de lo que ocurrió en el pasado para llegar al momento presente, lo que nos obliga a intentar averiguar la identidad, el papel y los motivos de las personas con las que nos encontramos.

Afortunadamente, ver *Memento* es lo más cerca que la mayoría de nosotros estaremos nunca de experimentar la vida con un profundo e implacable deterioro de la memoria. Como alguien que ha dedicado toda su carrera al estudio de la memoria, una de las razones por las que *Memento* me parece tan convincente es que la película nos ayuda a apreciar el enorme papel que desempeña la memoria en nuestra vida cotidiana, algo que solemos dar por sentado, debido a que nuestros sistemas de memoria suelen funcionar perfectamente. Sin embargo, esto no siempre es así.

Por eso el nuevo libro de Andrew Budson y Elizabeth Kensinger es tan valioso. La memoria puede fallarnos de muchas maneras, con consecuencias que van desde las ligeramente molestas hasta otras que nos pueden cambiar la vida. Si no podemos recordar el nombre del actor que interpreta a Leonard aunque hayamos visto *Memento* y podamos imaginárnoslo, puede que nos sintamos frustrados, pero el daño no es grave (el actor se llama Guy Pearce). Sin embargo, resulta totalmente distinto si olvidamos tomar un medicamento esencial, no podemos recordar la información necesaria para rendir bien en un examen o identificamos incorrectamente a un inocente como autor de un delito.

Psicólogos y neurocientíficos han construido un impresionante cuerpo de conocimientos sobre la naturaleza del recuerdo y del olvido, especialmente durante las últimas décadas, y este conocimiento científico es esencial para comprender cómo combatir los diversos fallos de memoria que pueden asolarnos. Budson y Kensinger están íntimamente familiarizados con este conjunto de conocimientos, y ambos han llevado a cabo investigaciones que han contribuido a ampliar nuestra comprensión de la memoria. Y lo que es igual de importante, ambos han observado de primera mano las consecuencias cotidianas de los olvidos clínicamente significativos. Como neurólogo experto en la enfermedad de Alzheimer y otro tipo de alteraciones de la memoria relacionadas con la edad, Budson ha visto de cerca los trastornos que estas alteraciones pueden provocar en la vida cotidiana. Kensinger es un psicólogo que ha trabajado en el caso más famoso de pérdida de memoria conocido por la ciencia: Henry Molaison, al que la literatura científica nombra con las iniciales H. M. El olvido que experimentó Henry tras la extirpación quirúrgica de regiones cerebrales que ahora se sabe que son esenciales para la memoria fue tan generalizado que se convirtió en el patrón oro del deterioro de la memoria en la literatura científica, y probablemente en un modelo para el personaje de Leonard Shelby en *Memento*.

Basándose en sus experiencias combinadas, Budson y Kensinger no solo son capaces de ofrecer consejos prácticos sobre cómo combatir diversos tipos de olvidos, sino que también explican en un lenguaje fácil de entender por qué se producen estos lapsus. Cuando leas este libro, advertirás que algunas, quizá muchas, de las ideas que tenías sobre la memoria son incompletas o totalmente erróneas. Entenderás que la memoria no es algo único, sino que está compuesta por varios sistemas distintos, cada uno asociado a una red cerebral concreta. Aprenderás estrategias basadas en la investigación para crear nuevos recuerdos y estudiar con más eficacia. Comprenderás cómo influyen las emociones, el ejercicio, el sueño y la dieta en el recuerdo y el olvido. Te familiarizarás con las diferencias entre el olvido normal, relacionado con la edad, y el olvido como síntoma de la enfermedad de Alzheimer, y entenderás por qué nunca debes mentir a un enfermo de Alzheimer. Además, comprenderás que olvidar no siempre es negativo: el olvido nos aporta importantes beneficios.

También conocerás uno de los aspectos más fascinantes de la memoria, algo que los científicos solo han llegado a apreciar plenamente en los últimos años, y una idea en la que mis colegas y yo hemos trabajado intensamente: la memoria no se limita a recordar el pasado; también desempeña un papel crucial al permitirnos imaginar y planificar el futuro. Esta importante función también subraya que la memoria no es simplemente una repetición literal de experiencias pasadas, sino un proceso constructivo mucho más dinámico que apoya numerosas funciones cognitivas. El papel de la memoria en estas funciones —que van desde la planificación a la resolución de problemas y el pensamiento creativo— requiere un procesamiento flexible, es decir, la capacidad de utilizar experiencias pasadas de una manera diferente y en contextos novedosos. La memoria se adapta bien a estas tareas, pero esa misma flexibilidad también puede contribuir a que se produzcan errores y distorsiones al recordar. Como explican Budson y Kensinger, estas y otras complejidades de la memoria son enigmáticas y a veces sorprendentes, pero los investigadores las estudian y avanzan en la comprensión de su naturaleza y fundamento.

Al intentar describir su extraño estado mental a los demás, Leonard Shelby explicó que, aunque podía recordar experiencias pasadas anteriores a su traumatismo craneal, no podía crear nuevos recuerdos. «Todo se desvanece», reflexionaba. Por desgracia, todos somos susceptibles de sufrir desvanecimientos en nuestra memoria con el tiempo, aunque en menor medida que Leonard. Entender por qué ocurre y cómo reducir o incluso detener el olvido cuando interfiere en nuestra capacidad para realizar las tareas cotidianas constituyen pasos importantes para convertirse en un buen administrador de la propia memoria. Budson y Kensinger son los guías perfectos para acompañarte en este viaje.

Daniel L. Schacter, doctor
William R. Kenan Jr., catedrático de Psicología,
Universidad de Harvard
Newton, Massachusetts
enero de 2022

PREFACIO

S i eres como la mayoría de la gente, probablemente pienses que tienes una idea básica del funcionamiento de la memoria. Al fin y al cabo, la utilizas a diario para recordar cualquier cosa, desde tu imagen favorita de la infancia hasta la cena de anoche, pasando por todos los *ayeres* intermedios. También la utilizas para recordar hechos, como quiénes eran Cleopatra y Harriet Tubman, y qué ocurrió el 4 de julio de 1776. Y, por supuesto, utilizas la memoria cuando practicas escalas de piano y tecleas en el teléfono con los pulgares sin mirar las letras. Así que, si te hiciéramos algunas preguntas básicas sobre cómo funciona la memoria, tus respuestas podrían incluir:

- Mi memoria funciona como una grabadora de vídeo; grabo la información a través de mis ojos y oídos y luego reproduzco la grabación en mi cabeza cuando quiero recordar algo.
- La memoria evolucionó para recordar información textualmente.
- Olvidar cosas es una debilidad de nuestro sistema de memoria.
- Cuando alguien tiene amnesia, normalmente no puede recordar su nombre ni su identidad.
- Si alguien puede recordar su infancia con vívidos detalles, no puede estar sufriendo la enfermedad de Alzheimer.

- Si uno puede tocar una melodía de memoria, es decir, sin partitura, no tiene demencia.
- Al preparar un examen, subrayar y releer la información importante es el mejor método de estudio.
- Los juegos informatizados de entrenamiento cerebral son una forma eficaz de mantener mi memoria fuerte para las actividades cotidianas.

¿Y si te dijéramos que estás equivocado? ¿Y si te dijéramos que cada una de estas afirmaciones es completamente errónea?

Si te sientes confuso, no te preocupes, estás en buena compañía. En 2011, los investigadores Daniel Simons y Christopher Chabris descubrieron que la mayoría de las personas a las que encuestaron dieron respuestas incorrectas a preguntas como estas.[1] Resulta que muchos aspectos de nuestros recuerdos —y de lo que le ocurre a la memoria cuando se estropea— simplemente no son intuitivos. Los malentendidos sobre la memoria pueden llevarnos a aceptar como verdadera información que en realidad podría ser falsa. Esa es una de las razones por las que las distorsiones de la memoria —y los recuerdos totalmente falsos— son tan frecuentes incluso en personas perfectamente sanas.

¿POR QUÉ AHORA?

En los últimos veinticinco años, los campos de la psicología experimental y la neurociencia cognitiva han revelado muchos datos sobre el funcionamiento de la memoria. Ahora podemos responder a preguntas como:

- ¿Por qué evolucionó la memoria? (*Pista:* no es simplemente para recordar cosas).
- ¿Cuán fiable es el testimonio de los testigos oculares y qué influye en su fiabilidad?
- ¿Por qué son tan frecuentes los falsos recuerdos?

- ¿Cómo es posible que una persona con Alzheimer recuerde cómo se toca el piano pero no los nombres de sus nietos (o incluso que tiene hijos)?
- ¿Cuáles son las dietas, ejercicios físicos y actividades mentales que se ha demostrado científicamente que ayudan a mantener fuerte la memoria? (*Pista:* hay cambios en el estilo de vida que cualquiera puede hacer y no tienen por qué suponer un gran esfuerzo).
- ¿Cuáles son las formas más eficaces y probadas experimentalmente de estudiar para un examen?
- ¿Cómo recordar mejor datos cotidianos como el nombre de la persona que acabas de conocer o dónde has aparcado el coche?

CINCO PARTES

Para ofrecerte la respuesta a estas preguntas hemos dividido este libro en cinco partes.

En la parte I explicamos que la memoria no es una capacidad única, sino un conjunto de capacidades conscientes y no conscientes. Resulta que recordar un número de teléfono, lo que has desayunado, la temperatura a la que hierve el agua y cómo montar en bicicleta utiliza cuatro sistemas de memoria diferentes. Repasaremos cada uno de estos sistemas y explicaremos cómo funcionan en la vida cotidiana. Terminaremos hablando de la memoria colectiva y de lo que significa recordar para un grupo de individuos, o incluso para toda la sociedad.

En la parte II nos adentramos en el corazón de la memoria: cómo recordamos los acontecimientos que conforman nuestra vida. Aquí nos sumergimos en cómo creamos, almacenamos y recuperamos los recuerdos de estos acontecimientos. Repasamos el impacto de las emociones en la memoria. Debatiremos sobre si realmente podemos controlar lo que recordamos y lo que olvidamos. Y analizaremos algunas de las circunstancias interesantes (y comunes) en las que los recuerdos pueden distorsionarse o ser simplemente falsos. También consideramos la relación entre la confianza y la memoria, y demostramos que, aunque estés firmemente convencido de saber dónde estabas exactamente y qué estabas haciendo cuando te enteraste del asesinato de John F. Kennedy, de los ataques del 11 de septiembre o de los resultados de las elecciones presidenciales de 2016, puedes estar equivocado.

La parte III comienza explicando el modo en que los distintos trastornos neurológicos y médicos, como la enfermedad de Alzheimer, la esclerosis múltiple, la epilepsia, la enfermedad de Parkinson, los tumores cerebrales, las conmociones cerebrales/lesiones cerebrales traumáticas, la COVID-19, los problemas médicos, la anestesia, los cambios hormonales y los efectos secundarios de la medicación, pueden alterar la memoria. También repasamos cómo afectan a la memoria los problemas psiquiátricos y psicológicos, como la ansiedad, la depresión, el trastorno por déficit de atención con hiperactividad (TDAH) y el trastorno por estrés postraumático (TEPT). Terminamos hablando de las personas que representan el otro extremo, es decir, las que tienen una capacidad extraordinaria para retener y recordar información.

En la parte IV revisamos los cambios en el estilo de vida que pueden fortalecer o debilitar la memoria, incluyendo las últimas pruebas sobre ejercicio, nutrición, alcohol, cannabis, drogas, sueño, actividades sociales, música, atención plena, así como entrenamiento cerebral y otras actividades. También hablamos de lo que no funciona, como las dietas de moda, los medicamentos falsos y los juegos mentales que no cumplen lo que anuncian.

En la parte V hablaremos sobre las diferentes herramientas y estrategias que te ayudarán a recordar cualquier cosa, desde la lista de la compra o el vocabulario de francés hasta esa presentación que tienes que memorizar para el trabajo o el nombre de un colega al que no ves desde hace diez años. Explicaremos cómo Mark Twain enseñó a sus hijos a recordar a los monarcas ingleses y te enseñaremos a construir tu propio palacio de la memoria y a utilizar el sistema fonético.

Al final del libro, ofrecemos un resumen con algunos consejos que te ayudarán a recordar mejor.

Para ayudarte a recordar los temas principales de este libro hemos tenido al escribirlo en cuenta la ciencia del aprendizaje. Como veremos, la repetición de ideas clave espaciadas en el tiempo y la intercalación de temas diferentes pero relacionados entre sí facilitan recordar la información. Por esta razón, tal vez adviertas que algunos de los temas importantes se mencionan más de una vez. Debes saber que esta pequeña repetición es intencionada. También utilizamos metáforas que pueden imaginarse de forma concreta, otra estrategia conocida que favorece la retención.

Espaciar el aprendizaje —e idealmente dormir entre las sesiones de aprendizaje— puede ser útil para una memoria óptima. Por lo tanto, si tu objetivo principal es retener el contenido de este libro, no te recomendamos leerlo entero de un tirón. En lugar de eso, prueba a leer algunos capítulos, dedicar un tiempo a reflexionar sobre el contenido y volver a leerlo un poco más tarde, quizá después de dormir.

Hemos escrito este libro pensando en que pueda ser comprendido por todo el mundo, por ello hemos utilizado una gran variedad de ejemplos y metáforas para dar vida al texto. Esperamos que este libro te resulte interesante, útil y memorable, tanto si te encuentras al principio o al final de tu carrera, ya seas estudiante o maestro, o simplemente cuides de tus nietos o de tus abuelos.

UNAS PALABRAS DE AGRADECIMIENTO

Nuestro primer agradecimiento está dedicado a la doctora Mary K. L. Baldwin, neuroanatomista, investigadora y artista, por crear las maravillosas ilustraciones del libro. Nuestro segundo agradecimiento va dirigido a los numerosos colegas, estudiantes, amigos y familiares que tuvieron la amabilidad de leer y aportar comentarios y sugerencias sobre el texto, y a los estudiantes de arte que nos ayudaron a representar visualmente nuestras ideas: sus aportaciones nos ayudaron a centrar, aclarar e ilustrar muchos detalles y conceptos clave. También queremos dar las gracias a nuestros colegas y a las muchas personas que se han formado en nuestros laboratorios de investigación y clínicas por las conversaciones e intercambios que nos han inspirado a pensar de diferentes maneras sobre la memoria, a encontrar nuevas conexiones entre estudios y a sentirnos entusiasmados por todo lo que queda por descubrir.

Por último, pero no por ello menos importante, queremos expresar nuestro reconocimiento a nuestros mentores en este campo, Sue Corkin y Dan Schacter. Si no fuera por su investigación pionera, gran parte de la memoria seguiría siendo un misterio. Y, si no fuera por su paciente tutoría, no seríamos los profesores e investigadores de la memoria que somos hoy.

PARTE I
TODAS LAS FORMAS DE RECORDAR

1
LA MEMORIA NO ES UNA COSA

Uno de nosotros (Elizabeth) tuvo la oportunidad de realizar una investigación con un caballero llamado Henry Molaison (más conocido por sus iniciales, H. M.).[1] En 1953, a Henry se le extirpó la parte interior de los lóbulos temporales izquierdo y derecho (la zona del cerebro situada junto a las sienes) debido a unos ataques epilépticos difíciles de controlar. Desde un punto de vista técnico, las intervenciones quirúrgicas fueron bien. Pero, según se fue recuperando, los médicos e investigadores no tardaron en darse cuenta de algo muy preocupante: era incapaz de crear nuevos recuerdos. Podía leer y hablar, y si mantuvieras una breve conversación con él, probablemente no notarías nada extraño. Pero, cuando le visitaban sus familiares, aunque sabía quiénes eran, no recordaba que hubieran venido. Le presentaban a nuevos médicos y al día siguiente (o incluso a la hora siguiente) no recordaba haberlos conocido. Fue entonces cuando los médicos comprendieron que, de algún modo, la extirpación de esas partes del lóbulo temporal le habían provocado una amnesia total.

Casi cincuenta años después de esta intervención, Elizabeth, entonces estudiante de posgrado, conoció a Henry en el laboratorio de Suzanne Corkin en el Instituto Tecnológico de Massachusetts (MIT). Para entonces, Henry había estado muchas veces en el MIT, aunque no recordaba sus visitas anteriores. Normalmente venía por unos días. Un día se le pedía que resolviera unos crucigramas especiales que evaluaban su memoria en cuanto a palabras y conceptos.[2] Otro día realizaba unas pruebas de vocabulario y reglas gramaticales.[3] Días después se le pedía que recorriera una habitación varias veces y que recordara un lugar concreto de la alfombra que no estuviera marcado.[4] Durante la noche, era atendido por el personal de los servicios sanitarios universitarios del MIT. Al ser amnésico, a la mañana siguiente, alguien tenía que ayudarlo a llegar desde su dormitorio hasta el laboratorio del Dr. Corkin.

Durante una de sus visitas, Elizabeth se encargó de guiar a Henry hasta el laboratorio. Izquierda, derecha, derecha, recto, izquierda, los pasillos continuaban por el laberinto de pasadizos subterráneos del MIT. Pronto llegaron hasta una puerta, una puerta difícil de abrir que siempre suponía un problema para Elizabeth: había que mantener una palanca levantada mientras se giraba el pomo en la dirección correcta... ¿en el sentido de las agujas del reloj?, ¿o en sentido contrario? Después de observarla durante un minuto, Henry, siempre dispuesto a ayudar, se adelantó, realizó las complicadas maniobras correctas en la cerradura y abrió la puerta.

Sistemas de memoria

¿Cómo es posible que un individuo verdaderamente amnésico —alguien que, después de hablar con él durante una hora, no recordara conocerte diez minutos después— pueda recordar cómo realizar el procedimiento para abrir una cerradura tan complicada? Solo había una explicación posible, una que tal vez tú mismo hayas deducido tan rápidamente como los investigadores que trabajaron por primera vez con Henry en 1953: la memoria no puede ser una única habilidad. La memoria debe ser un conjunto de capacidades, de las cuales solo una depende de la parte de los lóbulos temporales que le extirparon a Henry.

No sería exagerado decir que el contraste entre la profunda amnesia de Henry para los acontecimientos y su capacidad para recordar otras cosas —como conocer el conjunto de movimientos necesarios para abrir la puerta— inauguró la era moderna de la investigación sobre la memoria. Ahora sabemos que existen múltiples sistemas de memoria en el cerebro, cada uno con su propia red anatómica que permite recordar distintos tipos de información. Estos sistemas de memoria pueden clasificarse de distintas formas, como el marco temporal en el que operan: a corto plazo (de segundos a minutos), a largo plazo (de minutos a varios años) y memoria remota (muchos años).

Los sistemas de memoria a largo plazo y a distancia suelen dividirse a su vez en sistemas *explícitos*, porque la conciencia es necesaria para el aprendizaje y la recuperación, e *implícitos*, porque la conciencia (aunque a veces esté presente) no es necesaria para el aprendizaje y la recuperación. La memoria explícita suele denominarse *declarativa*, porque es fácil decir o «declarar» lo que se ha aprendido, mientras que la memoria implícita también se denomina *no declarativa*, porque suele ser difícil verbalizar el recuerdo.

A continuación, se describen brevemente los principales sistemas de memoria (véase también la figura 1.1). (No te preocupes por los detalles; dedicaremos un capítulo aparte a cada uno de los sistemas importantes).

Sistemas de memoria explícita/declarativa a largo plazo y a distancia

- *La memoria episódica* es la memoria de episodios de tu vida, como, por ejemplo, cómo celebraste tu último cumpleaños o qué cenaste ayer (capítulo 4). La memoria episódica suele dividirse en diferentes partes, como la creación, el almacenamiento y la recuperación de recuerdos.
- *La memoria semántica* es la memoria de hechos e información, como el color de las rayas de un tigre, la utilidad de un tenedor y las nuevas palabras del vocabulario de tu clase de árabe (capítulo 5).

Figura 1.1. Los sistemas de memoria que permiten recordar distintos tipos de información en diferentes escalas temporales.

Sistemas de memoria implícita/no declarativa a largo plazo y a distancia

- *La memoria procedimental,* a veces denominada *memoria muscular,* es la memoria que se adquiere con la práctica, por ejemplo, al mover un palo de golf, montar en bicicleta, perfeccionar una postura de yoga o escribir al tacto en un teclado (capítulo 2). Entre los componentes importantes de la memoria procedimental se encuentran la planificación y la coordinación de movimientos.

- *La imprimación* se produce cuando un encuentro previo con un elemento concreto modifica tu respuesta al elemento actual, tanto si eres consciente de ello como si no. Por ejemplo, si estás haciendo un crucigrama y la pista es «especialidad culinaria americana», es más probable que pienses en «hamburguesa» si has visto recientemente un anuncio de McDonald›s, tanto si recuerdas haber visto el anuncio como si no.

- *El condicionamiento clásico* consiste en emparejar dos estímulos y se hizo famoso gracias al perro de Pávlov. Cuando el estímulo incondicionado (la carne) se empareja con el estímulo condicionado (la campana) varias veces, la respuesta (salivación) puede producirse solo a partir del estímulo condicionado. Este tipo de memoria es importante para los acontecimientos traumáticos y otros sucesos altamente emocionales, como los que pueden provocar un trastorno de estrés postraumático (TEPT).

Sistemas de memoria a corto plazo

- *La memoria de trabajo* permite mantener activamente la información «en la mente» y manipularla, como repetir un número de teléfono en silencio para uno mismo mientras se busca el teléfono para marcar el número, seguir una ruta mental para evitar el tráfico y calcular la propina en un restaurante (capítulo 3).

- *La memoria sensorial se refiere a* las imágenes, los sonidos, los olores, los sabores y las sensaciones táctiles momentáneos que afectan a la conciencia, como el color de una puesta de sol, el sonido del canto de un pájaro, el olor del café, el sabor de un melocotón maduro y la sensación del agua fría en la piel (capítulo 3). La memoria sensorial se desvanece rápidamente (en tres segundos o menos), aunque una parte se transfiere a la memoria de trabajo y otra se almacena finalmente en la memoria episódica.

Los sistemas de memoria trabajan juntos

Una vez que hemos dejado claro que nuestras capacidades de memoria se basan en un conjunto de sistemas de memoria distintos que procesan información diferente para fines distintos, debemos dejar igualmente claro que, en la vida cotidiana, los sistemas de memoria múltiples suelen actuar conjuntamente, almacenando simultáneamente información y acontecimientos de múltiples formas y en diferentes regiones cerebrales. También es cierto que ninguno de estos sistemas de memoria es completamente independiente: todos interactúan entre sí y, en muchos casos, dependen unos de otros.

Por ejemplo, cuando escuchas una canción nueva, la memoria sensorial de tus oídos y las áreas de procesamiento del sonido de tu cerebro se activan, almacenando la melodía de la canción durante unos segundos, lo suficiente para que pueda transferirse a tu sistema de memoria de trabajo. Mientras utilizas la memoria de trabajo y piensas conscientemente en la canción (quizá te fijes en el increíble solo de guitarra), tu memoria episódica se activará automáticamente y te recordará dónde estabas (en el coche) y qué estabas haciendo (yendo a cenar con unos amigos) cuando escuchaste la canción. La memoria episódica también relacionará la melodía de la canción con su nombre.

A la mañana siguiente, mientras te vistes, vuelves a oír la canción. Tu memoria episódica recuerda inmediatamente no solo el nombre de la canción, sino también dónde y cuándo la oíste: de camino a cenar con unos amigos. Te descargas la canción y la escuchas de camino al trabajo. A medida que sigues escuchando la canción en distintos lugares y momentos durante el mes siguiente (en el supermercado, esperando en la cola para tomar un café, paseando por el parque), se va formando una nueva memoria semántica que vincula la melodía de la canción con su nombre, de modo que cuando oyes la melodía te viene a la mente su nombre, y no una de las aproximadamente veinte veces que la escuchaste.

A finales de mes, decides que vas a aprender a tocar la canción con la guitarra. Buscas la partitura en Internet, lees los primeros compases y guardas las notas «en tu cabeza» utilizando tu memoria de trabajo. «Fa, mi, re, mi, si, re, sol, fa», te repites en silencio mientras tocas las notas en la guitarra, enseñando a tus dedos qué trastes pulsar y qué cuerdas rasguear mientras tu memoria procedimental aprende los movimientos motores necesarios para tocar la canción.

Un día te haces un pequeño corte en el dedo. Durante unos días, cada vez que tocas un acorde determinado, la cuerda roza la herida y experimentas un breve momento de dolor. A la semana siguiente, el corte se ha curado, pero tu cuerpo sigue preparándose para esa breve sacudida de dolor cada vez que colocas los dedos en posición para tocar ese acorde. Se ha producido un condicionamiento clásico que crea la asociación entre ese acorde y el dolor en el dedo. Solo después de un par de sesiones de práctica sin dolor, esa asociación empieza a desaparecer.

LOS SISTEMAS DE MEMORIA DEPENDEN UNOS DE OTROS

Estos ejemplos ilustran la interdependencia de los sistemas de memoria. La memoria sensorial es un precursor necesario de casi toda la memoria, ya que la mayor parte de lo que se recuerda llega a través de los sentidos. Aunque la memoria episódica es esencialmente «permanente», de modo que no es necesario intentar recordar los acontecimientos de la vida (simplemente suceden), cada vez que se intenta recordar intencionadamente una información (por ejemplo, dónde se ha aparcado el coche o la ecuación cuadrática), es necesario utilizar la memoria de trabajo para centrar la atención en la información. Si quieres adquirir nuevos datos (como el nombre de un restaurante nuevo o la conjugación de un verbo en español), primero tienes que recordarlos con la memoria episódica; solo más tarde (y generalmente a través de múltiples episodios de memoria) los nuevos datos pasan a formar parte de tu memoria semántica.

Algunos de los fenómenos de memoria más interesantes se producen cuando hay una divergencia en lo que recuerdan nuestros distintos sistemas de memoria, como cuando «olvidamos» un acontecimiento de nuestra memoria episódica, pero seguimos «recordándolo» utilizando un sistema de memoria distinto. Por ejemplo, en un momento dado, Andrew se sentía muy satisfecho con su forma de tocar la guitarra, ya que había aprendido una nueva canción en un tiempo récord y con una dificultad mínima. Solo cuando mencionó con orgullo este logro a su profesor de guitarra, se acordó de que ya habían trabajado en esa canción ¡tres años antes! Así que, aunque su sistema de memoria procedimental recordaba la canción —lo que le permitió reaprenderla rápidamente—, su sistema de memoria episódica había olvidado que la había aprendido previamente.

También puede ocurrir que se olvide la memoria episódica asociada a un trauma emocional previo, pero que sus efectos permanezcan a través del condicionamiento clásico. Supongamos que de adolescente descubres que, a pesar de no tener miedo en la montaña rusa, la noria, las sillas voladoras y las casas encantadas, te aterrorizan los tiovivos. De hecho, ni siquiera puedes acercarte a un tiovivo sin sentir escalofríos. Solo cuando le cuentas este extraño fenómeno a tu madre, ella te cuenta que, cuando tenías cuatro años, un payaso de circo intentó consolarte en un tiovivo, pero acabó dándote un susto de muerte. Luego te explica que por eso nunca te llevaron a parques de atracciones durante el resto de tu infancia.

* * *

Ahora que ya sabes que tu capacidad de recordar proviene de un conjunto de sistemas de memoria —en parte independientes, pero también dependientes e interactuantes entre sí—, estamos preparados para examinar cada sistema por separado. Empezaremos por la memoria procedimental, el sistema de memoria que permitió a Henry Molaison abrir esa complicada puerta para Elizabeth.

CÓMO FACILITAR QUE TUS SISTEMAS DE MEMORIA TRABAJEN JUNTOS

Los distintos sistemas de memoria del cerebro se utilizan conjuntamente para aprender y recuperar información. Utilizar varios sistemas de memoria creará recuerdos sólidos y duraderos.

- Cuando quieras utilizar la memoria episódica para recordar los detalles de un acontecimiento que estés viviendo, presta atención a la información que llega a la memoria sensorial a través de tus sentidos.
  — Para formar una memoria episódica sólida de una celebración de cumpleaños, concéntrate en las imágenes de la tarta, las velas, los regalos y la gente de la fiesta. Disfruta de los sonidos de las canciones y las risas. Saborea la tarta de chocolate. Observa cómo las burbujas de champán te hacen cosquillas en la nariz.
- Cuando quieras aprender nueva información de memoria semántica, intenta manipular la información en la memoria de trabajo. Esta manipulación te ayudará a formar una memoria episódica fuerte que, a su vez, te ayudará a formar una memoria semántica duradera.
  — Para aprender nuevas palabras de vocabulario, utiliza tu memoria de trabajo para pensar activamente en diferentes aspectos de la palabra y su significado. Ten en cuenta las sílabas y la grafía inusual de la onomatopeya. Piensa en cómo describes palabras como *chisporrotear*, *crujir* y *aplastar*. Imagínate escuchando el *boom* de un cañón, el *miau* de un gato y el *tictac* de un viejo reloj.
- Para adquirir una nueva habilidad, utiliza tu memoria episódica para aprender las instrucciones que finalmente se interiorizarán en tu memoria procedimental.
  — Para aprender a teclear utilizando la memoria procedimental, primero tienes que utilizar tu memoria episódica para memorizar dónde debes colocar los dedos en el teclado, qué teclas debe alcanzar cada dedo y que el pulgar pulsará la barra espaciadora. Solo entonces estarás preparado para practicar, lo que permitirá a tu memoria procedimental aprender la digitación correcta, lo que nos lleva al capítulo 2.

2
MEMORIA PROCEDIMENTAL
Memoria muscular

Hoy es el gran día: vas a enseñar a tu hija de seis años a atarse los zapatos. Ya está lista, de pie, con los zapatos puestos y los cordones sueltos en el suelo. Te mira expectante.

«Primero, cruzas los cordones», dices mientras ella lo hace. «Luego...».

Haces una pausa porque de repente te das cuenta de que no estás seguro de cuál es el siguiente paso.

Miras tus propios zapatos, deshaces el nudo y lo vuelves a hacer lentamente, observando —y memorizando— cada paso de la secuencia mientras lo haces. Solo entonces continúas: «Bien, ahora coge el cordón de arriba, haz un bucle por debajo y alrededor del cordón de abajo, y tira de él».

MEMORIA MUSCULAR = MEMORIA PROCEDIMENTAL = APRENDIZAJE DE HABILIDADES

¿Cómo es posible que, después de atarte los zapatos casi todos los días desde que tenías su edad, no pudieras explicarle a tu hija cómo hacerlo? ¿Por qué necesitaste desatar tus propios zapatos y observar cómo te los atas para poder enseñarle los siguientes pasos? La respuesta, sencilla pero sorprendente, es que te faltaban algunos aspectos de la memoria para saber cómo atarte los zapatos: no tenías una memoria explícita (consciente) y declarativa (puedes decirlo en voz alta). «De acuerdo, quizá sea cierto que no podía

31

explicarle en voz alta a mi hija cómo atarse los zapatos, pero, por supuesto, que sé cómo atarme los zapatos: lo hago todos los días», replicas. Esta aparente paradoja nos lleva al tema de este capítulo.

La memoria procedimental es un sistema de memoria implícita (inconsciente) y no declarativa (difícil de verbalizar) que se utiliza para procedimientos, rutinas, secuencias y hábitos que se adquieren con la práctica. También se denomina *aprendizaje de destrezas* (porque es el sistema de memoria que se utiliza para adquirir y mejorar destrezas) y, a veces, *memoria muscular* (porque a menudo parece que son los músculos los que aprenden). Sin embargo, veremos que este último término es erróneo, ya que son regiones del cerebro, y no los músculos, las que recuerdan las habilidades que aprendemos, como montar en bicicleta o tocar un instrumento musical. De hecho, utilizamos la memoria procedimental cuando realizamos algunas actividades predominantemente mentales, como sumar una columna de números y extender un cheque.

ADQUISICIÓN DE NUEVAS COMPETENCIAS

Has desarrollado muchas habilidades y hábitos sin la intención de aprenderlos, como girar el pomo de una puerta y abrirla, o tocar madera para tener suerte. Otros procedimientos los ha aprendido intencionadamente, como utilizar palillos o conducir. Para estos últimos procedimientos y habilidades, el aprendizaje suele producirse en tres etapas.

En la *fase 1*, las instrucciones se dicen en voz alta (o se escriben) en la medida de lo posible. Si estás aprendiendo a conducir, puede que oigas al instructor decir: «Primero ajusta el asiento para que tu pie derecho pueda alcanzar cómodamente ambos pedales. Familiarízate con los pedales: el izquierdo es el freno, el derecho es el acelerador. Utiliza solo el pie derecho para pisar los pedales. Ajusta los espejos retrovisores y laterales para que puedas ver a ambos lados del coche y detrás de ti por la ventanilla trasera. Ponte el cinturón de seguridad. Arranca el coche con la llave o el botón. Mientras mantienes el pie derecho en el freno, suelta el freno de mano. Manteniendo el pie derecho en el freno, mueve la palanca de cambios y mete primera para arrancar. Retira lentamente el pie del freno para que el automóvil empiece a moverse…».

La *fase 2* se produce después de haber aprendido la secuencia correcta de las acciones básicas, ya sea leyendo instrucciones, observando a otros (o vídeos) o escuchando al profesor sentado a tu lado y dándote instrucciones. En la fase 2 tienes que concentrarte y pensar en las acciones —utilizando tu memoria episódica para recordar los pasos y tu memoria de trabajo para repasarlos mentalmente— mientras realizas la habilidad. Así que, como conductor novel, cada vez que te subes al coche piensas: «Ajusta el asiento. Coloca los retrovisores. Cinturón de seguridad puesto. Pie derecho en el freno. Enciende el contacto del coche. Mete primera. Quita lentamente el pie del freno…».

En la *fase 3* realizas todas las acciones en la secuencia correcta de forma automática, sin pensar en ellas. La memoria episódica y la memoria de trabajo ya no son necesarias. En su lugar, tu mente está libre para pensar en otras cosas, como lo que tienes que comprar en el supermercado o la conversación que estás manteniendo con tu amigo que va sentado en el asiento del copiloto. Solo cuando las condiciones son inusuales, como una carretera helada, es necesario pensar conscientemente en la conducción.

Pero ¿cómo se pasa de la fase 2 a la 3? ¿Cómo se pasa de tener que enumerar los pasos mentalmente a que se produzcan automáticamente? La respuesta se resume en una palabra: *práctica*. La práctica es lo que te permite pasar de la fase 2 a la fase 3, y más práctica te permite ganar experiencia en tu nueva habilidad.

Práctica, práctica, práctica

Hay un viejo chiste que dice así: «Un músico que lleva un estuche de violín para a un taxista de Nueva York y le pregunta: "¿Cómo se llega al Carnegie Hall?". El taxista se asoma por la ventanilla y le dice: "Práctica, práctica, práctica"». Y, por supuesto, el taxista tiene razón: la mejor manera de mejorar tus habilidades, ya sea en las teclas del piano, en la cancha de baloncesto o en la esterilla de yoga, es practicar. La práctica es la clave para mejorar tus habilidades, y se necesita mucha práctica para alcanzar la maestría.[1]

COMENTARIOS

Parece bastante sencillo: para mejorar una habilidad, hay que practicarla. Pero ¿cuál es la mejor manera de practicar? Para empezar, tienes que asegurarte de que estás practicando la habilidad correctamente y avanzando hacia tu objetivo; de lo contrario, aprenderás algo equivocado. Por lo tanto, necesitarás algún tipo de retroalimentación para saber cuándo lo estás haciendo bien y cuándo no. Ahora bien, si estás practicando el lanzamiento de dardos, la retroalimentación puede ser inmediata: puedes ver a qué distancia cae el dardo del centro de la diana. Esta información puede ser todo lo que necesites para mejorar tus lanzamientos. Tal vez, después de practicar siete horas durante la primera semana, consigas dar en la diana el 10 % de las veces. Al final del mes, habrás mejorado y serás capaz de acertar el 25 % de las veces. Otro mes más, y ya llegas al 30 %. Tres meses más tarde, estás en el 33 %. Seis meses después, sigues en el 33 %. Vaya… parece que has llegado a un punto muerto en el que la práctica adicional no te permite mejorar. Es un fenómeno común que probablemente hayas experimentado. Para la mayoría de las habilidades, solo puedes mejorar hasta cierto punto por ti mismo. Ahí es donde entra en juego el *coaching*.

ENTRENADORES Y PROFESORES

Los entrenadores pueden informarte no solo de lo lejos que estás de dar en la diana, sino también de tu *técnica* para conseguirlo. Un entrenador puede enseñarte a mirar la bola cuando viene hacia ti, a sostener el dardo ligeramente en la mano, a mirar todo el tablero de ajedrez antes de hacer un movimiento y a mantener los números alineados en las columnas cuando estás aprendiendo la división larga. Los vídeos y otros materiales didácticos también pueden ser útiles si no dominas los conceptos básicos, pero, una vez que lo hayas hecho, no hay nada que sustituya a un profesor que pueda mirar y ver lo que haces bien y lo que haces mal mientras te esfuerzas por alcanzar tu meta.

ESPACIARLO Y CONSULTARLO CON LA ALMOHADA

Vale, ahora ya sabes que para mejorar una habilidad debes practicarla y consultar a un entrenador que te ayude a alcanzar tu objetivo. ¿Qué estás diciendo? ¿Ya sabías todo esto? Espera, acabamos de llegar a algunas de las partes más interesantes —y no intuitivas— de la memoria procedimental.

Supongamos que quieres mejorar tus tiros libres. Tienes un balón de baloncesto y acceso a un aro de tres metros de altura con un tablero reglamentario. Estás dispuesto a dedicar siete horas semanales a practicar. La respuesta es inmediata —la pelota entra o no en el aro— y tienes un entrenador que te ayuda a mejorar tu técnica cada semana. Entonces, ¿cómo debes repartir las siete horas semanales? ¿Debes entrenar una hora al día? ¿O deberías centrarte en los lanzamientos y practicar los sábados, tres horas y media horas por la mañana y por la tarde, con una pausa para comer en medio?

Si probaras ambas opciones, los estudios sugieren que te sentirías más satisfecho con tu rendimiento tras la opción de practicar todo el sábado frente a la opción de una hora al día. Pero, en este caso, tu intuición estaría equivocada. Los estudios demuestran claramente que te beneficiarás más de las mismas horas de práctica si las espacias, practicas una hora cada día y duermes entre sesiones.[2]

¿Puedes seguir aprendiendo entre sesiones de práctica?

Hay una serie de factores interesantes que pueden explicar las ventajas de espaciar las sesiones de práctica en lugar de practicar todo a la vez. Uno de ellos es que tus habilidades pueden estar mejorando entre las sesiones de práctica, es decir, tus habilidades pueden estar mejorando incluso cuando no estás practicando o pensando en ellas. Este aprendizaje «desconectado» puede producirse tanto durante el día, mientras estás despierto, como durante la noche, mientras duermes, aunque el aprendizaje desconectado puede ser más sólido y menos susceptible a interferencias mientras duermes.[3]

Otra forma de seguir mejorando entre las sesiones de entrenamiento es repasar mentalmente la habilidad que estás aprendiendo. Puedes imaginarte saltando, soltando la pelota y viéndola pasar por el aro. O puede imaginar otros sentidos, como sentir el violín contra la barbilla y las cuerdas en los dedos mientras pasas el arco con la otra mano y escuchas una nota tras otra. Los estudios han demostrado que las personas que practican la imaginación mental pueden mejorar sus habilidades motrices en todo tipo de prácticas, desde el pimpón hasta delicadas intervenciones quirúrgicas.

Cuidado con las interferencias

Ahora que sabes que el aprendizaje de habilidades puede mejorar entre sesiones de práctica con el aprendizaje desconectado, puede que no te sorprenda saber que puedes interrumpir inadvertidamente este aprendizaje desconectado realizando una sesión de práctica similar pero diferente el mismo día. Por ejemplo, supongamos que, aunque nunca has practicado un deporte de raqueta en tu vida, has ganado un abono gratuito de un mes en un club de deportes de raqueta que incluye tenis, squash y frontón. Como quieres aprovechar al máximo esta promoción, te apuntas a tres clases diarias:

tenis por la mañana, squash a mediodía y frontón por la tarde. ¿Es una buena forma de aprender? Bueno, aunque estés espaciando el aprendizaje de los tres deportes y durmiendo entre clase y clase, tu clase de squash del mediodía va a interferir con parte de lo que hayas aprendido en la pista de tenis esa mañana, y tu sesión de frontón de la tarde interferirá tanto con tu clase de tenis como con la de squash. Por lo tanto, lo mejor sería concentrarse en un solo deporte durante ese mes y dominarlo a fondo para que tu aprendizaje desconectado te permita mejorar tus habilidades sin interferencias.

EMPEZAR DESPACIO Y PRACTICAR DE FORMA DIFERENTE

Ha llegado el invierno y estás absolutamente decidido a dominar esa pista negra de esquí de doble diamante que tanto te costó el año pasado. Así que, este año, has decidido que vas a esquiar por esa pista no cinco, ni diez, sino quince veces cada vez que salgas a esquiar. Así tendrás más posibilidades de dominarla, ¿verdad?

Resulta que, en la mayoría de los casos, variar la práctica es mejor que practicar siempre de la misma manera. Dado que las condiciones de la nieve, los esquiadores anteriores, la iluminación, la temperatura, la humedad, el viento y otros factores van a ser diferentes cada vez que esquíes por una pista, no habrá dos descensos iguales. Un día cualquiera, la nieve puede ser fina y polvorienta, espesa como la avena, llena de hielo deslizante o suelta y granulada. Si quieres ser capaz de esquiar por esa pista negra de doble diamante con confianza en cualquier condición, puedes buscar activamente zonas de la montaña con todos estos tipos diferentes de nieve y practicar en ellas.

Además, una de las mejores formas de variar la práctica es empezar despacio y aumentar gradualmente la dificultad. Esto significa que, para tener las máximas posibilidades de dominar la pista negra de doble diamante, conviene calentar en las pistas verdes más fáciles, practicar en las pistas azules intermedias y *dominarlas* de verdad, después hacer algunas de las pistas negras para expertos y, por último, practicar esa pendiente de doble diamante.

Del mismo modo, cuando se aprenden piezas nuevas, la mayoría de los músicos empiezan calentando con escalas y luego practican la nueva música a un ritmo más lento del que se tocaría normalmente, antes de aumentar el tempo hasta alcanzar la velocidad adecuada. Por lo general, el entrenamiento gradual no solo conduce a un mejor rendimiento general, sino que también requiere menos esfuerzo total que si se intentara alcanzar el mismo nivel de dominio practicando cada vez la tarea más difícil.

¿NECESITAS PRACTICAR SI TIENES TALENTO?

Algunas personas parecen tener un talento o un don que les permite aprender una habilidad más rápidamente. Pero la práctica es esencial para sacar todo el potencial de cada persona, independientemente de su talento. Con más práctica, las personas con aparentemente poco talento innato pueden progresar más que los llamados prodigios. También está demostrado que la práctica puede hacer aflorar el potencial genético de los individuos. Cuanto más practican, más se parece el rendimiento de los gemelos idénticos, mientras que el rendimiento de los mellizos diverge.[4] La conclusión es que, tanto si crees que eres el próximo Mozart como si solo eres el segundo violín, la única forma de averiguar lo bueno que puedes llegar a ser es practicar.

¿DURAN TODA LA VIDA LOS RECUERDOS PROCEDIMENTALES?

Hay un dicho que dice que una vez que has aprendido a montar en bici nunca lo olvidas. Pero ¿es cierto? Sí y no. Sí, los recuerdos procedimentales, incluidas habilidades como montar en bicicleta, pueden durar mucho tiempo, a menudo mucho más que la mayoría de los recuerdos episódicos y semánticos de sucesos y hechos, respectivamente. Sin embargo, las habilidades se deterioran con el tiempo si no se practican. Por tanto, no esperes poder tocar ese solo de guitarra tan bien hoy como hace treinta años si no has tocado la guitarra desde entonces hasta ahora. De hecho, aunque el ritmo de pérdida de las memorias procedimentales es menor que el de las memorias episódicas y semánticas, el patrón de deterioro es similar, de modo que el deterioro es rápido al principio, luego se ralentiza y finalmente se estabiliza. En otras palabras, cuando no tocas la guitarra, tu capacidad para tocar solos disminuye considerablemente en las primeras semanas y meses, empeora un poco durante el año o los dos siguientes y, después, decae más lentamente. La buena noticia es que, cuando decidas volver a tocar la guitarra, no tardarás mucho en volver a estar como antes.

LOS GANGLIOS BASALES, EL CEREBELO Y LA CORTEZA CEREBRAL

Si deseas evitar los molestos términos anatómicos con nombres en latín, no dudes en saltarse esta sección; te prometemos que seguirás entendiendo lo que viene a continuación. No obstante, nos parece fascinante que el aprendizaje de habilidades tenga su propio sistema anatómico. Su anatomía separada es una de las razones por las que los científicos consideran que la memoria procedimental es un sistema de memoria propio. Hay tres regiones cerebrales especialmente importantes para el aprendizaje de destrezas: los *base node (término* latino para ganglios basales), el *cerebellum (cerebelo)* y el *cerebral cortex (corteza cerebral)* (véase la figura 2.1).

Aunque está ampliamente aceptado que estas tres estructuras cerebrales son esenciales para la adquisición y el uso de habilidades, resulta que este pequeño sistema es tremendamente complejo. Aún no comprendemos con precisión cómo funciona el sistema en conjunto, ni cuáles son exactamente las funciones de los ganglios basales frente a las del cerebelo. Te daremos una pequeña muestra de algunos de los hallazgos que se conocen, aunque no haya suficiente información para dibujar un cuadro claro (metafórica y literalmente).

Los ganglios basales, situados en el centro del cerebro, pueden ser especialmente importantes para las interacciones estímulo-res-

puesta (como ver una señal roja de STOP y pisar automáticamente el pedal del freno). Por ejemplo, las personas con daños en los
ganglios basales fueron más lentas en el aprendizaje de pruebas
motoras y no motoras de tiempo de reacción.[5] Del mismo modo,
las células de los ganglios basales cambian su patrón de disparo
cuando se aprende una habilidad o un patrón, incluso si el aprendizaje es puramente mental y no implica ninguna acción, como
aprender las tablas de multiplicar.[6]

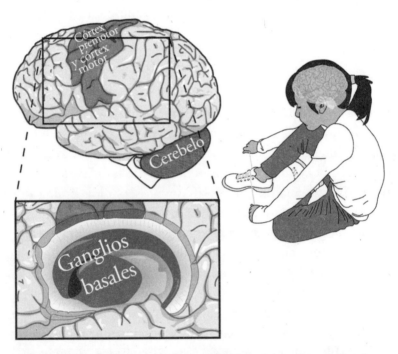

Figura 2.1. En la memoria procedimental intervienen el cerebelo y los
ganglios basales, así como la corteza premotora y motora. El recuadro
inferior izquierdo muestra un corte de los ganglios basales en el interior del
cerebro.

El cerebelo, situado en la parte posterior de la cabeza, justo encima de la nuca, puede ser especialmente importante en el aprendizaje de habilidades que implican secuencias y tiempos precisos,
como las acrobacias, el baile y el seguimiento de un objetivo. El

correcto funcionamiento del cerebelo se considera fundamental para un alto nivel de rendimiento en los deportes de competición. El cerebelo también es fundamental para muchas funciones cognitivas y emocionales,[7] por lo que también interviene en el aprendizaje y el uso de habilidades no motoras.

El córtex o corteza, la cubierta externa del cerebro, interviene en la mayoría de las funciones cognitivas y motoras que requieren un alto nivel de precisión para el control o la discriminación. Se ha observado que las regiones corticales relacionadas con el movimiento de los dedos y las manos se expanden y reorganizan en violinistas y jugadores de tenis.[8] De hecho, pueden observarse cambios en el córtex tan solo una semana después de entrenar una tarea. Y si el entrenamiento implica sensaciones en lugar de habilidades motoras (leer en braille, por ejemplo), es el córtex sensorial el que se reorganiza.

LAS ENFERMEDADES CEREBRALES PUEDEN ALTERAR LA MEMORIA PROCEDIMENTAL

No es sorprendente que las enfermedades cerebrales que deterioran la memoria procedimental sean aquellas que pueden alterar los ganglios basales, el cerebelo, la corteza cerebral o sus conexiones entre sí y con otras regiones del cerebro. Tales trastornos incluyen la enfermedad de Parkinson, la demencia con cuerpos de Lewy, los accidentes cerebrovasculares, los tumores y la esclerosis múltiple, entre otros (para más información, véanse los capítulos 13 y 14).

Quizá te interese saber que los pacientes con trastornos de la memoria episódica más típicos —incluido Henry Molaison (H. M.), del que hablamos en el capítulo 1, y los que padecen la enfermedad de Alzheimer leve— suelen poder aprender tareas de memoria procedimental sin dificultad. ¿Por qué ocurre esto? Porque el deterioro de la memoria episódica está causado por daños en distintas regiones cerebrales, como veremos en el capítulo 4.

41

¿ES LA ATENCIÓN PLENA UNA HABILIDAD DE LA MEMORIA PROCEDIMENTAL?

Hoy en día, muchas personas practican habitualmente uno u otro tipo de meditación, incluida la atención plena, en la que se entrena la observación de la mente, de modo que, cuando divaga (como suele ocurrir), se pone la intención en hacerla volver suavemente para centrar la atención en el momento presente. Al igual que con otras actividades, si te esfuerzas en ser consciente, por supuesto que te gustaría mejorar. Lo que plantea una cuestión interesante: ¿es la atención plena una habilidad que pueda practicarse y mejorarse como cualquier otra habilidad procedimental? Creemos que la respuesta más probable sea afirmativa. Hemos dejado esta cuestión para el final porque su respuesta tiene un carácter más especulativo que todos los demás temas abordados en este capítulo.

¿Es posible considerar que el *mindfulness* es una habilidad? Ciertamente, la gente habla de capacidad, entrenamiento y práctica de atención plena, y, si has practicado el *mindfulness* en un momento u otro, puedes reconocer fácilmente que entrenar tu mente requiere trabajo como cualquier otro tipo de actividad, y puedes observar que te mueves a través de las etapas del aprendizaje de habilidades.

Entonces, ¿por qué la atención plena no puede considerarse una habilidad? Principalmente porque no tiene un resultado objetivo y exteriormente observable que se pueda medir, como cuántos tiros libres puedes encestar, lo rápido que puedes esquiar por esa pista o incluso cuántos dígitos puedes sumar mentalmente.

Una forma de ayudar a determinar si el *mindfulness* es una habilidad consiste en observar qué regiones cerebrales se activan con esta práctica. ¿Las regiones cerebrales que se activan con el entrenamiento de *mindfulness* son las que se sabe que se activan con el aprendizaje de habilidades y la memoria procedimental? ¿O las que se activan con otro tipo de aprendizaje, como la memoria episódica y semántica?

La respuesta convergente de muchos estudios es que la práctica de la atención plena activa diversas regiones y redes cerebrales, incluidas las de la memoria procedimental, como los ganglios basales y el cerebelo.[9] Que la red de memoria procedimental no sea la única implicada es un buen recordatorio de que los sistemas de memoria casi nunca actúan de forma aislada, sino con otros sistemas de memoria y otras funciones cerebrales, como la atención, el procesamiento sensorial, la emoción, el razonamiento y el juicio.

Cómo mejorar la memoria procedimental

Ahora que ya sabes cómo funciona la memoria procedimental, mejorar las habilidades que la utilizan es bastante sencillo:

- Trabaja en aprender de la manera correcta desde el principio para no adquirir malos hábitos que necesites corregir. Así que, en lugar de intentar aprender a tocar la guitarra o a jugar al tenis por tu cuenta, toma clases.
  — Una vez que sepas lo que hay que hacer, practica, practica y practica. Si practicas de la manera adecuada, mejorarás.
- Utiliza las observaciones sobre el desarrollo de tu habilidad para mejorar tu práctica y tu rendimiento.
  — Los comentarios o el *feedback* sobre tu manera de trabajar son esenciales para confirmar que los cambios que realizas en tu práctica realmente te acercan al objetivo, ya vengan estos de un profesor que escucha cómo tocas el clarinete o del cronometro que utilizas para medir tus cien metros lisos.
- Cualquiera que sea la habilidad que practiques, sigue trabajando con un profesor o entrenador para obtener un rendimiento óptimo.
- Espacia tu práctica para optimizar el aprendizaje desconectado.
  — Si estás practicando un total de siete horas cada semana, es mucho mejor trabajar una hora cada día en lugar de siete horas en un día.

- Minimiza las interferencias evitando practicar otra habilidad similar el mismo día que pueda interferir con lo que deseas aprender.
  - — En otras palabras, si estás decidido a aprender *lindy hop*, no intentes practicar otro tipo de baile al mismo tiempo.
- Cuando practiques, empieza por una tarea más fácil y deja para el final las más difíciles.
  - — Es decir, haz algunos giros básicos y saltos simples antes de abordar tu combinación de doble axel y triple toe loop.
- Varía tu práctica para que puedas rendir al máximo en distintas condiciones.
  - — Por ejemplo, para mejorar tus posibilidades de encestar, practica tu triple desde diferentes lugares alrededor de la línea.
- Por último y puesto que es lo más importante, insistimos: practica, practica, practica.

3
MEMORIA DE TRABAJO
Recuérdalo

Tus amigos te han pedido que hagas el pedido del grupo en el bar de zumos y batidos. «Yo quiero el Zany Zucchini», grita uno de ellos. «Yo quiero el Java Journey», dice otro. Tú repites en silencio los pedidos en tu cabeza: «Un Zany Zucchini y un Java Journey». Tus amigos siguen pidiendo bebidas y tú las añades a la lista que repites en silencio una y otra vez. Esperas una larga cola mientras sigues diciéndote a ti mismo: «Zany Zucchini, Java Journey, Purely Pineapple, Wheatgrass Wonder, Best Banana, Matcha Mango, Chunky Chocolate».

Por fin, está a punto de llegar tu turno, y de pronto alguien se cuela para pedir. Estás tan asombrado e indignado que tardas un minuto en darte cuenta de que el camarero le ha dicho que se ponga al final de la cola y ahora está esperando a que hagas tu pedido. Das un paso y dices: «Gracias. Tomaré un Zany Zucchini, un Java Journey, y...». Y no recuerdas las otras cinco bebidas.

L a memoria de trabajo es poderosa y, al mismo tiempo, frágil. Por ejemplo, ¿te ha pasado alguna vez que has sido capaz de recordar un montón de cosas repitiéndolas en silencio para luego perderlas cuando te han interrumpido?

Mantenimiento y manipulación de la información consciente

La memoria de trabajo es la capacidad de mantener —y manipular— la información en la que estás pensando conscientemente. La memoria de trabajo no solo te permite mantener en la cabeza listas de bebidas, números de teléfono y direcciones después de que alguien te dé la información, sino que también te permite manipular y utilizar esa información para conseguir tus objetivos.

Por ejemplo, para decidir cuál de los dos jerséis debes comprar, tienes que tener en mente la información clave que sea relevante y también comparar las características para tomar la mejor decisión. Tu memoria de trabajo puede recordar las características de uno (100 % lana, parece abullonado, te mantendrá caliente) y del otro (materiales mixtos, último modelo, puede que necesites llevar una chaqueta con él) y ayudarte a compararlos.

Esta capacidad de almacenar y manipular temporalmente la información para tus propios objetivos y propósitos es muy poderosa; en otras palabras, ¡puedes poner la memoria de trabajo a trabajar para ti! Sin embargo, a diferencia de la memoria a largo plazo, la información de la memoria de trabajo debe ser objeto de atención consciente. Si la atención se interrumpe —como en nuestro ejemplo de la lista de bebidas—, la información se perderá.

Ahora que ya conoces unas nociones básicas sobre la memoria de trabajo y cómo puede ser útil, vamos a ver algunos de sus detalles, teniendo en cuenta las siguientes preguntas: ¿cómo llega la información a la memoria de trabajo? ¿Cuánta información puede almacenar? ¿Cómo se conserva? ¿Cómo se manipula? ¿Cómo fluye la información de la memoria de trabajo a la memoria a largo plazo y viceversa? ¿Qué estructuras cerebrales intervienen en estos procesos? ¿Qué enfermedades alteran la memoria de trabajo? Y por último, ¿qué puedes hacer para mejorar tu memoria de trabajo?

Introducción de información

Memoria sensorial

Como mencionamos brevemente en el capítulo 1, *la memoria sensorial* es la memoria de las sensaciones: las imágenes, los sonidos, los olores, los sabores y los sensaciones táctiles que afectan a la conciencia. Veamos un ejemplo.

Cuando empiezas a morder una manzana, primero experimentas el tacto suave y ligeramente ceroso de tus labios apretados contra su piel, y luego la sensación de la presión que necesitan hacer tus dientes para atravesarla. A continuación, cuando los dientes la atraviesan, el jugo alcanza tu boca y el sabor dulce, ácido y ligeramente amargo de la manzana irrumpe en tu conciencia. Entonces percibes la textura de la pulpa de la manzana en la lengua, mezclada quizá con la de la piel. Masticas durante un minuto y tragas, experimentando una sensación de satisfacción a medida que la manzana se abre paso hasta tu estómago.

Durante una fracción de segundo puedes recordar perfectamente cada una de estas sensaciones, además del color rojo brillante de la manzana con algunas manchas verdes en la parte superior cuando la viste en el frutero de tu amigo, su firmeza en la mano cuando la cogiste y el crujido satisfactorio que oíste al morderla. Sin embargo, estos recuerdos sensoriales se desvanecen en cuestión de segundos, a menos que decidas pensar en estas experiencias sensoriales. Si piensas en ellas, las has transferido a la memoria de trabajo.

Recuperación de la memoria a largo plazo

Ahora que tienes estas sensaciones en tu memoria de trabajo, cualquiera de ellas puede proporcionar una pista que desencadene la recuperación de uno o más recuerdos a largo plazo en tu conciencia, es decir, en tu memoria de trabajo. Por ejemplo, junto con las sensaciones de la manzana que acabas de morder, también puedes traer a tu memoria de trabajo recuerdos de otras manzanas que hayas comido para comparar su sabor con el de esta. Primero piensas en la mcIntosh, pero su piel y su pulpa son más blandas que las de tu manzana. ¿Quizá la red delicious? No, es más dulce que la tuya. ¿Quizá la golden delicious? La textura es similar, pero el color no es el mismo. Finalmente, recuerdas el color, el sabor y la textura de la macoun, y te das cuenta de que encaja perfectamente con la manzana que te estás comiendo.

Otra forma de introducir material en la memoria de trabajo es recuperar información de la memoria a largo plazo. De hecho, cada vez que recuperas y piensas conscientemente en un hecho (tu nieta cumple años el 15 de abril) o en un acontecimiento (la fiesta de su segundo cumpleaños la semana pasada), lo estás introduciendo en tu memoria de trabajo. Una vez en la memoria de trabajo, puedes examinar sus distintos aspectos (pesaba tan poco cuando la cogiste en brazos) y utilizar esa información para un fin (probablemente use una talla 2; esa es la talla de la ropa que le comprarás) o simplemente para disfrutar y volver a experimentar la emoción del acontecimiento (su sonrisa te derrite el corazón).

Los números mágicos 7 y 4

¿Sabes por qué los números de teléfono tienen siete cifras (sin el prefijo)? No es casualidad. Proviene de una investigación que hizo famosa el psicólogo de Harvard George Miller en 1956 en su artículo «The Magical Number Seven, Plus or Minus Two» (El mágico número siete, más o menos dos)[1] Miller observó que la mayoría de los adultos jóvenes podían guardar unos siete dígitos en su memoria de trabajo, aunque algunos solo podían almacenar cinco y otros hasta nueve.

Varias décadas después, Nelson Cowan, de la Universidad de Misuri, y otros investigadores demostraron que la razón por la que se pueden conservar siete dígitos en la memoria de trabajo es que la mayoría de nosotros «agrupamos» automáticamente los números en conjuntos de dos dígitos y podemos recordar tres o cuatro fragmentos de información.[2] Pero podemos entrenarnos para recordar incluso más información. Si sabes que 212 es un prefijo de Nueva York, puedes recordarlo como un único dato o fragmento de información. De hecho, un par de investigadores fueron capaces de entrenar a una persona para que mantuviera ochenta dígitos en su memoria de trabajo agrupándolos en números con los que estaba familiarizado: los tiempos de las carreras, porque era corredor.[3] Hablaremos más sobre la agrupación en el capítulo 8.

EL BUCLE FONOLÓGICO Y EL BLOC DE DIBUJO VISOESPACIAL

En 1974, dos psicólogos investigadores de la Universidad inglesa de York, Alan Baddeley y Graham Hitch, propusieron un modelo que incluía sistemas separados para mantener la información verbal y visual en la memoria de trabajo. Según ellos, la información verbal se mantiene repitiéndola en silencio en lo que denominaron *bucle fonológico*. (Piensa en el ejemplo de los zumos al principio de este capítulo). La información visual, por el contrario, se mantiene mediante el *bloc de dibujo visoespacial*. (Algunos ejemplos son seguir una ruta mentalmente o visualizar dónde está el pomo de la puerta de casa). Con pequeñas modificaciones, este modelo con sus sistemas separados se utiliza actualmente.[4]

Uno de los motivos por los que el bucle fonológico y el bloc de dibujo visoespacial se consideran capacidades de almacenamiento separadas para la memoria de trabajo es que cada uno puede hacer un seguimiento de unos tres o cuatro fragmentos de información. Por tanto, es posible pensar al mismo tiempo en fragmentos de información verbal y en fragmentos de información no verbal. Pero ten en cuenta que si empiezas a etiquetar las imágenes en silencio (este cuadro abstracto parece un paisaje urbano y ese otro parece una jirafa), estarás afectando a tu capacidad de memoria de trabajo verbal.

¿Dónde se almacenan las memorias de trabajo?

Hemisferio izquierdo frente a hemisferio derecho

Otra razón por la que este modelo, que incorpora sistemas separados para la memoria de trabajo verbal y visual, es útil es que se corresponde con el lugar del cerebro donde se almacenan realmente los recuerdos. Como ya sabrás, el hemisferio izquierdo del cerebro está especializado en la información verbal, y el derecho, en las imágenes y otra información no verbal. Por eso, cuando utilizas el bucle fonológico y repites en silencio la lista de la compra, lo haces principalmente en el hemisferio izquierdo. Cuando repasas mentalmente la mejor ruta para llegar a casa de tu tía, empleas principalmente el hemisferio derecho del cerebro.

¿Y si eres zurdo? ¿Siguen siendo válidas estas reglas de lateralización? Resulta que esta dominancia solo se invierte en el 7 % de los zurdos (dominancia del hemisferio derecho para la información verbal, dominancia del hemisferio izquierdo para la información visual), aunque en el 22 % de los zurdos y el 12 % de los diestros no existe una dominancia fuerte (la información verbal y visual es aproximadamente igual en ambos hemisferios).[5]

Aunque estas diferencias de lateralización son ciertas en la mayoría de las personas, debemos añadir que, en realidad, ambos hemisferios contribuyen a la memoria de trabajo verbal y visual la mayor parte del tiempo. Por ejemplo, cuando hablas contigo mismo en silencio, las palabras proceden del hemisferio izquierdo y el tono de tu voz silenciosa procede del hemisferio derecho. Y cuando repasas un mapa en tu mente, aunque tu hemisferio derecho está prestando atención a todo el conjunto, tu hemisferio izquierdo también está analizando la leyenda del mapa y repitiendo los nombres de los puntos de referencia o de las calles.

¿En qué parte del hemisferio?

De acuerdo, sabemos que la memoria de trabajo verbal se almacena principalmente en el hemisferio izquierdo y la memoria de trabajo visual principalmente en el hemisferio derecho. Pero cada hemisferio es bastante grande, casi la mitad del cerebro. Naturalmente, surge la pregunta: ¿en qué parte de los hemisferios se almacena la información de la memoria de trabajo?

Cada hemisferio consta de cuatro lóbulos, y resulta que los mismos lóbulos que están activos cuando estás percibiendo o haciendo algo también lo están cuando imaginas percibirlo o hacerlo. Así, si te repites en silencio una lista de zumos, se activan las mismas áreas lingüísticas del hemisferio izquierdo que cuando recitas la información en voz alta. Más concretamente, una zona especial del lóbulo frontal que se encarga del habla (llamada área de Broca) pronuncia las palabras en silencio, y una zona del cerebro que se encarga de la audición, más atrás y justo encima de las orejas, en el lóbulo temporal, «escucha» estas palabras en silencio. Del mismo modo, si sigues mentalmente un mapa hasta la casa de tu tía, son las mismas zonas de la parte posterior del cerebro, en los lóbulos occipitales, las que se activan como si estuvieras mirando el mapa.

OTRAS MODALIDADES DE LA MEMORIA DE TRABAJO

Ahora que ya sabes cómo recordar la información verbal y visual mediante el bucle fonológico y el cuaderno visoespacial, es posible que te preguntes por otras modalidades de la memoria de trabajo. Al fin y al cabo, ¿no recuerda el compositor notas musicales, frases y melodías? ¿No imagina y recombina el perfumista una variedad de aromas? ¿Acaso el chef no considera mentalmente cómo sabrá una nueva combinación de ingredientes preparados de formas específicas? Especulamos que estas modalidades de memoria de trabajo también se producen y se almacenan en el mismo lugar del cerebro donde se procesan las percepciones de estos sonidos, olores y sabores. De hecho, incluso podemos pensar en una «memoria de trabajo del movimiento» cuando un deportista repasa las acciones que realiza cuando golpea o rema, y hace mentalmente alguna modificación en su swing o en su brazada.

Elegir, evaluar y manipular la información: el ejecutivo central

Después de explicar cómo se introduce la información en la memoria de trabajo y cómo se mantiene, analizaremos cómo se puede manipular la información de la memoria de trabajo para facilitar el razonamiento, el juicio, la resolución de problemas y la planificación.

Al igual que una empresa necesita un director general —un consejero delegado— que tome las decisiones importantes y dirija la empresa para que alcance con éxito sus objetivos, la memoria de trabajo necesita un ejecutivo central. El ejecutivo central elige qué información debe introducirse en la memoria de trabajo, cómo evaluarla, cuándo manipularla y, por último, qué movimiento u otra actividad debe dirigir al resto del cerebro (y del cuerpo) (véase la figura 3.1).

De arriba abajo frente a de abajo arriba

Tu ejecutivo central trabaja para ti: te ayuda a conseguir tus objetivos. Si tu objetivo es ganar una partida de ajedrez, tu ejecutivo central te ayuda a dirigir la atención al tablero, disminuir tu conciencia sobre otros elementos del entorno y planificar el siguiente movimiento. De hecho, el ejecutivo central puede mover las piezas de ajedrez en tu mente, lo que te permite probar movimientos alternativos utilizando y manipulando la información del tablero en tu cuaderno de dibujo visoespacial. Esta concentración de la atención puede funcionar tan bien que ni el insecto que zumba alrededor ni las personas que hablan en la mesa de al lado entran siquiera en tu conciencia.

Sin embargo, hay momentos en los que necesitas ser interrumpido, aunque estés en medio de una partida de ajedrez. Puede que haya estímulos externos a los que sea importante prestar atención, como el olor a humo o las llamas que salen de la cocina. O quizá se trate de una señal interna más sutil pero importante que te indica que debes excusarte en los próximos tres minutos y dirigirte al lavabo o tendrás un vergonzoso accidente.

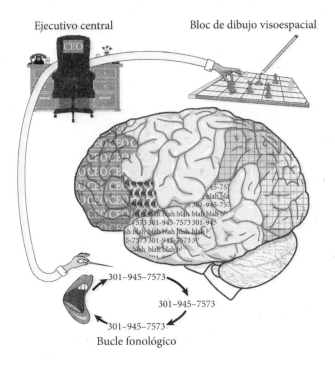

Ejecutivo central

Bloc de dibujo visoespacial

301–945–7573

301–945–7573

301–945–7573

Bucle fonológico

Figura 3.1. En el modelo propuesto por Alan Baddeley y Graham Hitch, el córtex prefrontal actúa como ejecutivo central (CEO) de la memoria de trabajo que coordina tanto el cuaderno de dibujo visoespacial (tablero de juego) en los lóbulos parietal y occipital como el bucle fonológico (boca abierta y patrón 301-945-7573) en los lóbulos frontal y temporal.

Así, de forma *descendente*, su ejecutivo central dirige la atención y otros recursos de procesamiento hacia sus objetivos explícitos (como ganar al ajedrez), pero también decide qué procesos *ascendentes* que surgen de sensaciones visuales, auditivas, olfativas o de otro tipo deben llegar a la conciencia e interrumpir su atención porque puede necesitar actuar sobre ellos.

No seas un caballo viejo

Hay un dicho que dice que un caballo viejo siempre sigue la misma ruta. ¿Has conducido alguna vez mientras estabas absorto en una conversación (o quizá en tus propios pensamientos) y has acabado en el lugar al que sueles dirigirte, como el colegio o el trabajo, y no en el sitio al que pretendías llegar? Este problema se debe a que tu ejecutivo central estaba dedicando la atención consciente (a veces denominada *procesos controlados*) a la conversación o a los pensamientos y dejó la conducción en manos de los *procesos automáticos*.

Por lo tanto, otra tarea importante del ejecutivo central es determinar cuándo tus pensamientos y acciones deben estar en «piloto automático» y cuándo debes pensar conscientemente en uno o más pasos mientras realizas una tarea. De hecho, gran parte de nuestras acciones diarias se producen de forma automática, sin necesidad de pensarlas conscientemente. Un ejemplo habitual es la rutina matutina. Levantarse, ir al baño, lavarse los dientes, ducharse, secarse con la toalla, cepillarse el pelo, vestirse, entrar en el coche e incluso conducir hasta el trabajo son procesos que se producen de forma relativamente automática sin apenas intervención consciente. Puede que te pares a pensar qué camisa o qué ropa ponerte en función de las reuniones que tengas ese día en la agenda, pero luego vuelves al piloto automático y deslizas los brazos por las mangas, te abrochas la camisa o la blusa y te atas los zapatos.

Otras actividades del ejecutivo central

Tu ejecutivo central también participa activamente en casi todas las actividades intencionadas, deliberadas y conscientes que emprendes. He aquí algunos ejemplos más:

- Hacer aritmética en tu cabeza.
- Inhibir tu respuesta automática para acariciar a un perro de aspecto amistoso que no conoces.
- Centrar tu atención para encontrar a un amigo con el que has quedado en un parque abarrotado.
- Ser capaz de alternar y mantener conversaciones simultáneas con tu cónyuge y tu hijo pequeño, que reclama tu atención.
- Llevar la cuenta de los recados que tienes que hacer.
- Planificar la ruta más eficiente para hacer los recados.

- Desarrollar estrategias que te ayuden a alcanzar tus objetivos y cambiarlas si ya no funcionan.
- Determinar las acciones que tendrás que realizar para alcanzar objetivos más amplios.

Como puedes ver, tu ejecutivo central te permite realizar una serie de actividades complicadas que requieren un pensamiento consciente. Estas actividades incluyen la planificación a corto y largo plazo, así como otros comportamientos orientados a objetivos.

MULTITAREA

Nadie es capaz de hacer dos cosas al mismo tiempo tan bien como si solo se concentrara en una de ellas; esto es así, sin excepciones. Una vez dicho esto, te habrás dado cuenta de que hay algunas actividades que a menudo puedes hacer simultáneamente (razonablemente bien) y otras que simplemente no puedes hacer al mismo tiempo. Con la información que has leído hasta aquí, ya estás preparado para entender por qué es así y qué tipos de actividades podrías hacer al mismo tiempo y cuáles no.

Ten en cuenta los tres puntos siguientes:

1. Algunos procesos pueden producirse automáticamente sin que les dediquemos constantemente una atención consciente. Por lo general, estos procesos automáticos funcionan utilizando *la memoria procedimental* (a menudo denominada hábitos, rutinas o habilidades), tal y como comentamos en el capítulo 2.
2. El ejecutivo central de tu sistema de memoria de trabajo es necesario para interrumpir y anular conscientemente estos procesos automáticos cada vez que necesites hacer algo distinto de tu rutina habitual.
3. Tienes dos sistemas principales de almacenamiento en la memoria de trabajo: tu bucle fonológico para la información verbal y tu cuaderno de dibujo visoespacial para la información visual.

Lo que ocurre cuando se realizan varias tareas a la vez

Supongamos que te diriges en coche hacia tu lugar de trabajo, pero no vas allí: es domingo y has quedado con un amigo para dar un paseo por el parque. Para llegar al parque, tienes que tomar la salida de la carretera anterior a la que cogerías si fueras al trabajo. Vas conduciendo y piensas conscientemente en esa salida a la derecha que tienes que coger dentro de unos quince kilómetros. Consideremos tres escenarios diferentes.

- *Escenario 1.* Observas la carretera y los puntos de referencia a medida que pasan los kilómetros, diciéndote en silencio: «Tengo que acordarme de girar a la derecha». Disminuyes la velocidad adecuadamente y tomas la salida, llegando al parque unos minutos más tarde.
- *Escenario 2.* Estás conduciendo y suena tu teléfono móvil. Sin apartar la vista de la carretera, contestas con un botón del volante. Es tu hija, que te cuenta emocionada que ha ganado un sorteo ese mismo día. Mientras te describe el premio y los acontecimientos que lo precedieron, entras en el aparcamiento de la oficina y te das cuenta de que te has saltado el desvío hacia el parque.
- *Escenario 3.* Vas conduciendo por la carretera y suena tu teléfono móvil. Después de que tu hija te cuente brevemente que ha ganado un sorteo, te pide el número del abuelo. Sin apartar los ojos de la carretera, te esfuerzas por recordar el número. Piensas en la pequeña agenda de papel que guardas en la cocina. Puedes ver la página en tu mente. Su número está en la esquina inferior derecha. Empieza por 978. . . ¡CRASH! Chocas contra el coche que tienes delante. (Por suerte, no hay heridos).

Bien, consideremos lo que ocurrió en cada escenario. En el *escenario 1*, utilizaste tu memoria de trabajo verbal (tu bucle fonológico) para ayudarte a prestar atención, por lo que tu ejecutivo central fue capaz de apagar el «piloto automático», alterar tu rutina de conducción habitual y hacer el giro correcto para llegar al parque. En el *escenario 2*, tu memoria de trabajo verbal —y, por tanto, tu atención consciente— se desvió hacia la conversación con tu hija. No puedes repetirte algo en silencio y, al mismo tiempo, mantener una conversación con alguien. Además, tu ejecutivo central estaba ahora pensando en qué decir en lugar de en la ruta que estaba recorriendo. Por estas dos razones, te quedaste en piloto automático, te saltaste la salida y acabaste en tu lugar de trabajo. En el *escenario 3*, tanto la memoria de trabajo verbal como la visual se desviaron hacia la conversación, lo que obligó al ejecutivo central a esforzarse al máximo para alternar entre la información almacenada en los códigos verbal y visual. Además, tus procesos visuales automáticos se vieron perjudicados porque no puedes utilizar tu memoria de trabajo para recordar una imagen visual y ver con claridad lo que tienes delante al mismo tiempo. El sistema visual de tu cerebro —ocupado en recuperar la imagen de la agenda de la cocina e introducirla en tu bloc de dibujo visoespacial— fue incapaz de percibir correctamente el coche que tenías delante (interpretar su velocidad, juzgar su posición, etc.), por lo que no frenaste a tiempo.

Mensajes multitarea para llevar a casa

En primer lugar, siempre que intentes concentrarte en dos cosas a la vez, tu atención en cada una de ellas disminuirá en relación con la atención que prestas si atiendes a una sola cosa cada vez. En segundo lugar, aunque tu rendimiento en cada una de ellas disminuya, aún podrás hacer dos cosas a la vez si una de ellas es automática y la otra, consciente, está en una modalidad diferente (verbal frente a visual), de modo que utiliza una zona diferente del cerebro. En tercer lugar, siempre encontrarás grandes dificultades si intentas realizar dos tareas que utilicen el mismo sistema cerebral; es decir, siempre te verás afectado si intentas realizar dos tareas verbales o dos visuales al mismo tiempo.

INTERACCIONES ENTRE LA MEMORIA DE TRABAJO Y OTROS SISTEMAS DE MEMORIA

La memoria de trabajo rara vez actúa sola. Al principio de este capítulo, explicamos que, cuando recuperamos un *recuerdo* episódico, un recuerdo de uno de los acontecimientos que conforman nuestra vida (como la fiesta del segundo cumpleaños de nuestra nieta), estamos trayendo ese recuerdo episódico a nuestra memoria de trabajo consciente. Del mismo modo, cuando intentabas determinar qué tipo de manzana te estabas comiendo, tu ejecutivo central traía a colación los conocimientos almacenados en tu *memoria semántica* de las diferentes variedades (mcIntosh, red delicious, golden delicious) hasta que dio con la correcta (macoun). También hemos hablado de que otra tarea importante del ejecutivo central es decidir cuándo dejar que las actividades que realiza la *memoria procedimental* (como vestirse o conducir) se lleven a cabo de forma automática y cuándo interrumpirlas y dirigirlas conscientemente (ponte el mejor traje para la entrevista de trabajo de hoy; acuérdate de conducir hasta el parque y no hasta el trabajo).

La puerta de acceso a la memoria a largo plazo

La memoria de trabajo es también la puerta de entrada a la memoria episódica y semántica a largo plazo. La mayor parte de la información que acaba llegando a la memoria episódica y semántica se almacena inicialmente en la mente y se tiene en cuenta conscientemente en la memoria de trabajo. Esto es probablemente más evidente si piensas en estudiar algo, como las palabras del vocabulario de tu clase de árabe. Es tu compromiso consciente con el material en la memoria de trabajo lo que conduce a su almacenamiento final en la memoria semántica.

En el caso de la memoria episódica, como veremos en la parte II, aunque se puede recordar un acontecimiento sin que ese sea el objetivo, hay que prestarle atención de forma consciente en la memoria de trabajo para que entre en el almacén de recuerdos de acontecimientos. ¿Alguna vez has viajado en coche y no has podido recordar nada del paisaje en los últimos cinco minutos a pesar de que tenías los ojos abiertos y mirabas por la ventanilla? La razón suele ser que estabas utilizando tu memoria de trabajo para soñar despierto. Como has prestado atención conscientemente a tu ensoñación en la memoria de trabajo, esta puede entrar en la memoria episódica; de hecho, es posible que recuerdes esa ensoñación concreta el resto de tu vida. Pero nunca podrás recordar el paisaje que te rodeaba porque no entró en tu memoria de trabajo.

Busca en Google tu memoria a largo plazo

La memoria de trabajo —y, en concreto, el ejecutivo central— también puede ayudarte a buscar información en la memoria episódica y semántica a largo plazo. Por ejemplo, si estás intentando recordar el último restaurante en el que comiste, tu ejecutivo central podría utilizar la estrategia de consultar cada una de tus comidas, empezando por la más reciente y trabajando hacia atrás, para encontrar aquella que probaste en el restaurante. O bien, tu ejecutivo central podría pensar en todos tus restaurantes favoritos y determinar en cuál de ellos comiste la última vez. O tal vez podría utilizar una estrategia geográfica y pensar en los restaurantes más cercanos a tu casa, expandiéndose hacia el exterior hasta identificar en cuál has comido últimamente.

En resumen, el ejecutivo central es responsable de transferir información entre la memoria de trabajo y la memoria a largo plazo, enlazando varios de nuestros diferentes sistemas de memoria. ¿Te parece ridículo que hablemos del ejecutivo central en tercera persona? Eres tú, por supuesto, pero lo que queremos indicar es que ahora ya sabes qué parte de ti es la que realiza este trabajo: tu ejecutivo central. Lo que nos lleva a la siguiente pregunta: ¿en qué zona del cerebro se encuentra este inteligente ejecutivo central?

El córtex prefrontal

Cada vez hay más consenso en que el ejecutivo central y sus notables capacidades, como la planificación, la previsión, la toma de decisiones, el juicio y otros comportamientos relacionados, se encuentran en el córtex prefrontal, es decir, en la parte más frontal del lóbulo frontal. Está bien conectada con el resto del cerebro, lo que le permite ejecutar sus funciones de «mando y control». El córtex prefrontal ocupa el 33 % del cerebro humano y solo el 4 % del felino, lo que quizá explique por qué los humanos parecen tener un repertorio más amplio de actividades dirigidas a objetivos que sus compañeros felinos. Además, también existe un gradiente en los propios lóbulos frontales en cuanto al grado de abstracción o «visión de conjunto» de las actividades: las más abstractas están en la parte delantera, y las más concretas, en la trasera.[6]

Digamos, por ejemplo, que quieres ver amanecer desde el lugar en el que los rayos del sol tocan por primera vez Estados Unidos en el solsticio de verano. Este objetivo tan abstracto estaría en la parte más frontal de tu córtex prefrontal. Para lograrlo, tienes que subir a la cima de la montaña de tres mil metros llamada Mars Hill, en New Brunswick, Maine, cerca de la frontera con Canadá. Este objetivo, menos abstracto, estaría un poco más atrás, en el córtex prefrontal. Para lograr el objetivo de escalar la montaña, tienes que seguir subiendo por el sendero que tienes delante, que estaría en la parte posterior del córtex prefrontal, ya que se trata de un objetivo bastante específico y concreto. Ten en cuenta que no se trata de tres pasos o etapas diferentes de tu viaje, sino de tres formas distintas de conceptualizar cuáles son tus objetivos en ese momento. Otro ejemplo que nos viene naturalmente a la mente mientras escribimos estas palabras es que tenemos el objetivo bastante abstracto de escribir este libro, que incluye los objetivos progresivamente más concretos de escribir este capítulo, esta sección del capítulo, este párrafo y esta frase. (Escribir palabras concretas, teclear letras concretas y mover los dedos para presionar el teclado también tienen lugar en los lóbulos frontales, pero son tan concretos que están más atrás, detrás del córtex prefrontal).

Una de las cuestiones en las que este gradiente de abstracto a concreto es relevante se encuentra en las instrucciones que hay que dar a niños de diferentes edades cuyos lóbulos frontales maduran progresivamente y se conectan con el resto del cerebro a medida que envejecen.[6,7] Por ejemplo, a un niño de catorce años se le puede pedir que se haga un sándwich y, si le gusta la mantequilla de cacahuete y la mermelada, sacará el pan, la mantequilla de cacahuete, la mermelada, el plato, el cuchillo y (con suerte) una servilleta y se hará el sándwich. A un niño de seis años probablemente tendrás que decirle: «Saca el pan, la mantequilla de cacahuete y la mermelada. Ahora saca el plato, el cuchillo y la servilleta. Pon dos trozos de pan en el plato. Unta mantequilla de cacahuete en una rebanada, mermelada en la otra y júntalas».

¿QUÉ DISMINUYE LA MEMORIA DE TRABAJO?

Trastornos cerebrales que alteran la memoria de trabajo

Ahora que sabes que la memoria de trabajo se encuentra en el córtex prefrontal —la parte delantera del lóbulo frontal, justo detrás de la frente—, no debería sorprenderte saber que cualquier trastorno cerebral que afecte a los lóbulos frontales o a sus conexiones con el resto del cerebro afectará a la memoria de trabajo.

Entre los trastornos cerebrales que pueden dañar una o más regiones del lóbulo frontal se incluyen los accidentes cerebrovasculares, los tumores, la esclerosis múltiple y los traumatismos craneoencefálicos. También hay una serie de trastornos neurológicos que afectan a los lóbulos frontales de forma más difusa, como la parálisis cerebral y la demencia (como la demencia frontotemporal variante conductual, la demencia vascular y la hidrocefalia de presión normal). La mayoría de las personas que padecen alguno de estos trastornos cerebrales que afectan a los lóbulos frontales muestran una disminución de la capacidad de la memoria de trabajo o un deterioro de la capacidad para evaluar y manipular la información. Los trastornos psiquiátricos también pueden afectar a la memoria de trabajo, como la depresión, el trastorno por déficit de atención con hiperactividad (más conocido por sus siglas, TDAH) y los trastornos psicóticos, como la esquizofrenia. Trataremos brevemente todos estos trastornos en los capítulos 13 y 14.

Ansiedad y estrés

La ansiedad y el estrés interfieren en la memoria de trabajo al menos por dos motivos. La primera es que, cuando estás ansioso o estresado, estás preocupado por lo que sea que te produce ansiedad o estrés. Si tu bucle fonológico está ocupado repitiendo afirmaciones como «Nunca voy a poder terminar esta presentación», tu capacidad para utilizar la memoria de trabajo verbal para recordar el desarrollo de tu presentación se verá afectada. Y si estás repitiendo en silencio: «Todo el mundo me mira porque llevo el pelo sucio», tendrás dificultades para prestar atención a lo que la gente te está diciendo. Del mismo modo, si tu bloc de dibujo visoespacial está lleno de imágenes aterradoras de una gran F roja en tu examen final, tendrás dificultades para imaginar tus apuntes y el lugar donde apuntaste la respuesta correcta.

La segunda razón por la que el estrés interfiere en la memoria de trabajo se debe a los cambios que se producen en el organismo. Se liberan hormonas en el torrente sanguíneo, como la adrenalina, que desencadenan la respuesta de «lucha o huida». Esta respuesta te obliga a prestar atención a aquellas cosas de tu entorno que podrían representar una amenaza, aunque esas cosas no tengan absolutamente nada que ver con lo que estás intentando conseguir en ese momento. Así, tu capacidad de memoria de trabajo puede estar ocupada por el miedo a olvidar las líneas de tu monólogo, lo que en realidad te impide recordarlas.

FORMAS DE MEJORAR LA MEMORIA DE TRABAJO

Después de haber repasado la memoria de trabajo y cómo funciona, ahora estás preparado para mejorar tu capacidad de dirigir tu ejecutivo central para prestar atención, mantener la información en la mente y manipular esa información para lograr tus objetivos.

- Presta atención.
  — La atención es la base de la memoria de trabajo, por lo que no hay nada más importante que prestar atención si estás intentando mejorar tu memoria de trabajo.
- ¡No hagas varias cosas a la vez!
  — Apaga el móvil, la televisión y otras distracciones cuando intentes mantener la información en tu mente.
- Concéntrate en tus sensaciones.
  — Empieza por centrarte en tus sensaciones y tenerlas presentes si quieres recordar las imágenes, sonidos, sabores, olores y sensaciones que estás experimentando.
- Agrupa la información cuando sea necesario para tenerlo todo en mente, sobre todo si hay más de tres o cuatro partes.
  — Tanto si la información es verbal como visual, podrás tenerla más presente si la agrupas formando conjuntos, como frutas, verduras y carnes en una lista de la compra. Para más información sobre la fragmentación, consulta el capítulo 8.
- Relájate y no estés ansioso.
  — Tendrás dificultades para mantener la información en la mente si estás ansioso o estresado. Si tienes tendencia a la ansiedad, considera la posibilidad de utilizar la meditación de atención plena o la respiración profunda para sentirte más tranquilo y relajado. De este modo, podrás centrarte en lo que quieres y no en lo que te preocupa.
- Toma una taza de café (o de té).
  — Aunque no quieres estar ansioso, tampoco quieres estar demasiado relajado. Quieres estar alerta, atento y no somnoliento cuando intentas retener información en la mente. A veces, una

taza de café o de té puede ayudarte a estar más alerta y prestar más atención.

- Mejora tu atención activa practicando la atención plena.
  — Practicar la meditación de atención plena es una forma de mejorar tu capacidad de prestar atención consciente y dirigida a tus objetivos. Consulta el capítulo 21 para obtener más información.

4
MEMORIA EPISÓDICA
Viajar atrás en el tiempo

Un hombre de setenta y cinco años acudió a la consulta con su hija por problemas de memoria. Aunque él creía que sus problemas de memoria se debían al envejecimiento normal, su hija estaba más preocupada. A pesar de ser un abuelo estupendo que solía estar al tanto de sus nietos y de lo que hacían, no recordaba el nacimiento de su nuevo nieto el mes pasado. Su hija también observó que en los últimos dos o tres años se perdía mientras conducía y contaba las mismas historias a las mismas personas una y otra vez. De hecho, parecía que sus viejas historias del instituto eran lo único de lo que quería hablar. Su memoria para aquellos remotos acontecimientos parecía ser excelente, lo que confundía a su hija.

Después de relatar esta historia, su primera pregunta fue: «¿Cómo puede tener tan buena memoria para cosas que ocurrieron hace sesenta años cuando no recuerda lo que pasó ayer o el mes pasado?».

LEY DE RIBOT

Esta astuta pregunta de la hija de este paciente también fue formulada hace más de cien años por el psicólogo francés Théodule-Armand Ribot. Como explica en su libro de 1882 *Las enfermedades de la memoria*, Ribot se dio cuenta de que la pérdida de memoria suele seguir un patrón que se conoce como la ley de Ribot.[1]

Ya fuera por traumatismo, demencia u otras causas, Ribot observó que los individuos que padecían una lesión cerebral mostraban:

- Deterioro de la capacidad para formar nuevos recuerdos.
- Deterioro de la capacidad para evocar recuerdos recientes.
- Capacidad para evocar recuerdos remotos.

La explicación de la ley de Ribot será tan solo uno de los interesantes aspectos de la *memoria episódica* que trataremos en este capítulo.

TU MÁQUINA DEL TIEMPO PERSONAL

La memoria episódica es como una máquina del tiempo. Te permite retroceder en el tiempo hasta un acontecimiento o *episodio* anterior de tu vida, como tu primer beso o el lugar donde cenaste la noche anterior. Cuando utilizas la memoria episódica, a menudo puedes ver la escena como si la tuvieras delante, sentir las emociones que te aceleraron el pulso y experimentar el resto de tus sensaciones de forma vívida, como si estuvieras allí de nuevo. De hecho, esta experiencia subjetiva de estar presente en el recuerdo es lo que nos ayuda a definir la memoria episódica. Pero, antes de entender cómo podemos recuperar un recuerdo y viajar atrás en el tiempo, tenemos que comprender cómo se construyen los recuerdos episódicos.

CODIFICACIÓN DE RECUERDOS EPISÓDICOS

Codificación es la palabra que utilizamos a menudo para describir el momento en el que un acontecimiento entra en nuestra memoria. Esta palabra indica correctamente que el acontecimiento se convierte en un *código*. Es posible que los almacenes sensoriales registren inicialmente la información, pero, para recordar las imágenes que vemos, los sonidos que oímos, los sabores que degustamos, los pensamientos sobre los que reflexionamos y las emociones que sentimos en relación con un acontecimiento de nuestra vida, debemos prestar atención a estos detalles utilizando la *memoria de trabajo*, tal y como se describe en el capítulo 3. Cada una de estas sensaciones, pensamientos y emociones se produce en regiones cerebrales concretas. Por ejemplo, la visión se produce principalmente en los lóbulos occipitales, en la parte posterior del cerebro. Pensar con palabras implica un bucle que emplea un área del lóbulo frontal que pronuncia las palabras en silencio y la parte superior del lóbulo temporal que «escucha» las palabras en silencio. Una vez en la memoria de trabajo, el patrón neural de actividad que conforma esa experiencia puede viajar desde estas zonas del cerebro que se encargan de sentir, pensar y percibir hasta una estructura especial situada en la parte interna del lóbulo temporal.

EL CABALLITO DE MAR EN TU CABEZA

Coloca los dedos en las sienes, a los lados de la cabeza, justo detrás de los ojos. Ahora desliza los dedos hacia atrás hasta llegar a las orejas. Si trazaras una línea entre los dedos, pasarías por la parte interna de los lóbulos temporales que contiene el *hipocampo*. Hipocampo significa caballito de mar en latín, y esta estructura recibe su nombre porque tiene una cabeza, un cuerpo delgado y una cola curvada que, en conjunto, se parecen un poco a un caballito de mar (si has pasado demasiado tiempo en el laboratorio de anatomía). Como veremos a continuación, en el hipocampo se forman los recuerdos episódicos.

ALMACENAR LA MEMORIA

Cuando el código neuronal del patrón de actividad que representa las imágenes, sonidos, sabores, pensamientos, emociones y otras experiencias que conforman un acontecimiento de tu vida entra en el hipocampo, ocurren varias cosas importantes. La primera es que estas sensaciones, pensamientos y emociones se unen en una representación coherente. Esta unión permite almacenar el recuerdo de todo el acontecimiento y recuperarlo más tarde. La segunda es que esta representación se etiqueta con un índice que te permitirá recuperar y reactivar el recuerdo en otro momento.

Por ejemplo, pensemos en lo que recuerdas mientras preparas el desayuno una mañana. Te pones las zapatillas de estar por casa, preparas el café y empiezas a hacerte una tortilla con queso cheddar, pimientos y cebollas. A pesar del extractor, la cocina se llena enseguida del olor de las cebollas en la sartén. Mientras te sientas a la luz de la mañana, tomas un sorbo de café y das el primer bocado a la tortilla, echas un vistazo a los titulares del periódico y te enteras de que ha muerto uno de tus músicos favoritos. Enciendes la radio y, como era de esperar, ponen «Imagine», una de sus canciones. La escuchas con tristeza en el corazón. La actividad neuronal relacionada con las distintas sensaciones, pensamientos y emociones de este episodio de tu vida —desde la visión de los titulares en los lóbulos occipitales hasta el sonido de la canción en la parte superior de los lóbulos temporales— se transfiere al hipocampo, donde se une y se indexa para su posterior recuperación.

RECUPERAR LA MEMORIA

Una semana después, estás rehogando unas cebollas como primer paso de tu receta de chili. Tu cocina se llena del aroma de las cebollas friéndose. La actividad neuronal relacionada con este aroma viaja desde las terminaciones nerviosas de la nariz, a través de la parte del cerebro que procesa el olfato, hasta el hipocampo. El patrón de actividad relacionado con este olor a cebolla frita coincide casi perfectamente con el de tu desayuno de la semana pasada. Esta coincidencia de patrones actúa como una señal que desencadena la recuperación de tu memoria episódica anterior. No solo se recuperan los olores, sino toda la representación vinculada del recuerdo con todas sus sensaciones, pensamientos y emociones, recreando activamente las imágenes, sonidos, sabores y sentimientos que experimentaste durante el episodio de memoria original de preparar el desayuno la semana anterior. De hecho, las mismas áreas del cerebro que procesaron tus sensaciones cuando experimentaste el suceso original están trabajando ahora para reproducir esas sensaciones recordadas. Pronto, la zona superior de los lóbulos temporales «escucha» la canción «Imagine» y los lóbulos occipitales «ven» el titular del periódico que anuncia la muerte de John Lennon.

INDEXACIÓN DE LA MEMORIA

Ahora que ya conoces los conceptos básicos del almacenamiento y la recuperación de los recuerdos episódicos, vamos a profundizar un poco más para entender mejor cómo se produce la unión y la indexación de los recuerdos. Imagina que vas a aparcar el coche en el mismo garaje tres días seguidos. ¿Cómo puedes encontrarlo cada día? ¿Y por qué suele ser difícil hacerlo?

Este aparcamiento en concreto tiene dos plantas (primera y segunda) y dos secciones (roja y azul). También vamos a utilizar cómo te sientes cada día para indicar tu estado de ánimo, así como otros detalles contextuales importantes que pueden variar de un día para otro.

- *El primer día* aparcas el coche en la primera planta, en la zona roja, y sonríes al aparcar en un sitio a mitad del pasillo a la izquierda, ya que había pocos coches. El conjunto de circunstancias de este suceso (primera planta, sección roja, sentirse feliz) da lugar a un patrón distinto de actividad cerebral que te permite crear un índice hipocampal único que, a su vez, te permite encontrar fácilmente tu coche al final del día.
- *El segundo día* aparcas el coche en la segunda planta, en la zona azul, y frunces el ceño al aparcar en un lugar a mitad del pasillo a la derecha, ya que los pocos sitios libres te han hecho llegar tarde a la reunión. Sin embargo, este conjunto de circunstancias (segunda planta, zona azul, enfado) da lugar a un patrón distinto de actividad cerebral que te permite crear un índice hipocampal único y encontrar fácilmente el coche.
- *El tercer día* también aparcas en la segunda planta, en la zona azul, en un lugar situado en el pasillo de la izquierda, y de nuevo frunces

el ceño al comprobar la hora. Las circunstancias de este suceso son bastante similares a las de ayer (segunda planta, zona azul, sensación de disgusto). Nos gustaría tener una nueva forma de índice hipocampal que nos ayudara a recordar que aparcamos el coche en la segunda planta, en la zona azul y en el pasillo de la izquierda, pero tenemos un problema.

Cuando las circunstancias coinciden en gran medida y dan lugar a patrones de actividad cerebral que se solapan, como ocurre en el segundo y en el tercer día, no se forma un índice hipocampal independiente. En su lugar, tendrás un único índice hipocampal para los días dos y tres. Este índice único se reforzará para los elementos comunes de ambos recuerdos, pero será poco claro para los aspectos en los que difieren. Así, el tercer día te resultará fácil recordar que aparcaste el coche en el segundo piso, en la zona azul, pero te será difícil recordar si lo aparcaste en la mitad del pasillo de la derecha o a lo largo del pasillo de la izquierda.

Más allá del caballito de mar

A estas alturas ya tienes una idea básica sobre cómo el hipocampo nos permite almacenar y recuperar recuerdos. Sin embargo, otras regiones cerebrales contribuyen a la memoria episódica de forma importante. Como veremos, los lóbulos frontal y parietal también son necesarios para el funcionamiento de la memoria episódica.

El córtex prefrontal en la memoria episódica

¿Recuerdas al *ejecutivo central* situado en el córtex prefrontal (justo detrás de la frente) del capítulo 3? Lo describimos como el director de tu sistema de memoria de trabajo. Como la información tiene que llegar primero a la memoria de trabajo antes de poder llegar a la memoria episódica, no debería sorprenderte que el córtex prefrontal y tu ejecutivo central también sean fundamentales para el correcto funcionamiento de tu sistema de memoria episódica. Hablaremos de la memoria episódica con más detalle en la parte II, así que aquí nos limitaremos a enumerar algunas de las acciones clave del córtex prefrontal en la memoria episódica para ilustrar su importante papel:

- Elige los objetivos de la información que deseas recordar.
- Dirige la atención para que la información pueda entrar en la memoria de trabajo y después en la memoria episódica.
- Ayuda a recordar el contexto de la información.
- Ayuda a recordar el orden en que se aprendió la información.
- Elige los objetivos de la información que deseas recuperar.
- Dirige la búsqueda para recuperar información de la memoria episódica.
- Desarrolla estrategias que te ayuden a recuperar información.
- Te ayuda a evaluar la exactitud y la aplicabilidad de la información que has recuperado.

De forma similar a la memoria de trabajo, el córtex prefrontal izquierdo y el hipocampo izquierdo se encargan del almacenamiento y la recuperación de la información verbal, y el córtex prefrontal derecho y el hipocampo derecho están más implicados en el almacenamiento y la recuperación de la información visual y de otro tipo no verbal (véase la figura 4.1).

Recuerdo consciente: el momento ¡ajá!

¿Alguna vez ha estado buscando información en tu memoria y, cuando por fin aparece, piensas: «Sí, es la información que estaba buscando»? Resulta que esta experiencia consciente y vívida del recuerdo se produce en la zona superior central del cerebro, llamada *lóbulo parietal*.[2] Quizá por este motivo, las investigaciones sobre la memoria que utilizan imágenes de resonancia magnética (IRM) casi siempre muestran una activación del lóbulo parietal cuando se recuperan recuerdos.

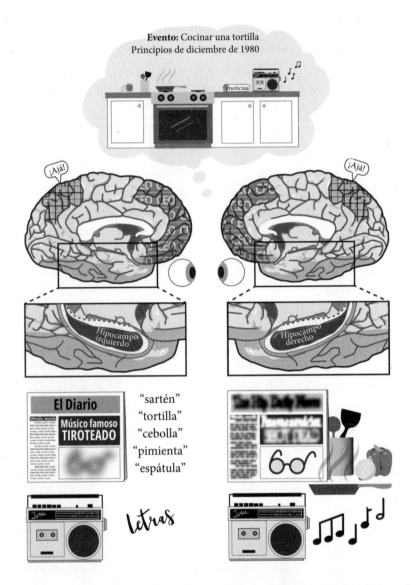

Figura 4.1. La memoria de un acontecimiento único surge del trabajo conjunto de los dos hemisferios: el hemisferio izquierdo para la información verbal y el hemisferio derecho para las imágenes y otra información no verbal. Los ojos indican la parte frontal del cerebro, cerca de los lóbulos frontales (CEO). El lóbulo parietal crea el momento *ajá* cuando se recupera conscientemente un recuerdo (cuadrícula). Los recuadros muestran vistas seccionadas del hipocampo en el interior del lóbulo temporal.

TRASTORNOS DE LA MEMORIA EPISÓDICA

Si tenemos en cuenta las funciones que desempeñan el hipocampo, los lóbulos frontales y los lóbulos parietales en la memoria episódica, debería ser posible comprender los efectos de muchos trastornos cerebrales. Los individuos cuyo hipocampo está dañado o extirpado, como Henry, descrito en el capítulo 1, experimentarán dificultades para formar nuevos recuerdos y recuperar recuerdos recientes, pero (siguiendo la ley de Ribot comentada al principio de este capítulo) seguirán siendo capaces de recuperar recuerdos remotos. Las personas que tienen dañados los lóbulos frontales o sus conexiones (a causa de lesiones cerebrales traumáticas, esclerosis múltiple u otros trastornos) experimentarán dificultades para recordar el contexto, el orden y los detalles de los recuerdos. Las personas con daño parietal suelen quejarse de que sus recuerdos no parecen tan vívidos y *reales* como los que recuperaban antes de la lesión cerebral. Resulta que la enfermedad de Alzheimer daña todas estas regiones cerebrales, y esta es una de las razones por las que causa trastornos de la memoria tan devastadores. Trataremos estos y otros trastornos de la memoria episódica con más detalle en los capítulos 13 y 14.

¿QUIERES SABER MÁS?

¿Te hemos abierto el apetito y ahora quieres saber más sobre la memoria episódica? ¿Más información sobre por qué recuerdas algunas cosas con facilidad y otras no? ¿Más consejos para introducir información en la memoria y mantenerla en ella? ¿Más estrategias para recuperar recuerdos remotos? ¿Más explicaciones sobre por qué se producen los olvidos o aparecen los falsos recuerdos? ¿Más técnicas para mejorar la memoria episódica, como la asociación de información y el control de lo que se recuerda y se olvida? Todas estas cuestiones y otras más se tratarán en detalle en la parte II. Permanece atento.

Pero, antes de continuar, ¿qué pasa con el paciente del que hablamos al principio del capítulo y la explicación de la ley de

Ribot? Hemos dejado esta parte para el final porque es un área activa de investigación y existe controversia sobre cuál es la respuesta correcta.

RECUERDOS PARA TODA LA VIDA

Pensemos en cómo retener los recuerdos a lo largo del tiempo. ¿Recordarás ese desayuno en el que te enteraste de la muerte de John Lennon durante el resto de tu vida? Si es así, ¿cómo ocurre?

Etiqueta ese recuerdo

Lo primero que tiene que ocurrir es que tu cerebro se dé cuenta de que ese acontecimiento es importante de alguna manera, y por eso merece la pena guardarlo en la memoria. Tal vez el acontecimiento sea muy emotivo, importante para ti o distintivo de algún otro modo. El cerebro «etiqueta» estos recuerdos para almacenarlos a largo plazo. Los acontecimientos emocionales, por ejemplo, liberan adrenalina y hormonas relacionadas en el cuerpo que ayudan a «etiquetar» el recuerdo como algo que debe conservarse. Hablaremos más sobre el proceso de etiquetado de recuerdos importantes en la parte II.

Consolidación

A continuación, los recuerdos etiquetados se convierten en recuerdos a largo plazo mediante un proceso conocido como *consolidación*. Cuando se produce la consolidación, se refuerzan las conexiones entre las regiones cerebrales relacionadas con las imágenes, sonidos, olores, sabores, pensamientos y emociones del episodio de memoria. Volviendo a nuestro ejemplo del desayuno, si ese recuerdo se consolida, la visión de los titulares del periódico en el lóbulo occipital y los sonidos de la canción «Imagine» en los lóbulos temporales se vinculan entre sí, junto con la actividad cerebral de los demás componentes del recuerdo, como el olor de las cebollas.

Aunque todavía se desconoce gran parte del proceso de consolidación, sabemos que el sueño es de vital importancia (véase el capítulo 20). Aunque la consolidación puede tener lugar cuando se está despierto (sobre todo si se está descansando), la unión directa de los distintos componentes de un recuerdo se produce principalmente durante el sueño. La consolidación puede comenzar poco después de un acontecimiento, pero el proceso continúa durante muchos meses o incluso años.

¿Recuerdos reales… o historias?

Así pues, los recuerdos consolidados tienen sus conexiones reforzadas… ¿pero sigue siendo necesario el hipocampo para recuperar ese recuerdo? Sí y no. La mayoría de los investigadores creen que, para tener esa sensación subjetiva de «viajar en el tiempo» al revivir un recuerdo, la conexión con el hipocampo debe seguir presente en el recuerdo consolidado.[3] Los recuerdos consolidados que han perdido la conexión con el hipocampo se convierten más en una «historia» que crees recordar sobre lo que ocurrió, que en una verdadera reviviscencia del acontecimiento real. Puede que recuerdes tanto el esquema general como bastantes hechos de lo que ocurrió durante ese acontecimiento de tu vida, pero no es exactamente lo mismo que recuperar un recuerdo en el que puedas revivir el suceso.

¿Tienes algún recuerdo de la infancia que hayas contado siempre de la misma manera? ¿Ya no sientes que te transportas a ese momento del pasado cuando cuentas esa historia? Aunque lo intentes, ¿eres incapaz de ver el mundo desde tu altura de niño o de recordar otras imágenes, sonidos u olores que no se incluyan habitualmente en tu historia? Aunque no existe una prueba de fuego, si tu respuesta a todas estas preguntas es afirmativa, es posible que tengas un recuerdo de la infancia que, con el tiempo, ha perdido su conexión con el hipocampo.

EXPLICACIÓN DE LA LEY DE RIBOT

Con los conocimientos que has adquirido en este capítulo, ya estás preparado para comprender el fundamento de la ley de Ribot y la respuesta a la pregunta planteada por la hija del paciente al principio de este capítulo: «¿Cómo es posible que la memoria de mi padre sea tan buena para cosas que ocurrieron hace sesenta años cuando no puede recordar lo que ocurrió ayer o el mes pasado?». Ahora comprendemos que, cuando el hipocampo resulta dañado por un traumatismo craneoencefálico, la enfermedad de Alzheimer u otros trastornos, se producen una serie de consecuencias:

- La formación de nuevos recuerdos se verá comprometida debido al deterioro de la unión y la indexación del hipocampo.
- Cualquier recuerdo reciente que dependa exclusivamente del hipocampo será difícil o imposible de recuperar.
- Algunos recuerdos más antiguos y consolidados, cuyos componentes están directamente vinculados entre sí, pueden ser parcialmente independientes del hipocampo y, por tanto, aún pueden recuperarse. Sin embargo, estos recuerdos más antiguos estarán más cerca de las historias que se recuerdan que de los recuerdos autobiográficos episódicos reales.

* * *

Ahora ya conoces los conceptos básicos sobre cómo adquieres, almacenas y recuperas recuerdos autobiográficos, es decir, recuerdos de los acontecimientos que conforman tu vida. Seguiremos analizando los recuerdos de acontecimientos autobiográficos en la segunda. A continuación veremos cómo se aprende, retiene y recupera el conocimiento sobre el mundo. Como veremos más adelante, es en este tipo de memoria donde se materializa todo el poder de la consolidación.

Formas de mejorar la memoria episódica

- Presta atención a tus sensaciones, pensamientos y emociones.
  - Centrarse en las imágenes, los sonidos, los olores, los sabores, los pensamientos y los sentimientos mientras los experimentas te ayudará a crear recuerdos duraderos.
- Céntrate en las diferencias entre dos acontecimientos similares si deseas recordar cada uno de ellos con nitidez.
  - Para recordar cada uno de ellos con nitidez, concéntrate en los rasgos distintivos de distintas personas, cachorros o plazas de aparcamiento.
- Para mejorar tu retención revisa un evento después de que haya concluido.
  - Para recordar tu salida nocturna, piensa en cada aspecto de la noche mientras vuelves a casa: cómo te miraste en el espejo antes de salir, los sonidos que oíste al abrir la puerta, cómo iban vestidos los demás, los sabores de la comida, las caras de las personas que conociste y los temas de los que hablaste.

5

MEMORIA SEMÁNTICA

Lo que sabes

Una profesora universitaria fue remitida a la clínica por problemas de memoria. Aunque admitió tener problemas con los nombres, dijo que su memoria era «bastante buena». A continuación, pasó a hablar de acontecimientos actuales con bastante detalle. Solo tenía sesenta y tres años y, en este punto de la entrevista, Andrew pensó: «Bueno, quizá su memoria sea normal después de todo». Le preguntó por otros problemas médicos, y ella empezó a hablar de una operación. Se subió la pernera izquierda del pantalón y explicó que esta ya estaba operada, mostrándole una larga cicatriz que le cruzaba la rodilla, y luego se subió la pernera derecha del pantalón, diciendo que esta tenía que operarse, flexionando la rodilla derecha y haciendo una pequeña mueca de dolor al hacerlo.

—¿Cómo se llama esa articulación? —preguntó Andrew.

—Oh, no conozco el nombre técnico —respondió ella.

—¿Cuál es su nombre común?

—No lo sé —dijo, sacudiendo la cabeza.

—Es tu rodilla, ¿verdad?

—¿Rodilla? —respondió ella—. ¿Qué es una rodilla?

—Sabes, es como el codo —dijo Andrew, mostrándole el suyo—, pero en la pierna.

—Codo, codo… Conozco la palabra, pero no sé lo que significa.

Al interrogarla más a fondo, Andrew supo que había perdido el significado de muchas palabras que hacían referencia a partes del cuerpo y prendas de vestir.

HECHOS Y OTRAS COSAS QUE SABES = TU BASE DE CONOCIMIENTOS = TU MEMORIA SEMÁNTICA

¿Cómo puede esta profesora de universidad recordar las noticias y lo que hizo la semana pasada, pero no lo que significan las palabras rodilla y codo? En parte, gracias a estas personas sabemos que debe existir un sistema de memoria independiente que almacena nuestro conocimiento del mundo, incluidos los nombres que utilizamos para las cosas.

Llamamos a este sistema *memoria semántica*. La palabra *semántica* se refiere al *significado* de algo y, de hecho, algunos individuos con alteraciones de la memoria semántica pierden no solo las palabras que significan elementos, sino también el significado y el uso de esos elementos. Por ejemplo, algunos pacientes no solo pierden las palabras *tenedor* y *mando a distancia*, sino también el significado de esos elementos y su capacidad para utilizarlos, como si hubieran crecido en una cultura en la que no se utilizan tenedores ni mandos a distancia.

La memoria semántica constituye el conocimiento del mundo que no está relacionado con un acontecimiento concreto que recuerdas, es decir, que no está relacionado con un recuerdo episódico concreto. Por ejemplo, probablemente recuerdes quiénes son la reina Victoria y Leonardo da Vinci, pero no dónde estabas ni qué hacías cuando los conociste. Del mismo modo, probablemente sepas que los colores primarios son el rojo, el azul y el amarillo, y que, si mezclas azul y amarillo, obtienes el verde, pero no cómo adquiriste esta información. Y, por supuesto, sabes qué hacer con tenedores, destornilladores, pajitas y mandos a distancia, aunque probablemente no recuerdes cómo lo aprendiste.

ADQUIRIR NUEVOS DATOS: CONSTRUIR TU MEMORIA SEMÁNTICA

Construir nuevas memorias semánticas es esencialmente lo mismo que aprender nuevos hechos. A veces esto significa aprender información de un libro de texto, como quién luchó en la guerra de 1812 o qué significa la palabra francesa *l'amour*. Otras veces viene de la propia experiencia, como que, si te quedas muy quieto, un periquito puede comer de tu mano, o que, si llegas al cine para ver la película diez minutos antes de la sesión, lo más probable es que se agoten las entradas. Como sugieren estos ejemplos, hay que utilizar la memoria episódica para que la información llegue eficazmente a la memoria semántica. Así que, para aprender nueva información semántica, suelen tener lugar los mismos procesos que cuando se aprende nueva información episódica.

Por ejemplo, unos días o semanas después de aprender por primera vez la conjugación de un verbo francés, puedes recordar exactamente dónde te sentabas en clase, cómo escribía la profesora las palabras en la pizarra y cómo pronunciaba cada una. También recuerdas cómo entraba el sol por la ventana abierta y cómo transpirabas ligeramente aquel día de principios de septiembre. Así, aprendiste el verbo formando una nueva memoria episódica. Durante los nueve meses siguientes, sin embargo, estudias el verbo en el libro de texto, lo escuchas en vídeos y lo trabajas con tus compañeros. En mayo, ya has estudiado ese verbo cientos de veces. Sabes utilizarlo perfectamente, pero ya no recuerdas tu aprendizaje inicial de ese verbo en el aula ni los detalles de las otras sesiones en las que lo estudiabas. La información ha pasado de estar vinculada a un acontecimiento concreto a ser información que no está relacionada con ningún episodio concreto de tu vida: ahora forma parte de tu memoria semántica.

De la memoria episódica a la semántica

Para que un recuerdo pase de ser un acontecimiento de tu vida a formar parte de tu base de conocimientos (en otras palabras, de una memoria episódica dependiente del hipocampo a una memoria semántica), suelen ocurrir dos cosas en tu cerebro.

Consolidación

Algo que convierte los acontecimientos de tu vida en conocimiento es ese proceso de consolidación del que hablamos en el capítulo 4. Por ejemplo, la primera vez que oíste la palabra *espada láser* probablemente fue viendo una de las películas de *La guerra de las galaxias*. Poco después de ver la película, es posible que incluso recuerdes la escena en la que Obi Wan le da una espada láser a Luke. Puedes recordar el brillo azul intenso que tenía y los sonidos característicos que hacía al encenderse, apagarse y agitarse en el aire. Con el tiempo, cuando duermes, se produce el proceso de consolidación, que une directamente la palabra *espada láser* (almacenada con tu vocabulario en las partes externa e inferior del lóbulo temporal) con su imagen (almacenada con otras imágenes en el lóbulo occipital) y sus sonidos (almacenados con otros sonidos en la parte superior del lóbulo temporal).

Una vez consolidada la memoria, si por casualidad te encuentras con la palabra, la imagen o el sonido de una espada láser, te vendrán inmediatamente a la mente sus otros atributos, pero habrás perdido ese aspecto personal, autobiográfico y de viaje en el tiempo del recuerdo hasta el momento en que viste esa escena en la película. Ten en cuenta que esto no significa necesariamente que hayas olvidado la escena, sino que tu experiencia no será tan vívida o real.

¿Es malo perder el carácter episódico de la memoria para los hechos? En absoluto. Si estás ayudando a tu amiga a montar un mueble y te dice: «Pásame el destornillador», no necesitas revivir la experiencia de todas las veces anteriores que has utilizado un destornillador, solo necesitas saber qué aspecto tiene para poder encontrarlo entre el montón de herramientas esparcidas por el suelo y entregárselo.

¿Entendido?

Otra cosa que ocurre con las memorias semánticas es que se generalizan, de modo que uno es capaz de distinguir una variedad de teléfonos inteligentes, modelos de coches, abrelatas, tulipanes y tigres, aunque nunca los haya visto antes. Juntos, el hipocampo y los lóbulos del cerebro son muy buenos para extraer el concepto general, la idea o lo esencial de una colección de objetos y almacenarlo para recuperarlo más tarde. Por ejemplo, por tu experiencia con los balones de playa, sabes que lo esencial es que están llenos de aire, son muy ligeros, tienen al menos treinta centímetros de diámetro, a menudo son de colores brillantes y flotan en el agua. La idea básica de una pelota de béisbol es muy diferente: es lo suficientemente pequeña como para sostenerla en la mano, bastante dura y sólida, pesada para su tamaño y se hunde en el agua. Lo esencial de tu experiencia con los balones de playa y las pelotas de béisbol puede consolidarse, al igual que las características particulares de los recuerdos episódicos.

Esta capacidad de extraer y retener lo esencial de algo en la memoria semántica es increíblemente poderosa y bastante útil. Si ves algo que se parece a un gato doméstico pero tiene rayas y es unas cien veces más grande, no necesitas haber visto exactamente ese tigre para saber que es peligroso y que debes mantenerte alejado. Y cuando tu amiga vuelve de la peluquería no le dices «¿quién eres?» (aunque nunca antes la habías visto con su nuevo peinado), sino «bonito corte de pelo».

ACTUALIZACIÓN CONSTANTE

Este último ejemplo, el de cómo puedes reconocer a tu amiga después de cortarse el pelo, saca a relucir otra característica importante de la memoria semántica, y es que actualiza constantemente los atributos de las cosas con las representaciones más recientes. En otras palabras, aunque hayas crecido en los años setenta y hayas desarrollado la idea de *coche* con Ford Pintos y Pontiac Firebirds, tu concepto se ha actualizado en los últimos cincuenta años, de tal forma que, si alguien dice «coche» hoy, es más probable que pienses en un Tesla o un Toyota Prius.

Personas episódicas y semánticas

Nuestros conceptos de las personas suelen tener componentes episódicos y semánticos. Si piensas en los miembros de tu familia, es probable que tengas una serie de recuerdos episódicos muy concretos que puedes utilizar para viajar en el tiempo y revivir experiencias con ellos en tu mente. También tienes un concepto de memoria semántica de cada miembro de tu familia que no está relacionado con ningún acontecimiento concreto. Este concepto semántico incluye atributos como su altura, el color de su pelo, su forma de vestir y lo que le gusta comer. También incluye su aspecto visual, el sonido de su voz e incluso sus gestos y su forma de realizar actividades.

Por ejemplo, podrías reconocer a tu cónyuge, tus hijos o tus amigos por la forma en la que cada uno de ellos baja esquiando por una pendiente, algo muy útil cuando intentas reunirte con ellos en el remolque. Como las personas tienen un componente semántico y este se actualiza constantemente, ahora podemos entender por qué los padres no suelen detectar el crecimiento de sus hijos: el atributo semántico de su estatura se actualiza a diario. Pero, cuando la tía Marge viene de visita, se da cuenta porque, al no haber visto a los niños en un año, su imagen semántica está desfasada. (De hecho, la imagen semántica de la tía Marge puede estar más de un año desfasada, ya que su imagen es la media de una serie de experiencias anteriores, incluso de cuando los niños eran aún más pequeños).

Recuperación del conocimiento semántico

Cuando se intenta recuperar información semántica, a veces esta viene a la mente fácilmente y sin esfuerzo. En este caso, lo que suele ocurrir es que una señal del entorno —quizá la imagen visual de la palabra *Bahnhof* en tu examen de vocabulario de alemán— activa atributos que están relacionados por su significado y que se han vinculado a través de la consolidación, como la palabra alemana para tren (*Zug*) y la palabra inglesa *station*, y anotas fácilmente *train station* en la hoja del examen.

Otras veces, la información que buscas no te viene espontáneamente a la mente. Estás seguro de que conoces el nombre de la persona, una palabra del vocabulario, una fórmula matemática o un proceso biológico, pero te quedas en blanco. Cuando esto ocurre, el ejecutivo central de tu cerebro necesita utilizar una estrategia para encontrar la información que falta (para más información sobre el ejecutivo central consulta el capítulo 3). Una buena estrategia consiste en pensar en otros atributos que puedas traer a la mente en relación con la información que buscas. Por ejemplo, ves la cara de tu vecina, pero esta imagen visual no te trae automáticamente su nombre. Piensa en su carrera, sus hijos, su ciudad natal, sus comidas favoritas y otros datos que puedas recordar sobre ella. Es probable que uno de estos datos se vincule con su nombre y te permita recuperarlo. Trataremos otras estrategias de recuperación en el capítulo 9 (parte II) y en los capítulos 22 a 25 (parte V).

¿Dónde están las palabras en el cerebro?

Ahora que ya sabes qué es la memoria semántica y cómo funciona, quizá te preguntes dónde se almacena en el cerebro. Hanna y Antonio Damasio, marido y mujer, ambos neurólogos, combinan su trabajo clínico con la investigación neurocientífica y realizaron un par de estudios relevantes publicados en 1996 mientras estaban en la Universidad de Iowa. Demostraron que la recuperación de palabras para elementos específicos depende del lóbulo temporal izquierdo, incluida su punta (a menudo llamada «polo temporal») justo detrás del ojo izquierdo, y su extensión inferior y exterior a medida que se extiende hacia atrás, hacia el lóbulo occipital, en la parte posterior de la cabeza.

En el primer experimento, estudiaron a más de cien individuos que habían sufrido accidentes cerebrovasculares en la parte externa del lóbulo temporal izquierdo. Descubrieron que los individuos que habían sufrido un ictus en el polo temporal tenían más dificultades para nombrar a las personas. Los que habían sufrido un ictus un poco más atrás, en el centro del lóbulo temporal junto a la oreja, tenían más dificultades para nombrar animales. Y los que habían sufrido un ictus en la parte del lóbulo temporal situada justo detrás de la oreja tenían más dificultades para nombrar herramientas y otros objetos fabricados por el hombre.

En el segundo experimento utilizaron una tomografía por emisión de positrones (PET) para medir la actividad cerebral cuando individuos sanos nombraban personas, animales o herramientas. Comprobaron que la actividad era mayor en el polo temporal cuando nombraban personas, mayor en la parte posterior del lóbulo temporal cuando nombraban herramientas y mayor en el centro del lóbulo temporal cuando nombraban animales.

Estos experimentos, junto con otros realizados en humanos y animales, sugieren que el vocabulario no solo se almacena en el lóbulo temporal izquierdo, sino que distintas zonas del lóbulo temporal están especializadas en recordar distintos tipos de palabras.

¿DÓNDE SE ENCUENTRAN OTROS ATRIBUTOS EN EL CEREBRO?

Vale, las palabras están en la parte externa del lóbulo temporal izquierdo. Pero ¿y la imagen de Cleopatra, los primeros sonidos de la *Quinta Sinfonía* de Beethoven o el sabor y la textura de un gajo de naranja al morderlo? Nosotros y la mayoría de los investigadores creemos que estos elementos de tu conocimiento están situados cerca de donde se forman estas sensaciones visuales, auditivas, gustativas y táctiles. Así, tu almacén de imágenes visuales estaría en los lóbulos occipitales (que permiten la visión), tu memoria de sonidos estaría en la parte superior de los lóbulos temporales (que permiten la audición), tu memoria de sensaciones táctiles estaría en los lóbulos parietales (que permiten el tacto), y así sucesivamente. Como ya hemos mencionado en nuestro ejemplo de la espada láser, si una memoria semántica concreta tiene múltiples modalidades (como el color, el sabor y la textura de una naranja), las representaciones cerebrales de estos diferentes atributos estarán directamente conectadas entre sí y con la palabra *naranja* en el lóbulo temporal, de modo que podrías cerrar los ojos, sentir la superficie lisa pero irregular de una naranja e inmediatamente te vendrían a la mente su nombre, color y sabor desde tu memoria semántica.

Envejecimiento normal y memoria semántica

Muchas personas mayores tienen problemas para nombrar a las personas y recordar nombres propios, por lo que se considera parte del envejecimiento normal. ¿Por qué los mayores tienen problemas con los nombres? Aunque nadie lo sabe con certeza y hay varias teorías que compiten entre sí, puede deberse a una disfunción del lóbulo frontal —común en el envejecimiento normal— que dificulta la recuperación de esta información semántica. También es interesante observar que el encogimiento cerebral en el polo temporal también es tan frecuente en los adultos mayores que se considera «normal». Recordemos que aprendimos de los Damasio que la recuperación de los nombres de las personas depende del correcto funcionamiento del polo temporal. Por lo tanto, es al menos plausible que los adultos mayores sanos experimenten problemas con los nombres *debido a la contracción del polo temporal*. Futuras investigaciones podrían revelar si el encogimiento y las dificultades para nombrar están realmente relacionados o si se trata de una mera coincidencia. (¿Por qué se contrae el polo temporal con el envejecimiento normal? Una especulación es que podría ser un efecto secundario de caminar erguido).

Trastornos de la memoria semántica

Ahora que ya sabes dónde se localiza la memoria semántica en el cerebro, no debería sorprenderte saber que los trastornos que dañan la parte externa de los lóbulos temporales deterioran la memoria semántica. La enfermedad de Alzheimer es el trastorno más común que altera la memoria semántica. Esto explica por qué las personas con Alzheimer, además de tener dificultades para recordar acontecimientos recientes con su memoria episódica, también tienen dificultades para encontrar palabras. De hecho, es un problema tan común en esta enfermedad que los familiares suelen adquirir el hábito de intervenir con la palabra que busca su ser querido.

También existe el trastorno que padecía nuestro profesor al principio de este capítulo, la *variante semántica de la afasia primaria progresiva*. Parece un trabalenguas, pero lo que realmente significa es que es lenta, *progresiva*, que el trastorno *primario* es del lenguaje (*afasia* significa «sin habla» en griego) y que la memoria semántica está alterada. Al igual que nuestro profesor, estas personas han perdido muchas palabras para referirse a personas, animales y cosas cotidianas, como si hubieran olvidado su lengua materna. También existe un trastorno relacionado llamado *demencia semántica*. La diferencia es que, aunque los afectados por el primer trastorno hayan perdido las palabras Kamala Harris, loro y taza, si se les muestran imágenes, siguen sabiendo que fue la primera mujer en ser vicepresidenta, que es un pájaro que puede hablar y que se utiliza para beber. Las personas con demencia semántica pueden no saber quién es Kamala Harris o qué son los loros o las tazas, como si hubieran crecido en una cultura sin estas personas, animales y cosas. Hablaremos brevemente de estos trastornos en el capítulo 13.

Dado que muchos otros trastornos cerebrales pueden afectar a los lóbulos temporales, existen muchas otras causas de alteraciones de la memoria semántica, como tumores, accidentes cerebrovasculares e infecciones como la encefalitis. Hablaremos de estos trastornos en el capítulo 14.

¿QUIERES MEJORAR TU MEMORIA DE LOS ACONTECIMIENTOS?

Como se mencionó al principio de este capítulo, la memoria episódica se utiliza para retener nuevos sucesos. En la parte II aprenderás más sobre lo que ayuda —y lo que dificulta— la memoria episódica y semántica a largo plazo, incluida la memoria de hechos. Y la parte IV y V están totalmente dedicadas a lo que puedes hacer para recordar mejor todo, desde los nombres de las personas hasta las fechas, los hechos y las fórmulas. En otras palabras, ¡sigue leyendo! (Y no dudes en acudir directamente a esas secciones si lo deseas).

A continuación encontrarás algunos consejos clave que te ayudarán a aprender nueva información semántica:

- Formar recuerdos episódicos sólidos de los hechos que deseas aprender.
  — Dado que la memoria semántica se basa en la información adquirida a través de la memoria episódica, es fundamental comenzar con una memoria episódica sólida.
- Duerme bien por la noche.
  — Si estás intentando recordar palabras de vocabulario, fechas históricas, fórmulas matemáticas o un nuevo lenguaje de programación, recordarás mejor la información si dejas el libro y permites que tu cerebro consolide tus recuerdos durante el sueño.
- Estudiar los hechos en diferentes contextos.
  — Parte de la fuerza de la memoria semántica radica en que se trata de conocimientos que se pueden extraer y utilizar en distintas situaciones. Para que tus conocimientos sean flexibles, estudia los hechos de distintas maneras. Señala una palabra para recordar su definición, y apunta la definición para recordar la palabra.

6
MEMORIA COLECTIVA
Lo que recordamos juntos

Vas paseando con tu pareja por un camino rural y llegas a un viejo molino.

—Me encantan estos viejos molinos con sus norias —dices—. Recuerdo la foto que tenemos juntos delante del molino de Pensilvania cuando estábamos planeando nuestra boda.

—Sí —responde tu cónyuge—, salvo que ese molino estaba en Nueva Jersey, no en Pensilvania, y que esa foto era de la primera vez que conociste a mis padres, no de cuando éramos novios.

—Así es —contestas.

El recuerdo te viene ahora a la memoria, mientras rememoras cómo fuiste al molino después de conocer a tus futuros suegros, preparaste el trípode e hiciste la foto. De vuelta a casa, sacas la vieja foto y sonríes. El símbolo del Registro de Lugares Históricos de Nueva Jersey aparece delante del molino. Pero ¿qué es eso? Te fijas bien y ves claramente la mano que muestra orgullosa el nuevo anillo de compromiso.

E s natural pensar que tus recuerdos te pertenecen. Al fin y al cabo, los crea *tu* cerebro, reflejan *tu* pasado y *te* ayudan a tomar decisiones sobre *tu* futuro. Pero, antes de terminar la primera parte, queremos retarte a que pienses en *tus* recuerdos de una forma un poco diferente, a que reflexiones sobre el hecho de que parte de su utilidad proviene de la forma en que los compartes con los demás y a que consideres que están moldeados por aquellos con los que rememoras.

El poder de los recuerdos compartidos

En el capítulo anterior hablamos de la memoria semántica, el conjunto de conocimientos factuales que has ido acumulando a lo largo de tu vida. Gran parte de ellos son conocimientos adquiridos con esfuerzo, porque te has tomado el tiempo de leer, estudiar y escuchar, y, en ese sentido, son definitivamente tuyos. Pero considera ahora que gran parte del poder de este conocimiento proviene del hecho de que se solapa con el contenido de los almacenes de memoria de los demás. Si fueras el único que conoce el significado de *tenedor* o *mando a distancia*, ese conocimiento no te serviría de mucho. Incluso en los ámbitos de especialización (en los que es útil poseer conocimientos que no todo el mundo tiene) debe haber algún conocimiento básico compartido que te permita entender el problema y aplicar eficazmente tu experiencia.

Andamios compartidos

A lo largo de tu vida, no solo adquieres datos sobre el mundo, sino que también desarrollas formas de organizar ese conocimiento. Imagínate un aula. Es posible que te venga rápidamente a la mente una habitación de forma rectangular, con un profesor de pie en la tarima y los alumnos sentados tranquilamente en filas de pupitres mirando al frente. Esta imagen se forma sin esfuerzo, porque dispones de un andamiaje o esquema organizado para una clase típica. Los esquemas pueden incluir información no solo sobre la distribución espacial, sino también sobre la progresión de los acontecimientos. Imagina que llegas a tu primera cita con un médico nuevo. Aunque no hayas estado allí antes, es probable que tu esquema incluya detalles como que debes registrarte primero en recepción, rellena un formulario y luego sentarte en la sala de espera hasta que te llamen. Dependiendo de tus experiencias, tu esquema puede incluir otros detalles, como la tendencia a que las citas se retrasen o la presencia de revistas en la sala de espera.

Este tipo de esquemas son increíblemente útiles. Cuando Elizabeth entra en una clase nueva el primer día del semestre, no necesita hacer ningún esfuerzo mental para averiguar dónde debe colocarse. Y no se arriesga a esperar en la consulta de un médico durante horas porque no avisar en recepción.

Cuando no hay andamios

Con la pandemia de la COVID-19, todos hemos experimentado el malestar que se produce cuando nos vemos en circunstancias para las que nuestros esquemas son incorrectos o inexistentes. Puede que alguna vez hayas ido al médico y te hayas encontrado con que la sala de espera estaba cerrada. Cuando Elizabeth entró en un aula en la que el mobiliario se había reorganizado para permitir el distanciamiento físico, tardó un momento en averiguar dónde debía colocarse. También tuvo que esforzarse por recordar los pasos de limpieza que nunca antes habían formado parte de su esquema de preparación para la clase.

Encontrarse en situaciones para las que no se tienen esquemas puede ser una experiencia emocionante y positiva, como cuando se viaja a una parte del mundo que no se ha visitado antes o se asiste a una clase sobre un tema totalmente nuevo. Pero la euforia va acompañada de un esfuerzo mental añadido, porque no puedes tomar tantos atajos para averiguar lo que va a ocurrir a continuación. Cosas que pueden ser obvias cuando estás en territorio familiar —cuánto debes dejar de propina después de una comida, si debes beber agua o cómo debes prepararte para un examen— pueden de repente requerir una reflexión sustancial en estos nuevos contextos. Ten en cuenta que, aunque los primeros días de un viaje te parecen agotadores o dudas de tu capacidad para tener éxito al empezar un nuevo curso, parte de tu esfuerzo se dedica a construir el andamiaje que hará más fácil la siguiente fase del viaje o la preparación del siguiente examen.

Los andamiajes compartidos conforman los recuerdos individuales

Los esquemas no solo facilitan la vida en el momento. También determinan el contenido que más tarde serás capaz de recordar sobre esos momentos. Es bastante fácil recordar información coherente con tu esquema (había revistas en la consulta del médico). Puede ser especialmente difícil recordar información que no aparece en el esquema (¿pagaste al registrarte o al final de la consulta?). Y cuando la información es incoherente con el esquema (el médico te atendió a tiempo), a veces la sorpresa puede hacer que el detalle se recuerde, pero, otras veces, se recurrirá por defecto al conocimiento contenido en el esquema y se formará un recuerdo erróneo (más tarde se puede pensar que el médico se retrasó, como de costumbre).

Cuando los individuos tienen esquemas similares, contenidos similares entrarán en sus recuerdos y contenidos similares se quedarán fuera. Así, si eres un fan de los superhéroes y ves una película de superhéroes en el cine con docenas de otros fans, habrá muchas coincidencias en lo que todos recordáis de la película. Pero también puede haber puntos de partida informativos: si la película incluye una persecución en coche por las calles de Tokio, los espectadores que hayan pasado mucho tiempo allí recordarán mucho mejor las escenas rodadas en Tokio que las rodadas en el estudio. Los cinéfilos aficionados a los coches pueden recordar mejor los momentos en los que un coche completa un giro en una curva especialmente cerrada o las características aerodinámicas del diseño de un coche. Si no tienes un esquema para Tokio o los coches deportivos, es posible que recuerdes poco de la persecución de coches; incluso puede que la omitas por completo de tu recuerdo de la película.

Cuando las personas recuerdan acontecimientos juntas, también desarrollan estructuras de memoria similares para esos acontecimientos pasados.[1] Esto significa que los miembros de una comunidad que rememoran acontecimientos juntos construirán esquemas similares, lo que a su vez puede llevarlos a crear más recuerdos individuales similares para acontecimientos posteriores. Esto también significa que los individuos que *no forman* parte de esas reminiscencias pueden desarrollar esquemas diferentes. A veces, estas diferencias pueden ser en gran medida irrelevantes, pero, otras veces, pueden transformar radicalmente la forma en que los individuos recuerdan e interpretan los acontecimientos.

MEMORIA COLECTIVA Y NARRATIVAS COMPARTIDAS

Los grupos de individuos suelen compartir algo más que el andamiaje de los recuerdos. Puedes tener narraciones y representaciones completas de acontecimientos pasados que compartes con pequeños grupos de individuos o grandes comunidades de personas, desde tus familiares o compañeros de piso hasta tu empresa, colegio, asociación, partido político o país. Estos recuerdos pueden ser representaciones de acontecimientos que recuerdes personalmente o pueden ser acontecimientos que tuvieron lugar antes de que nacieras pero que te han sido descritos con la suficiente repetición como para que pasen a formar parte de tu acervo de conocimientos. Estas representaciones compartidas de acontecimientos se denominan *memoria colectiva*, una expresión que capta bien tanto su extensión a todos los miembros de un grupo como su dependencia de la recopilación de información para preservarla a lo largo del tiempo.

Guerras y rencillas familiares

La memoria colectiva de las grandes comunidades suele referirse a representaciones de acontecimientos históricos, como las narraciones relativas a una guerra o la capacidad de nombrar a los líderes de un país. En una serie de estudios, los psicólogos Henry Roediger y Andrew DeSoto han demostrado que, aunque estos relatos suelen compartirse dentro de un mismo país o generación, existen importantes divergencias a través de las fronteras geográficas o generacionales. Por ejemplo, la mayoría de las personas tienen un relato de la Segunda Guerra Mundial, aunque no vivieran en esa época. Si eres estadounidense, parte de la narrativa compartida implica que probablemente consideres el ataque a Pearl Harbor y el Día D como acontecimientos críticos. Pero ese relato compartido puede divergir y fragmentarse de diversas maneras. Muchos estadounidenses mayores veían los bombardeos de Japón de forma positiva (centrándose en cómo pusieron fin a la guerra y salvaron vidas), mientras que la mayoría de los estadounidenses más jóvenes los veían de forma bastante negativa (centrándose en la muerte y destrucción que causaron). Los rusos recuerdan acontecimientos que muchos estadounidenses no conocen, como la batalla de Stalingrado, y se refieren a la guerra como la Gran Guerra Patria en lugar de la Segunda Guerra Mundial. Al igual que las personas individuales, los países tienden a sobrestimar sus contribuciones a los esfuerzos internacionales, lo que a menudo se conoce como «narcisismo nacional». Los ciudadanos, ya sean de países aliados o del Eje, tienden a recordar la contribución de su país a la guerra como mayor de lo que realmente fue.[2]

Estas memorias colectivas se construyen a través de muchas vías: libros, lecciones aprendidas en la escuela, cobertura mediática de los acontecimientos. Pero para que surja la memoria colectiva no es necesario un registro tan formal. Algo parecido ocurre a menudo en las familias a través de las conversaciones. Tus padres y tus abuelos pueden tener un relato de las desavenencias que se produjeron entre la familia de tu bisabuela y la de tu tía abuela. Esta narrativa puede influir en la forma en la que tú y tus hermanos pensáis sobre los miembros de la familia del linaje de tu tía abuela y, tanto si sois conscientes de ello como si no, puede influir en la forma en que interpretáis y recordáis sus comportamientos en el presente. (En realidad no estaba enferma, simplemente no quería asistir a la reunión familiar). Por supuesto, la parte de la familia de tu tía abuela tiene su propia narrativa de la ruptura, que probablemente difiere en algunos aspectos importantes del relato que te han transmitido, y su narrativa probablemente influye en cómo interpreta y recuerda tus acciones. Así que, sin quererlo, podemos «tomar partido» por el relato que hemos interiorizado aunque no hayamos sido testigos directos de un suceso. Ya sea en una relación familiar, de amistad o romántica, a veces un primer paso importante para superar un conflicto es reconocer que existen diferentes creencias narrativas sobre lo que ocurrió en el pasado. Hasta que no se reconocen y se hace un esfuerzo por contrarrestar la forma en que esas narrativas pueden influir en la manera en que se interpretan y recuerdan los comportamientos actuales, puede ser casi imposible no traer al presente el bagaje de conflictos pasados.

TRABAJAR JUNTOS PARA RECORDAR

Puede que te centres en momentos en los que estás solo cuando utilizas tus recuerdos —como cuando haces un examen o recuerdas la lista de la compra—, pero estas situaciones suelen ser la excepción y no la regla. Los recuerdos suelen crearse y recuperarse en compañía de otras personas. Tal vez formes parte de un grupo de estudio y trabajéis juntos para aprender el vocabulario del próximo examen. O formes parte de un equipo de atención clínica, con el que compartes el relato de los acontecimientos que precipitaron el traslado del paciente a su unidad. Tal vez estés recordando durante la cena y disfrutando de las emociones positivas que surgen cuando hablas con tu cónyuge sobre vuestra luna de miel. O tal vez estés compartiendo un recuerdo en Internet, colgando fotos y haciendo comentarios con tus amigos sobre el fin de semana que pasasteis juntos. En todos estos casos, la memoria se convierte en una colaboración, y eso afecta a su funcionamiento de maneras interesantes.

Memoria colaborativa

Desde las aulas hasta las salas de juntas, a menudo trabajamos con otras personas para aprender información. El apoyo que recibimos en estos entornos de colaboración puede ser esencial para nuestra capacidad de aprendizaje. El aprendizaje colaborativo puede ser una forma eficaz de aumentar las habilidades de pensamiento crítico y ayudarnos a superar los puntos de bloqueo en nuestra capacidad para aprender información.[3] Por lo tanto, tanto si eres un estudiante que lucha por entender el material presentado en clase como si formas parte de un equipo de atención clínica que intenta comprender los síntomas de un paciente, colaborar con los demás te ayudará.

Si tu objetivo no es *comprender* el material, sino solo mejorar tu capacidad de memorización, trabajar con otras personas no siempre te ayudará a conseguirlo. Colaborar con otras personas no siempre aporta beneficios para la memoria y, de hecho, puede tener algunos inconvenientes importantes.[4] Cuando colaboras con otras personas, codificarás y almacenarás algunos detalles en tu propia memoria, y los esfuerzos del grupo pueden ayudarte a mantenerte más motivado. Pero también puede haber inconvenientes. Quizá de forma contraintuitiva, la colaboración puede hacer que te resulte más difícil memorizar información o recuperar de la memoria datos aprendidos previamente que si trabajaras por tu cuenta. También puede ser difícil distinguir la memoria del grupo de tu memoria individual. Es posible que salgas de un grupo de estudio sintiéndote muy bien por la cantidad de datos históricos que conoces, solo para darte cuenta (al empezar el examen) de que parte de ese contenido solo estaba representado en los cerebros de los demás, y no en el tuyo. Otro problema es que, si alguien del grupo se equivoca, los errores también pueden transmitirse a los demás miembros del grupo. Así que, si eres un estudiante que necesita memorizar vocabulario, o un asesor en un equipo que intenta aprender contenidos para una presentación que tú —y solo tú— vas a dar, asegúrate de que las ventajas superan a los inconvenientes antes de hacer de esas tareas de memoria un esfuerzo común.

Recordando

A menudo pasamos tiempo con otras personas para recuperar recuerdos compartidos, no porque necesitemos recrear a la perfección un acontecimiento del pasado, sino por las emociones positivas y los sentimientos de conexión social que se derivan de traer a la memoria tales acontecimientos. Los recuerdos pueden ser un poderoso aglutinante social, haciendo que nos sintamos conectados con otras personas aunque no las hayamos visto en mucho tiempo. Recordar puede mejorar el estado de ánimo, no solo por esta conexión social, sino también porque los recuerdos en sí mismos pueden ser gratificantes. Megan Speer, Jamil Bhanji y Mauricio Delgado, de la Universidad de Rutgers, revelaron que reflexionar sobre un acontecimiento positivo del pasado activa circuitos de recompensa en el cerebro. De hecho, los recuerdos positivos eran tan gratificantes que, cuando dieron a elegir a los participantes entre recuperar un recuerdo positivo o recibir una pequeña recompensa económica, ¡los participantes estaban dispuestos a renunciar al dinero para rememorar los momentos positivos de su pasado![5]

¿ME HA PASADO A MÍ?

A veces, los relatos que uno comparte con los demás pueden desdibujar los límites entre lo que es un recuerdo de su propio pasado personal y lo que es un recuerdo que otro ha compartido con uno. Las disputas sobre qué le pasó a quién son relativamente frecuentes entre hermanos, sobre todo entre gemelos. En un estudio, se mostraron palabras clave a veinte parejas de gemelos y se les pidió que recordaran algo de su pasado personal. Catorce de las parejas de gemelos produjeron al menos un recuerdo superpuesto; es decir, cada uno de ellos informó del mismo recuerdo en respuesta a la palabra clave, afirmando que el suceso les había ocurrido a ellos y no a su gemelo.[6] Por ejemplo, una pareja de gemelos de veintiún años recordaba que, cuando tenían cinco años, su primo les empujó de la bicicleta. Otro par de gemelos, que ahora tienen cincuenta y seis años, recordaban que, cuando tenían trece, se cayeron de un tractor y se torcieron la muñeca. Estos recuerdos eran vívidos y, curiosamente, muchos de ellos eran recuerdos que los hermanos no sabían que estaban en disputa hasta ese experimento; habían vivido sus vidas creyendo que el suceso les había ocurrido a ellos, sin ninguna razón para dudar del recuerdo.

En general, confiamos en los recuerdos de las personas cercanas y permitimos que rellenen las lagunas de nuestros propios recuerdos. En un estudio, se pidió a parejas o desconocidos que vieran por separado un cortometraje y luego comentaran los detalles. Sin saberlo, habían visto versiones ligeramente distintas de la película. Cuando una persona generaba un recuerdo, la otra a veces lo aceptaba como cierto, aunque no hubiera aparecido en su versión de la película. Esta aceptación de datos incorrectos fue mucho mayor entre las parejas que entre los desconocidos.[7] Como en la historia del principio del capítulo, cuando se trata de alguien cercano, alguien en quien confías, no solo es probable que utilices sus conocimientos para rellenar los huecos de tus propios recuerdos, sino que también puedes aceptar sus recuerdos como representaciones exactas de tu pasado, de modo que incorpores sus recuerdos —a veces incorrectos— a los tuyos. De manera fundamental, la forma en que recuerdas tu vida está influida por los recuerdos de los demás.

¿DÓNDE ACABAN SUS RECUERDOS Y EMPIEZAN LOS NUESTROS?

A medida que vayas leyendo este libro, esperamos que tengas presente esta perspectiva de memoria compartida. A partir de ahora, volveremos a hablar de tus recuerdos y de recordar tu pasado. Pero ahora ya sabes que, como tus recuerdos existen en el contexto de los recuerdos de otros, la forma en que representas tu pasado va a estar determinada no solo por los patrones neuronales de tu cerebro, sino también por los contextos más amplios y las narrativas sociales que moldean esos patrones, y por los recuerdos que otros han compartido contigo.

Ventajas e inconvenientes de la memoria colectiva

- Cuando te encuentras en un territorio desconocido sin andamiajes o esquemas compartidos que te sirvan de guía, puede que tardes un poco más en cogerle el truco a las cosas antes de empezar a sentirte cómodo.
  — Así que, tanto si viajas como si estudias un nuevo tema o aprendes una nueva afición, no te des por vencido y lo conseguirás.
- No te sorprendas si tú y un amigo recordáis aspectos distintos de una experiencia compartida si vuestra formación, conocimientos y experiencia son diferentes.
  — Las creencias e interpretaciones de lo que ocurrió en el pasado suelen diferir entre personas, familias, organizaciones y culturas.
- Hay ventajas y desventajas en recordar información con otros mientras se trabaja o se estudia.
  — La capacidad de razonamiento crítico suele aumentar al aprender de los demás cómo superar los puntos conflictivos y los problemas a los que te habrías enfrentado solo.
  — Ten cuidado, sin embargo, con estudiar para exámenes o preparar presentaciones en grupo si se te va a pedir (y solo a ti) que recuerdes toda la información. De lo contrario, aunque el grupo en su conjunto conozca todo el contenido necesario, es posible que tú, como individuo, no lo hayas aprendido todo y que hayas incorporado también información inexacta.
  — Te recomendamos que estudies tanto en grupo como por tu cuenta. Así obtendrás lo mejor de ambos enfoques.
- Recordar con la familia, los amigos y los compañeros de trabajo puede mejorar tu estado de ánimo y ayudarte a sentirte en contacto con la gente aunque haga mucho tiempo que no la veas.
- Es probable que rellenes los huecos de tus propios recuerdos con los recuerdos de alguien en quien confías.
  — A menudo esto conduce a recuerdos más completos y precisos, pero a veces añade información falsa e incorrecta a la memoria.

PARTE II
CREAR RECUERDOS

7
¿NECESITAS INTENTAR RECORDAR?

Sales de la entrada de tu casa y giras hacia la calle principal. Los limpiaparabrisas se apresuran a seguir el ritmo de la lluvia. De repente te preguntas: «¿He cerrado la puerta del garaje?». Sabes que el garaje se inunda cuando llueve, así que sueles tener cuidado y cerrar la puerta. Sin embargo, al rebuscar en tu memoria, te quedas en blanco. No recuerdas haber pulsado el botón para cerrar la puerta ni haber visto cómo se cerraba. La lluvia golpea con más fuerza el parabrisas. Suspiras y te vuelves hacia casa para comprobarlo. Al acercarte a casa, ves que la puerta del garaje está cerrada.

E s probable que hayas tenido muchos momentos como este, en los que has realizado alguna acción, pero no recuerdas haberlo hecho, como si el recuerdo nunca se hubiera creado. Ya aprendiste en la parte I que se trata de un problema de creación de *memoria episódica,*[1,2] es decir, que no puedes recordar conscientemente un suceso concreto de tu pasado. Averigüemos por qué se produce este olvido y cómo recordar mejor esos momentos.

La memoria episódica necesita atención

Las lagunas en la memoria suelen deberse a que no estabas prestando atención. Si recuerdas lo que hablamos sobre la memoria sensorial en el capítulo 3, recordarás que, cuando prestas atención, trasladas la información visual, auditiva y sensorial a la memoria de trabajo, donde puedes mantenerla activa. Si sigues prestando atención a la información en la memoria de trabajo, esta pasa a la memoria episódica a largo plazo. Parece sencillo, ¿verdad? Presta atención y recordarás la información.

El problema es que no prestamos atención a la mayor parte de la información de nuestro entorno. Intenta imaginar cómo es un céntimo: no solo su color, tamaño o forma, sino también sus detalles. ¿De quién es el rostro que aparece en la moneda? ¿Qué hay escrito en el anverso y el reverso, y dónde está colocado el texto? Si te resulta sorprendentemente difícil, tranquilo, no eres el único. Incluso en una época en la que los céntimos se usaban con más frecuencia que hoy en día, una persona no sabía distinguir un auténtico céntimo de uno falso.[3] Puede que creas saber cómo es un céntimo, pero, a menos que seas coleccionista de monedas, normalmente solo prestas atención a sus rasgos superficiales. Puedes identificar un céntimo basándote únicamente en su tamaño y su color, por lo que no necesitas fijarte en los demás detalles. Eso significa que, a pesar de todas las veces que has mirado un céntimo, no has prestado atención a los detalles y, por tanto, no han entrado en tu memoria.

LA INTENCIÓN GUÍA EL ESFUERZO

Cuando intentas recordar algo, es decir, cuando estás creando un recuerdo intencionadamente, es más probable que centres tu atención en el contenido que quieres recordar. Cuando te aprendes el nombre de alguien, sabes que debes escuchar atentamente cómo lo pronuncia. En clase, sabes que debes estar atento cuando habla el profesor y cuando repasas el libro de texto. Esta intención de recordar puede ayudarte a eliminar las distracciones y a centrarte en la información que quieres retener.

Un principio básico de la memoria es que si queremos formar un recuerdo a largo plazo, al que tendremos acceso consciente semanas o meses después, debemos dedicar *esfuerzo* a procesar la información que formará ese recuerdo. No basta con fijarse en la información. Nuestros ojos pueden escudriñar la página de un libro de texto durante mucho tiempo, pero, si no nos esforzamos por comprender a fondo el contenido y considerar detenidamente las palabras a medida que las leemos en la página, es poco probable que se forme una memoria duradera.

ENCONTRAR ORGANIZACIÓN Y SENTIDO

A menudo, el esfuerzo que realizamos se centra en encontrar organización y sentido a la información.

Intenta recordar las siguientes palabras:

---

organizar, intentar, información, soler, estructura, la, memoria, para, estar, contenido, tener, recordar, cuando, poco, fallo

---

¿Cuántas de estas quince palabras podrías recordar?

Ahora, intenta recordar estas palabras:

Para recordar la información, intenta organizarla. Cuando el contenido está poco estructurado, la memoria suele fallar.

¿Cuántas de estas quince palabras podrías recordar?

Las quince palabras son, por supuesto, las mismas. Pero lo más probable es que recuerdes más palabras cuando están organizadas en frases con sentido que cuando están ensambladas al azar. La organización es el andamiaje de la memoria,[4] y la intención de aprender suele dar prioridad a los esfuerzos por organizar la información entrante. Si asistes a una conferencia con el objetivo de compartir más tarde lo que has aprendido con tus compañeros de trabajo, es probable que tomes notas organizadas en torno a los conceptos clave que deseas retener y compartir. Si te sientas a estudiar para un examen, primero te tomas un momento para ordenar tus apuntes y recordar los grandes conceptos que se pondrán a prueba.

Por supuesto, incluso con la intención de aprender, eso no significa que automáticamente seas perfecto en la ejecución de tus planes para atender y organizar el material. Cuando se acerca la hora del examen, es posible que te saltes el paso de organizar y te limites a releer frenéticamente tus apuntes con la esperanza de que algo «se te quede». Y, sin duda, todos experimentamos lapsus de atención: esos momentos en los que te sorprendes a ti mismo soñando despierto en una reunión, o te das cuenta de que no estabas escuchando cuando alguien se presentaba. Cuando se producen esos lapsus, la memoria se resiente. No basta con tener la intención de recordar; solo si esa intención está respaldada por la atención y el esfuerzo, podemos conseguir que el contenido se quede en la memoria.

No hagas varias cosas a la vez

Por muy bueno que creas ser en la multitarea, cuando tu atención se divide entre varias tareas, tu memoria se resiente.[5] Es una afirmación muy simple, pero la mayoría de nosotros pensamos que se aplica a otras personas. Lo cierto es que es verdad y nos afecta a todos.

Si te mensajeas con tus amigos mientras estudias, no recordarás la materia tan bien como podrías. Si la vista previa del correo electrónico parpadea en tu ordenador mientras preparas tu presentación, no estarás tan preparado. Y si tu compañero te está hablando mientras tú tienes un ojo puesto en el partido del siglo, no recordarás ni la mitad de lo que estaba diciendo.

Aprender sin intención

Del mismo modo que la intención de recordar no garantiza que se forme un recuerdo, *no* tener la intención de recordar no significa que *no* se forme un recuerdo. Puede que te maravillen los detalles aparentemente triviales que recuerdas de acontecimientos pasados o el arsenal de conocimientos sobre la cultura pop que has acumulado.

Los recuerdos pueden formarse *incidentalmente* a través de nuestras interacciones habituales con el mundo. Aunque seguramente no pases las cenas de las fiestas o las celebraciones con amigos concentrado en recordar cada momento, es probable que tengas recuerdos duraderos de muchos de esos acontecimientos. En gran parte, eso se debe a que lo que haces de forma natural es exactamente lo que se necesitas para formar un recuerdo en esas ocasiones. Escuchas atentamente la historia de un amigo no para memorizar su contenido, sino porque te importa lo que está ocurriendo en su vida; no obstante, como resultado de tu atención concentrada y de tus esfuerzos por comprender lo que le ha ocurrido, es probable que crees un recuerdo duradero.

LOS OBJETIVOS GUÍAN LA CONSTRUCCIÓN DE UNA MEMORIA

Por tanto, aquello a lo que prestas atención y esfuerzo determina lo que recordarás. Esto significa que son tus *objetivos* al procesar los acontecimientos los que afectan a la información que se almacena en tu memoria. Si tu objetivo principal no es recordar el contenido para más tarde, entonces cualquier otro objetivo que tengas en este momento afectará a lo que recuerdes.

Imagina que estás en un aperitivo con compañeros de trabajo mientras actúa una banda de jazz. Eres relativamente nuevo en la empresa, así que estás centrado en la dinámica interpersonal de la mesa y en conocer mejor a tus compañeros. Una de tus compañeras ha elegido este restaurante porque está pensando en contratar a la banda para un próximo evento de la oficina. Debido a vuestros diferentes objetivos durante la comida, es probable que tú y tu compañera de trabajo os vayáis con recuerdos diferentes del evento: tú recordarás los temas de conversación y las anécdotas personales que compartieron tus compañeros, mientras que tu compañera recordará mucho mejor las canciones que tocó el grupo y las reacciones de los demás.

A veces, como en el ejemplo del aperitivo, los objetivos están claros y es fácil entender por qué se recuerdan unos aspectos y no otros. Otras veces, sin embargo, los objetivos son menos claros o fijos. Por ejemplo, en una cena con la familia, puedes alternar entre el deseo de rememorar, el intento de alejar la conversación de temas potencialmente controvertidos y el simple disfrute de la comida. Es posible que entremezcles estos objetivos, a menudo sin ser consciente de ello. Como resultado, puede que en algunos momentos —quizá cuando estabas concentrado en saborear el último bocado de tarta— apenas recuerdes qué más estaba ocurriendo en la sala. Eso puede explicar por qué todo el mundo recuerda el chiste que contó la tía Marge durante el postre menos tú.

VARIABILIDAD DE LA MEMORIA

No hay dos personas que afronten un acontecimiento exactamente con los mismos objetivos o perspectivas. Esta variabilidad hace que sea difícil predecir qué aspectos puede recordar alguien de un suceso, y también es una de las razones por las que dos personas pueden experimentar el mismo suceso y, sin embargo, recordar detalles completamente distintos. Imaginemos a tres testigos presenciales en la acera en el momento de un atropello con fuga, cada uno con una visión clara de la intersección. Todos tuvieron una visión similar y el mismo tiempo para procesar lo que estaba ocurriendo, pero eso no significa que todos vayan a crear recuerdos similares del suceso. El primer testigo puede haber estado ensimismado hasta que oyó el ruido del choque; en ese momento, el coche agresor puede haberse perdido de vista. El segundo testigo puede haberse percatado de la velocidad del coche al acercarse al cruce, haberse dado cuenta de que estaba a punto de producirse un accidente e incluso haber intentado recordar la marca del coche y su matrícula. El tercer testigo puede haber estado completamente concentrado en si había algún herido y en planificar su siguiente acción: «¿Debo llamar al 112?». Por tanto, es posible que no haya prestado atención a los detalles de los vehículos. Conocer el punto de vista de una persona (y el tiempo del que dispone para procesar un suceso) es ciertamente útil para determinar la probabilidad de que recuerde ciertos aspectos del mismo, pero no es suficiente para predecir lo que cabría *esperar* que recordara de forma realista en, por ejemplo, un tribunal de justicia.

Cuando el esfuerzo por recordar no sirve de nada

A veces, cuando te esfuerzas por aprender algo, puedes sentirte tan ansioso por introducir la información en tu memoria —y temeroso de no conseguirlo— que eso te genere una ansiedad considerable. Esta ansiedad puede distraerte tanto que disminuya tu capacidad de aprendizaje. Esto puede ser especialmente cierto si ya has fracasado anteriormente en la misma área (por ejemplo, si tienes dificultades con las matemáticas) o si sueles tener problemas con la memoria de una forma concreta (por ejemplo, si crees que «se te dan mal los nombres»). Incluso el simple hecho de pensar en una tarea como una «prueba de memoria» puede llevar a veces a un peor rendimiento. En un experimento, los adultos mayores obtuvieron peores resultados en una «prueba de memoria» que en la misma tarea planteada como una actividad diferente.[6] Por lo tanto, aunque suele ser beneficioso tener el objetivo de recordar información, puede haber algunos casos en los que desees sustituir ese objetivo por otro que te mantenga totalmente centrado en procesar la información, pero de una forma que te provoque menos ansiedad.

Recordar con éxito

Ahora puedes entender mejor por qué a veces no se forma un recuerdo duradero. En el ejemplo con el que empezamos el capítulo, probablemente tu atención se centraba en salir de la calzada bajo la lluvia, no en pulsar el botón de cierre del garaje ni en ver cómo se cerraba la puerta. No es de extrañar, por tanto, que momentos después no recordaras haber cerrado la puerta. Puede que incluso no recuerdes la historia al principio del capítulo por razones similares: quizá pasaste por alto la parte del texto en cursiva, sin prestarle mucha atención; o quizá la leíste, pero no volviste a pensar en ella mientras leías hasta este punto del capítulo. Sin ese esfuerzo adicional, nunca creaste un recuerdo duradero de la historia.

Ahora estás listo para aprovechar este y el resto de conocimientos que has aprendido en este capítulo con el fin de recordar mejor. Intentar recordar conscientemente puede ser una forma poderosa de alinear tus esfuerzos con tus objetivos de retener información. Pero no es la única manera de tener éxito en la formación de un recuerdo. Tendrás éxito siempre que tus objetivos te lleven a esforzarte por procesar la información. Esto también significa que, ajustando tus objetivos, puedes cambiar lo que recuerdas de un acontecimiento.

Para guardar en la memoria el contenido que deseas:

- *Evita las distracciones, no hagas varias cosas a la vez.* Los recursos de tu cerebro deben concentrarse en lo que quieres recordar. La memoria se resiente cuando la atención está dividida.
  — Apaga el pódcast y cierra las pestañas del navegador. No importa lo bueno que creas que eres en la multitarea, no retendrás tanta información si estás dividiendo tu atención entre la información que estás tratando de aprender y cualquier otro tipo de contenido.
  — Pon el móvil en «no molestar» y apártalo de la vista. El mero hecho de tener el teléfono *cerca* puede distraerte. Aunque nunca lo mires, tener el objetivo de vigilarlo en busca de mensajes puede competir con tu objetivo de prestar atención al contenido que esperas recordar.
- *Alinea tus objetivos del momento con tus objetivos de memoria.* Lo que recuerdes de un acontecimiento dependerá de cómo lo hayas procesado.

— Si estás haciendo una entrevista de trabajo, puede que estés más centrado en causar una buena impresión que en recordar los detalles de tus conversaciones. Pero, si piensas escribir notas de agradecimiento a las personas con las que te reuniste, querrás tener presente ese objetivo secundario para disponer de un contenido específico al que referirte en cada nota.

— Si te tomas el tiempo necesario para saborear los momentos felices de la fiesta del quinto cumpleaños de tu pariente, tendrás más posibilidades de recordar esa alegría en los años venideros. Intenta apreciar el tiempo que pasas con él, aunque sea realizando tareas cotidianas, como poner la mesa. De hecho, es posible que disfrutes más de esos momentos cuando se produzcan, y probablemente volverás a cosechar beneficios más adelante, cuando tu memoria se llene de momentos compartidos.

• *Si tu objetivo de recordar te genera ansiedad, cambia de objetivo.* La ansiedad puede ser una fuente de distracción; puede hacer que rumies fallos de memoria pasados y otros pensamientos desagradables en lugar de estar atento a la información presente en ese momento.

— Por ejemplo, cuando alguien se presenta, es posible que te acuerdes de la última vez que no supiste cómo se llamaba, en lugar de escucharle con atención.

— Si te das cuenta de que tu ansiedad por aprender información se interpone en tu camino, una buena estrategia puede ser pensar en un objetivo alternativo que te siga facilitando prestar mucha atención. Por ejemplo, desafíate a ti mismo a establecer una conexión con cada nombre que te digan: «Comparte el segundo nombre de mi tía», «Tiene las mismas iniciales que mi escritor favorito». No solo tendrás que prestar mucha atención a cada nombre, sino que las conexiones te ayudarán a recordarlos. (Más información sobre cómo recordar nombres en el capítulo 24.) Lo más importante es que ahora no se trata de una «tarea de memoria», sino de un juego divertido. Comprueba lo creativo que puedes ser cambiando y reformulando cualquier tarea de memoria que te cause estrés.

8
MÉTELO EN LA MEMORIA
Y MANTENLO AHÍ

Trabajaste hasta altas horas de la madrugada en el informe para la comisión. Ensayaste lo que ibas a decir mientras creabas cada página del folleto de presentación, memorizando datos y cifras. Cuando por fin tu cabeza toca la almohada, te sientes bien con la presentación, aunque no vayas a dormir mucho. Unas horas más tarde, estás en la sala de conferencias. Los primeros momentos transcurren con normalidad. Entonces, le pides al público que pase a la página 3 y, mientras miras fijamente los gráficos, no recuerdas por qué decidiste mostrar esta información. ¿Por qué añadiste estas cifras? ¿Qué pretendías decir?

Seguro que has experimentado un momento como este, en el que has dedicado tiempo a prepararte y te sientes seguro de haber memorizado la información, y, sin embargo, cuando llega el momento crítico, no puedes recordar lo que querías decir. En este capítulo examinaremos algunas de las razones por las que el proceso de mantener la información en la memoria puede salir mal.

EL CICLO DE LA MEMORIA

Para entender este tipo de errores, primero tenemos que comprender cómo conviertes las imágenes, sonidos, olores, pensamientos y sentimientos que estás experimentando actualmente en un recuerdo que podrás evocar en el futuro.

La memoria episódica a largo plazo consta de tres fases. En primer lugar, para tener un recuerdo, el cerebro debe tomar la información que existe en este *momento* (el nombre que te están diciendo o tus ideas sobre cómo vas a desarrollar la presentación) y convertir esa información en un formato que pueda almacenarse en el cerebro. Como mencionamos en el capítulo 4, esto es codificar: *convertir* un acontecimiento en un «código neuronal». Imagina la codificación como la construcción de una estructura de bloques que modela el momento actual del tiempo. Suena bien, pero sin una acción posterior para unir los bloques, esta estructura se desmoronará y el código neuronal se perderá. La memoria a largo plazo requiere que el cerebro trabaje activamente para retener ese contenido. Por tanto, la segunda fase de la memoria es el *almacenamiento*. La tercera fase de la memoria es la *recuperación*, en la que se reconstruye la estructura a partir de sus bloques, lo que permite volver a acceder a partes de un momento anterior (más información en el capítulo 9).

Aunque se pueda pensar que la recuperación es el punto final de un recuerdo, también es un punto de partida. Cuando recuperas un recuerdo, estás trayendo al presente un momento del pasado. Aunque el suceso ocurrió en el pasado, tus reflexiones sobre ese suceso están ocurriendo *ahora mismo* y, como resultado, estas reflexiones pueden reiniciar automáticamente el ciclo de la memoria. En otras palabras, cada recuperación es también una oportunidad para recodificar de nuevo ese recuerdo. Así, cuando recuperamos un recuerdo y, al hacerlo, reconstruimos la estructura de la memoria a partir de bloques, las decisiones de «diseño» que tomamos —qué partes de la estructura embellecemos, cuáles disminuimos y cuáles omitimos por completo— pueden afectar al modo en que la información se *recodifica* en la memoria (véase la figura 8.1). Como veremos en el capítulo 12, este proceso cíclico de recodificación puede alterar sutilmente o incluso cambiar radicalmente un recuerdo y puede hacerlo de forma permanente.

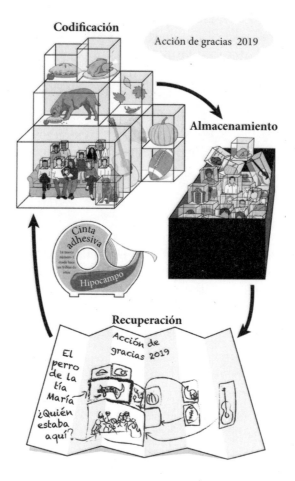

Figura 8.1. El ciclo de la memoria en acción. Durante la codificación de un acontecimiento, los distintos elementos de esa experiencia se ensamblan en una estructura de memoria coherente, en la que el hipocampo actúa como cinta adhesiva. A continuación, esos elementos se almacenan y el hipocampo guarda los planos para volver a ensamblarlos. Cuando se recuperan, los planos se utilizan para reconstruir la estructura de la memoria, y el hipocampo vuelve a actuar como la cinta que une los elementos.

FALLOS EN EL CICLO

Los fallos de memoria pueden deberse a una alteración en cualquiera de estas fases del ciclo de la memoria. Puede que no hayas construido y representado tu experiencia de forma que pueda almacenarse (un fallo de codificación). O puedes haber construido la experiencia, pero sin la integridad estructural necesaria para conservar la información a lo largo del tiempo: un fallo de almacenamiento. O puedes haber almacenado los conocimientos y tener dificultades para reconstruirlos en el momento en que los necesitas: un fallo de recuperación. Ahora nos centraremos en los fallos de codificación y almacenamiento, y trataremos los fallos de recuperación en el capítulo 9.

Fallos de codificación

Los fallos de codificación abundan. Puedes leer las mismas frases de tu libro de texto una y otra vez, y aun así ser incapaz de apartar la vista y recitar de nuevo los detalles. Puede que te pidan que describas a alguien que acabas de ver y te des cuenta de que no tienes ni idea de algunos de sus rasgos clave: ¿llevaba gafas?, ¿tenía el pelo largo?

Piensa en los ejemplos del capítulo anterior: por qué no recordabas si habías cerrado la puerta del garaje o lo poco que recordamos los detalles de un céntimo. Son fallos de codificación o, al menos, elecciones de codificación. Resulta que el cerebro es bastante eficiente a la hora de captar lo *esencial*, es decir, el contenido general o el tema de la información.[1] Puede codificar rápidamente que estás viendo a una persona que es mujer, más alta que tú y con el pelo oscuro. Pero para el cerebro es más difícil captar todos los detalles, construir una representación de la persona que incluya detalles como la forma de sus gafas o la longitud de su pelo. Sin un esfuerzo considerable, esos detalles no se incluirán en la memoria.

Centrar la atención, organizar, comprender, relacionar

Para evitar fallos de codificación y minimizar los olvidos prueba estas *cuatro* cosas:

1. Centra la atención.
2. Organiza.
3. Comprende.
4. Relaciona.

En primer lugar, *concéntrate*, es decir, presta atención a la información que intentas recordar, lo que pondrá los recursos de tu cerebro a su procesamiento. Como se explica en el capítulo 7, evita las distracciones para poder centrar tu atención en el contenido que deseas recordar.

Segundo, *organiza* la información para reducir las exigencias a las que se ve sometido tu cerebro durante la codificación. A veces, estas diferencias pueden ser en gran medida irrelevantes, pero otras veces pueden influir radicalmente en la forma en que las personas recuerdan e interpretan un acontecimiento. Imagínate que intentas memorizar un número de teléfono por sus diez dígitos independientes: 1-0-5-1-4-2-3-1-1-0; son 10 cosas que recordar, demasiado para la mayoría de la gente. Como ya dijimos en el capítulo 3, puedes facilitarte la tarea *dividiéndolo* en el más familiar 105-142-3110. Esto es un poco más fácil, pero también te llevará mucho tiempo ensayarlo y es posible que cometas algunos errores, como invertir el orden de algunos números. A continuación, imagina los conjuntos de dígitos como fechas (1 de mayo, 14 de febrero, 31 de octubre). Ahora solo tienes que recordar tres fragmentos de información, las tres fechas. Es como si, en lugar de intentar construir un recuerdo a partir de diez bloques separados, uno para cada dígito, ahora pudieras construir el mismo recuerdo a partir de solo tres bloques, porque has juntado un montón de pequeños bloques, lo que hace que toda la estructura sea mucho más fácil de codificar. Puede que necesites algo de tiempo y creatividad para encontrar patrones útiles para memorizar un número de teléfono, pero incluso esos esfuerzos harán que sea más probable que puedas codificar el número en tu memoria sin errores.

En tercer lugar, *comprende* lo que intentas recordar. Comprender la información no es lo mismo que ensayarla. No importa cuántas veces leas sobre el ciclo de Krebs en tu libro de biología, es poco probable que memorices el ciclo a menos que intentes comprender lo que lees.

En cuarto lugar, *relaciona* la información con lo que ya sabes o con cosas importantes para ti. Adquirimos nuevos conocimientos relacionándolos con lo que ya sabemos. Sin los conocimientos básicos, aprender cosas nuevas es más difícil. Imagina que intentas aprender la división sin dominar la suma y la resta. Los conocimientos de partida proporcionan un andamiaje que permite aprender nueva información con menos esfuerzo. Por ejemplo, una vez memorizados los principales huesos del cuerpo, es mucho más fácil aprender los músculos que los mueven y, a continuación, las arterias que nutren los músculos.

A veces, los vínculos entre los conceptos o acontecimientos que ya tienes y la nueva información que intentas recordar se te ocurren rápida y fácilmente. En el ejemplo del número de teléfono, puede que te hayas dado cuenta de que el 1 de mayo es el Día del Trabajo, el 14 de febrero es San Valentín y el 31 de octubre es Halloween. Esas conexiones con los conocimientos que ya tienes harán que esta información sea aún más fácil de codificar en la memoria, como si utilizaras bloques de construcción que ya has encajado. A veces tendrás que esforzarte más para encontrar las conexiones, pero, cuanto más te esfuerces en encontrarlas, más probabilidades tendrás de codificar el contenido en la memoria.

Parte del poder de relacionar la información nueva con nuestros conocimientos previos es que puede ayudarnos a organizar la nueva información y darle un significado. Los expertos en ajedrez pueden mirar un tablero y recordar rápidamente dónde están las piezas, en parte porque cada posición tiene un significado (la reina está amenazada, jaque mate en tres movimientos) y en parte porque pueden fragmentar el tablero en unidades más pequeñas, de modo que no necesitan memorizar cada pieza por separado.[2] Cuando un principiante mira el tablero, solo ve las piezas por separado; no tiene los conocimientos necesarios para reconocer patrones significativos y agrupar las piezas. (En consonancia con esta idea, cuando a los expertos en ajedrez se les muestra un tablero con las piezas distribuidas al azar, sin posiciones que podrían haberse producido jugando, no muestran la misma facilidad a la hora de recordar las piezas del tablero).

CODIFICADO, PERO OLVIDADO

A veces, está claro que has codificado un recuerdo. Pero, pocas horas después, es como si el recuerdo se hubiera desvanecido. Cuando terminas ₁de estudiar y cierras el libro de texto, puedes resumir con seguridad el ciclo de Krebs. Unas horas más tarde, para tu disgusto, no puedes reconocer ninguno de los detalles del examen tipo test. Este tipo de error de memoria, como con el que empezamos el capítulo, sugiere un fallo de almacenamiento. El recuerdo se codificó y existió brevemente, pero el contenido no se mantuvo.

A principios del siglo XX, el olvido fue uno de los primeros principios de la memoria descubiertos y estudiados sistemáticamente por el científico alemán Hermann Ebbinghaus. La información recién aprendida sigue una «curva de olvido» predecible, en la que gran parte de la información se pierde poco después de aprenderla.[3] De hecho, el olvido generalizado es la norma. Piensa en todo lo que has hecho hoy hasta este momento que puedas recordar fácilmente: qué has desayunado, en qué taza te has tomado el café, dónde has encontrado este libro y cuándo lo has cogido y has seguido leyendo. ¿Cuántos de esos detalles recordarás mañana? ¿Dentro de una semana? ¿El mes que viene? Lo más probable es que al cabo de unos días recuerdes muy pocos de estos detalles. Está claro que los detalles estaban codificados —puedes recordarlos ahora, aunque esos momentos pertenezcan al pasado—, pero es poco probable que los almacenes de forma duradera. Los recuerdos suelen ser transitorios[4] y solo unos pocos pasarán de estar disponibles momentos después de que se haya producido un suceso a estarlo días, semanas o meses después.

Con el tiempo, el contenido que almacenamos en la memoria también cambia. En los minutos y horas posteriores a un acontecimiento, es probable que retengas un número razonable de detalles. Poco después de una llamada telefónica con tu primo, es probable que recuerdes el tono de su voz, los temas tratados y muchas frases concretas que utilizasteis. Unos días más tarde, sin embargo, aunque es probable que recuerdes que la llamada tuvo lugar, es poco probable que recuerdes la mayoría de esos detalles. A medida que pasa el tiempo, nuestra memoria pasa de almacenar los detalles concretos de lo ocurrido a almacenar lo *esencial* del suceso, es decir, sus líneas generales o el significado que tiene para nosotros. Esta es una de las razones por las que nuestros recuerdos pueden, literalmente, volverse menos vívidos con el paso del tiempo.[5]

Hacer realidad el almacenamiento

Después de que se haya producido un acontecimiento, surgen cambios adicionales en el cerebro para garantizar que el código neuronal del acontecimiento permanezca. El almacenamiento no es algo que ocurra automáticamente; hay procesos activos que evitan que olvidemos información importante. Algunos de estos cambios se producen poco después de que experimentemos un acontecimiento, dando lugar a cambios duraderos en la fuerza de las conexiones entre las neuronas. Otros se desarrollan a lo largo de periodos de tiempo más prolongados, dando lugar a cambios generalizados en una amplia red de regiones cerebrales.

Algunos de estos procesos de almacenamiento activo se producen de forma óptima mientras dormimos. Así es: el cerebro no «descansa» mientras dormimos, sino que está muy activo (un punto que retomaremos en el capítulo 20). El cerebro dormido también está activo de maneras fundamentalmente distintas a las que puede estarlo cuando estás despierto y procesando activamente el mundo que te rodea. Cuando está alejado de la información del mundo que le rodea, el cerebro puede realizar la importante tarea de clasificar la información obtenida durante el día y conservar los recuerdos importantes para que sean accesibles en el futuro. A veces, como en el ejemplo del principio del capítulo, dormir demasiado poco puede contribuir a los fallos de almacenamiento al impedir que el cerebro disponga del entorno neurobiológico necesario para estabilizar el código neuronal de un acontecimiento en un recuerdo duradero.

PRIORIZAR EL CONTENIDO ADECUADO

¿Cómo sabe el cerebro qué recuerdos debe conservar? En otras palabras, ¿qué hace que un recuerdo sea importante? Muchas de las pistas que utiliza el cerebro para determinar qué es importante están presentes en el momento en que se produce un acontecimiento. Y la buena noticia es que hay muchas formas de ayudar al cerebro a priorizar los recuerdos que debe conservar.

Contenido emocional

Tu cerebro se basa en las respuestas de tu cuerpo a los acontecimientos vividos como una de las pistas para averiguar si algo es importante para ti. ¿Te dio un vuelco el corazón cuando tu hijo te llamó para anunciarte su compromiso? ¿Sentiste que te sudaban las palmas de las manos cuando te dirigías a la sala para comenzar una presentación? Los sistemas corporales que te provocan estas reacciones ante acontecimientos emocionales o estresantes pueden *etiquetar* simultáneamente el acontecimiento en curso como importante.[6] Las emociones y el estrés están diseñados para ayudarnos a centrarnos en las partes de nuestro entorno que exigen nuestra atención *en este momento*, eliminando otras distracciones. Más tarde, nuestro cerebro tiende a dar prioridad al almacenamiento de esos acontecimientos etiquetados.

Aunque la información no sea intrínsecamente emotiva, a menudo puedes darle emoción pensando en cuál sería tu reacción emocional ante la información si te ocurriera a ti. Si lees los detalles de una batalla histórica o de una campaña política, piensa en las emociones que sentirías si estuvieras allí cuando los misiles antiaéreos volaran ferozmente.

Contenido distintivo

Los contenidos sorprendentes o *distintivos*, es decir, que se distinguen de alguna manera del resto de la información, también pueden almacenarse de forma prioritaria, aunque no provoquen una respuesta corporal.[7] A veces, ese carácter distintivo puede considerarse una propiedad del contenido. Las palabrotas son conceptualmente distintivas por su significado y su relativo tabú (al menos en la sociedad culta). Los libros de texto utilizan formatos como la **negrita** y el subrayado para que la información sea perceptivamente distintiva: es más probable que se recuerde el contenido que destaca sobre el resto de la información de la página. Otras veces, el carácter distintivo depende del contexto. Una serpiente suele ser distintiva, pero no si estás en el reptilario.

Para ayudar a la memoria, puedes encontrar formas de hacer más distintiva una información que, de otro modo, sería ordinaria. Resaltar un texto es un método para conseguir una percepción distintiva, y puede ser beneficioso para la memoria en comparación con la lectura pasiva del material. Pero hazlo con moderación: si has resaltado toda la página, el texto deja de ser distintivo. Decir en voz alta algunos contenidos también puede hacerlos más distintivos. Una vez más, esto no funciona si lo dices *todo* en voz alta, pero si hay conceptos clave que quieres memorizar, o ciertos mensajes que quieres asegurarte de recordar en una presentación, decirlos en voz alta puede ayudarte a memorizarlos y mantenerlos ahí.[8] Así que, mientras sigues leyendo este libro, quizá te sientas inspirado para resaltar algunas frases o recitar en voz alta un punto interesante que esperas retener en la memoria mucho después de haber terminado el libro. (Y si estás tratando específicamente de aprender contenido en profundidad, consulta el capítulo 23 para conocer formas de estudiar aún más eficaces que subrayar).

Involucra los sentidos

Otra forma de hacer que la información destaque es relacionarla con los sentidos. Dale musicalidad a la información: crea una melodía que te ayude a recordar la información, o fíjate en el ritmo de las sílabas del nombre de alguien. Construye una imagen mental: imagina cómo sería el nombre de alguien en letras de neón. En lugar de intentar memorizar que has aparcado en el nivel 3H repitiéndolo una y otra vez, piensa en escribir una enorme letra H en una señal y fíjate en las tres pinceladas que has dado para formar la letra. O piensa en tres hienas malolientes sentadas en tu coche. Cuantas más dimensiones sensoriales puedas darle a un recuerdo, más probabilidades tendrás de crear una huella duradera en la memoria.

Importante para ti

Los recuerdos están estrechamente ligados al concepto que *uno* tiene de sí mismo (al fin y al cabo, la memoria se refiere a lo que nos ocurrió en el pasado) y, por tanto, es más probable que recordemos información que podamos relacionar con nosotros mismos. A menudo nos cuesta aprender información cuando no podemos imaginar cómo se relaciona con nuestra vida.

Quizá estés intentando memorizar una serie de acontecimientos históricos y no veas por qué deberías conocer esa información. Busca formas de hacer que la información sea relevante para ti. Imagina que estás planeando una visita a ese país y dedícale tiempo a pensar en cómo la cadena de acontecimientos históricos que estás aprendiendo lo convirtieron en el país que es hoy. Aunque pueda parecer que estos esfuerzos te quitan tiempo para estudiar, en realidad, al hacer que la información sea relevante para ti, te resultará más fácil retener el contenido. Así que, tanto si estás intentando comprender un capítulo de tu libro de bioquímica como si te esfuerzas por memorizar los nombres de las personas que conocerás en un evento social, intenta relacionar el contenido con algo importante para ti.

Recuerda los cuatro principios

Otras señales de importancia proceden de los mismos procesos útiles para la codificación de los que ya hemos hablado anteriormente en este capítulo:

1. Centra la atención en la nueva información.
2. Organiza el contenido.
3. Comprende su significado.
4. Relaciona la nueva información con tus conocimientos actuales.

Haciendo estas cosas aumentarás la probabilidad de codificar inicialmente un recuerdo y también de que tu cerebro lo almacene con éxito.

OLVIDAR NO SIEMPRE ES MALO

¿Te gustaría tomarte una pastilla y tener el superpoder de recordarlo todo? Dada la amplia oferta de vitaminas, hierbas, suplementos y bebidas nutricionales que supuestamente mejoran la memoria, podrías pensar que, si realmente existiera una píldora así, no dudarías en tomarla. Pero, aunque es fácil pensar que olvidar es un «fallo» e imaginar el sistema de memoria ideal como uno que retuviera todos los detalles, resulta que olvidar tiene importantes ventajas. De hecho, al igual que el almacenamiento, el olvido es un proceso activo en parte y también esencial para que la memoria cumpla su función.[9]

Para entender por qué un sistema de memoria que olvida puede ser más beneficioso que uno que lo almacena todo, tenemos que considerar por qué nos beneficiamos de la memoria. Puede parecer obvio que tienes memoria para saber lo que te ocurrió en el pasado. Pero, por otra parte, ¿hasta qué punto te resulta útil poder volver a recordar algún momento del pasado?

Memoria para el futuro

En *A través del espejo y lo que Alicia encontró allí*, de Lewis Carroll, hay un intercambio estupendo entre Alicia y la Reina, en el que esta afirma: «Es un tipo de memoria pobre que solo funciona hacia atrás». Carroll escribió esta perspicaz frase hace ciento cincuenta años. Aunque tendemos a pensar en la memoria como la capacidad de aferrarnos al pasado, los beneficios reales de la memoria provienen de su poder para permitirnos dar sentido al *momento presente* y planificar el *futuro* de forma creativa y flexible.[10]

Las personas con amnesia, como Henry, descrito en el capítulo 1, no solo no recuerdan lo que les ocurrió ayer o el año pasado, sino que también tienen dificultades para imaginar lo que les ocurrirá mañana o el año que viene. Si no tenemos recuerdos episódicos de acontecimientos pasados, no tenemos nada que nos ayude a imaginar posibles escenarios futuros. Gracias a que nuestra mente está repleta de recuerdos, podemos imaginar y planificar acontecimientos futuros. Aunque nunca hayas salido de un aeropuerto, puedes calcular cuánto tiempo necesitas para pasar el control de seguridad y llegar a la puerta de embarque porque recuerdas aproximadamente cuánto tardaste en todos los aeropuertos de los que has salido. Tus recuerdos de esos vuelos anteriores te dan la información que necesitas para tomar una decisión acertada.

Analicemos este ejemplo y pensemos en el contenido que necesitamos recordar para tomar decisiones sobre una situación futura que aún no hemos vivido. Cuando intentas decidir cuándo ir al aeropuerto, sería muy poco eficaz que tuvieras que rebuscar en tu memoria todos los aeropuertos en los que has estado, recordando todos los detalles, como los números de las puertas de embarque, los horarios de los vuelos, el número de personas en la cola de seguridad y el color de los uniformes de los auxiliares de vuelo. No necesitas ninguno de esos detalles para tomar una decisión. No habrá exactamente el mismo número de personas en la cola de seguridad que la última vez que estuviste en un aeropuerto (y aunque las hubiera, el tiempo que tardarían no sería el mismo). En lugar de perderte en esos detalles, necesitas un sistema que te permita abstraer rápidamente una representación —un esquema— de un «aeropuerto genérico» que se construye a partir de tus experiencias previas, pero que no se parece a ningún acontecimiento concreto que hayas vivido antes.

El olvido nos permite formar representaciones abstractas con más facilidad; el olvido te obliga a «ver el bosque» rápidamente y sin esfuerzo, porque los detalles de los árboles han desaparecido. Esta pérdida de detalles también puede facilitar la apreciación de las interconexiones y similitudes entre lugares y sucesos anteriores: las colas de seguridad de la mayoría de los aeropuertos están dispuestas de forma similar, las puertas de embarque están numeradas de manera, etc. A medida que se pierden los detalles de alta resolución de los acontecimientos, los sucesos similares empiezan a parecerse más entre sí. Así que, aunque recordar la mayor parte del pasado tiene sus ventajas, también puede tener sus inconvenientes si el sistema de memoria no da prioridad al olvido.

CÓMO PODEMOS NO OLVIDAR

Aunque olvidar no siempre es malo, en muchas ocasiones dedicas un gran esfuerzo a memorizar detalles y te gustaría retenerlos en la memoria. A nadie le gusta encontrarse en la situación descrita al principio de este capítulo: tropezar en una presentación porque hemos olvidado los puntos clave que queríamos comunicar.

Entonces, ¿cómo podemos evitar olvidar contenidos que queremos retener?

- Esfuérzate por aprender y recordar los *cuatro* principios del aprendizaje.
  - *Centra* la atención en lo que quieres recordar.
    - ◊ Si tu atención se desvía, dirígela de nuevo hacia el material o la experiencia que deseas recordar.

◊ Concéntrate en las palabras de tu amigo e intenta ignorar todo lo demás.

◊ Sentarte con la espalda recta te ayudará a no distraerte en clase.

◊ ¡Asegúrate de dormir lo suficiente!

— *Organiza* el material para que sea más fácil de recordar.

◊ Antes de intentar memorizar tus notas, dedica unos momentos a organizarlas en categorías o grupos que te resulten más fáciles de recordar. Haz lo mismo con cada uno de los grupos para tenerlos también organizados.

◊ Convierte el número de la tarjeta de crédito que intentas memorizar en una serie de fechas o resultados de partidos de baloncesto.

◊ Si estás intentando volver a aprenderte los nombres de todos tus antiguos amigos del instituto para la próxima reunión, intenta relacionarlos con los distintos grupos o círculos sociales en los que los conociste (coro, equipo de fútbol, clase de matemáticas, etc.).

— *Entiende* lo que quieres recordar.

◊ Si estás estudiando, asegúrate de que entiendes el contexto, los conceptos y las circunstancias que intentas aprender.

◊ Si estás viviendo un momento que deseas recordar, piensa en el significado de lo que ocurre a tu alrededor.

— *Relaciona* la información con cosas que ya sepas o temas que te interesen.

◊ ¿Tratas de memorizar una dirección? Convierte el número, la calle y la ciudad en tres conceptos que te resulten familiares. Por ejemplo, para el número 42 de Maple Street, Cooperstown, piensa en el número de la camiseta de Jackie Robinson, en el gran arce del parque y en «ciudad de toneleros» (si sabes que los toneleros son personas formadas para fabricar barriles).

◊ ¿Tratas de aprender un nuevo programa informático o una aplicación para el *smartphone*? Piensa en comparar los pasos que debes dar en el ordenador con cosas con las que estás más familiarizado, como trabajar con papel y otros objetos físicos y manipularlos.

- Haz que la información destaque.
  — Imprégnala de emoción.
    ◊ No te limites a leer sobre los hechos históricos; piensa en lo que habrías sentido al vivir aquellos tiempos.
    ◊ Siente el miedo, la incertidumbre, el sufrimiento o el triunfo de las personas que aparecen en esa noticia que quieres recordar para contársela a tu amigo.
  — Consigue que sea distintiva.
    ◊ Pronuncia el nombre de una persona en voz alta.
    ◊ Subraya el texto en una página.
    ◊ Crea tus propios esquemas, relacionando conceptos o líneas temporales de acontecimientos.
  — Involucra los sentidos.
    ◊ Da nuevas dimensiones a las palabras de la página. Huele la pólvora de la batalla revolucionaria. Escucha las voces de los miles de manifestantes exigiendo sus derechos.
    ◊ Imagina el nombre de la persona escrito en letras grandes y coloridas.
    ◊ Si compones una melodía o una rima pegadiza, recordarás ese contenido durante mucho tiempo.
    ◊ Construye imágenes mentales. ¿Quieres recordar la ciudad de Hopkinton? Imagina a tu primo (tu «pariente») subido a una pesa de una tonelada.
  — Haz que sea importante para ti.
    ◊ ¿Tratas de memorizar las localizaciones de acontecimientos históricos? Imagínate viajando a cada lugar.
    ◊ Imagínate utilizando los conocimientos adquiridos en una conferencia para resolver un problema de tu empresa.
    ◊ Piensa en la alegría que sentirá una amiga cuando la llames para recordarle las fechas de las próximas vacaciones.
- Construye una memoria sólida.
  — Los recuerdos tienden a ser menos vívidos con el tiempo, pero puedes construir una memoria que retenga los detalles impor-

tantes. Una forma de retener esos detalles es estudiarlos varias veces y de varias maneras.

◊ Al memorizar nombres antes de asistir a una reunión, no tienes que elegir entre escribirlos, crear relaciones con otras cosas o componer melodías. Puedes hacer todas estas cosas. Cuantas más estrategias emplees, más probabilidades tendrás de recordar los nombres cuando llegue el momento.

◊ Si intentas memorizar acontecimientos históricos, no los mires solo desde una perspectiva; piensa en la versión de cada una de las partes.

◊ Cuando aprendas una ruta metabólica, piensa en lo que ocurriría si las distintas partes del sistema se estropearan porque una enzima funcionara mal o faltara el sustrato. ¿Qué sustancias se acumularían y cuáles se agotarían?

9
RECUPERAR ESE RECUERDO

Has estudiado mucho. Has elaborado diagramas y fichas. Sin embargo, ante una pregunta corta del examen, te quedas en blanco. Sabes que tienes ese contenido en la memoria, pero ahora no puedes recordarlo. Sientes que el corazón se te acelera cuando intentas responder a la siguiente pregunta, pero el problema es el mismo: estás seguro de que sabes la respuesta, pero eres incapaz de recuperar la información.

¿POR QUÉ SE PRODUCEN ESTOS FALLOS DE MEMORIA?

Para que la memoria funcione, tienen que pasar muchas cosas. Hay que introducir la información en la memoria y *mantenerla* allí (como se explica en el capítulo 8), y también hay que *recuperarla* cuando sea necesario. A veces, todo funciona a la perfección y el contenido que necesitas te viene a la mente con facilidad. Pero, en otras ocasiones, su recuperación se parece más a buscar setas: están ahí, pero, por mucho que buscas, no das con ellas.

Los fallos de recuperación son bastante comunes. En un momento u otro, todos nos hemos encontrado buscando el nombre de un conocido o mirando la despensa mientras intentamos recordar lo que queríamos comprar. Por lo general, este conocimiento vuelve en un momento posterior, a menudo cuando ya no nos es útil. Recuperamos el nombre días después o recordamos que queríamos comprar pasta solo después de empezar a preparar la salsa. Como al final el conocimiento vuelve a la mente, sabemos que el fallo no se produjo al introducir la información en la memoria, sino al recuperarla. Se trata de un fallo de *recuperación* de la memoria.

CONSTRUIR UNA MEMORIA

A pesar de ser tan comunes, estos fallos en la recuperación de la memoria suelen pillarnos desprevenidos. En parte, esto puede deberse a que muchos de nosotros nos basamos en metáforas engañosas para entender cómo funciona la memoria. Si pensamos en los recuerdos como si fueran libros almacenados en una biblioteca o papeles guardados en un archivador, los fallos de recuperación deberían ser relativamente infrecuentes. Pero lo cierto es que no hay «un recuerdo» en algún lugar de nuestro cerebro esperando a ser redescubierto. Como mencionamos en el capítulo anterior, una metáfora más adecuada de la memoria podría ser una estructura construida a partir de bloques. Los bloques de construcción (neuronas y conexiones entre ellas) se ensamblan a medida que se experimenta un acontecimiento y se almacena como recuerdo. Sin embargo, esta «estructura» de la memoria no permanece anclada al cerebro. Se desmonta rápidamente para que puedan formarse otros recuerdos con esos bloques; solo quedan los «planos» (o engramas)[1] del recuerdo. Para recuperar el recuerdo es necesario un proceso activo de reensamblaje de esos bloques para poder reconstruir la memoria y acceder a la experiencia pasada. Esta metáfora puede ayudarnos a comprender muchas de las razones por las que podemos fracasar a la hora de recuperar la información que hemos almacenado inicialmente.

INTERFERENCIAS

Una razón frecuente por la que falla la recuperación es porque hay alguna información específica «en mente» que dificulta el recuerdo de material similar. Probablemente te resulte difícil recordar lo que comiste hace dos jueves, porque tu memoria de todos los almuerzos anteriores y posteriores *interfiere* con tu capacidad para recuperar ese almuerzo en concreto. Puedes pensar en ello como si hubieras construido una serie de estructuras que solo son sutilmente diferentes entre sí. Poco después de construir una de esas estructuras de memoria, es bastante fácil reconstruirla: probablemente puedas recordar lo que comiste ayer por la tarde o, con esfuerzo, el día anterior. Pero, con el tiempo, se hace mucho más difícil —o incluso imposible— reconstruir un recuerdo concreto. Las interferencias te empujan a construir una «memoria del almuerzo» prototípica, que te facilita recordar dónde te *sueles* sentar y con quién *sueles* comer, al tiempo que dificulta la recuperación de cualquier recuerdo *específico* de la comida. Tener un acceso rápido a las experiencias *típicas* es muy importante para tomar decisiones eficientes —es lo que te permite generalizar de un aeropuerto a otro, o de un restaurante a otro—, pero puede provocar frustraciones cuando no quieres obtener los detalles del aeropuerto *típico*, sino recordar si la terminal de la que saldrás mañana tiene un restaurante donde puedes comer sentado antes de tu vuelo.

A veces puedes crear tus propias interferencias con tus esfuerzos por dar con el contenido adecuado, lo que agrava tus problemas de recuperación. Cuando ves acercarse a tu conocida, intentas recuperar su nombre. Puede que sientas que casi eres capaz de dar con él, puede que estés seguro de que lo tienes en la «punta de la lengua».[2] Piensas para ti mismo: «¿Se llama Sadie o Sarah?». Estos esfuerzos, aunque bienintencionados, en realidad pueden dificultar la recuperación del nombre correcto (Sally). Sin darte cuenta, has *bloqueado* el contenido deseado al traer a tu mente contenidos similares que interfieren.

Las interferencias también pueden deberse a distracciones en el entorno. Cuando abriste la puerta de la despensa para comprobar cuánta pasta había, puede que te dieras cuenta de que había una caja de cereales abierta. Mientras la cerrabas —y te preguntabas cuántas veces más tendrías que recordarle a tu hija que cerrara la caja después de desayunar—, olvidaste la tarea de comprobar si había pasta. Solo más tarde, con otra señal (la preparación de la salsa para la pasta), te acuerdas.

Estrés

No poder recuperar un recuerdo en el momento deseado puede generarte *estrés*. Es posible que te suden las palmas de las manos al darte cuenta de que no puedes recordar el nombre de un conocido que camina hacia ti. Por desgracia, el estrés hace que los fallos en la recuperación sean aún más probables o que persistan. Como explicamos en la parte I, el *hipocampo*, situado en el lóbulo temporal, almacena los planos y dirige el proceso de reconstrucción de la memoria. Al guiar ese proceso de reensamblaje, el hipocampo también actúa como cinta adhesiva, uniendo múltiples bloques de construcción para crear una memoria llena de contenido a la que se puede acceder conscientemente. El estrés puede alterar el funcionamiento del hipocampo, dificultando la reconstrucción eficaz de la memoria y la recuperación del contenido que buscas. Si tienes estrés, es posible que no encuentres los planos para empezar a ensamblar la memoria, o que los primeros bloques que ensamblas empiecen a desprenderse cuando intentas insertar bloques adicionales en la estructura de tu memoria.

Ahora, puede que estés recordando el capítulo 8 y pensando: «Pero, espera, ¡pensaba que las emociones y el estrés podían ser útiles para introducir información en mi memoria!». Efectivamente, el entorno bioquímico que se establece cuando estás estresado parece ayudarte a *introducir en* la memoria al menos parte del contenido crítico, pero ese mismo entorno bioquímico puede, de hecho, impedir que *recuperes* contenido de la memoria. Cuando estás estresado, tu cerebro prioriza tu capacidad para averiguar qué está pasando en el entorno en *ese momento*. Deja de priorizar los procesos que le permitirían acceder al contenido de un momento *anterior en el* tiempo, que es, por supuesto, exactamente lo que necesita para que la recuperación de la memoria tenga éxito. Esta es una razón clave por la que la ansiedad ante los exámenes puede ser tan perjudicial para la capacidad del estudiante de demostrar lo que ha aprendido en clase. El estrés hará que sea mucho más difícil para el estudiante recuperar el contenido necesario de sus días de estudio. Al mismo tiempo, es probable que ese estrés fije la experiencia del examen en la memoria del estudiante: «El profesor anunció que solo quedaban diez minutos. Allí me quedé, incapaz de averiguar la respuesta correcta». Esta experiencia puede, a su vez, provocar ansiedad a medida que se acerca el siguiente examen, lo que supone un círculo vicioso de mala recuperación de la memoria inducida por el estrés.

NUNCA IGUAL

Veamos otra característica clave de la memoria: *no se suele recordar el mismo suceso exactamente igual dos veces.* Cada recuperación es ligeramente distinta, porque cada vez que se reconstruye un recuerdo, se aborda su construcción de un modo ligeramente diferente.[3] A veces, las diferencias son tan sutiles que puede resultar imposible advertirlas. Otras veces, pueden dar lugar a una interpretación completamente distinta de un acontecimiento pasado o hacer hincapié en una parte muy diferente del contenido.Hagamos un ejercicio. Piensa en un acontecimiento especial que tuvo lugar cuando estabas en el instituto. Quizá fue un baile, un partido importante, una asamblea o el día de la graduación. Dedica un momento a intentar traer a tu mente todos los aspectos. Es posible que te hayas centrado en una serie de detalles: la ropa que llevabas o el aspecto del entorno, las personas con las que estabas o los temas de conversación, las emociones que experimentabas o los pensamientos que te rondaban por la cabeza. Es poco probable que una sola recuperación incluya *todos* los detalles posibles; rara vez utilizamos todas y cada una de las características para reconstruir el recuerdo. Cada vez que reconstruimos el recuerdo, utilizamos un subconjunto ligeramente diferente de características y creamos una nueva estructura para representar el recuerdo.[4] Por este motivo, los detalles en los que te centras *ahora* pueden diferir de los detalles en los que te centraste en otros momentos en los que recuperaste este recuerdo.

¿CÓMO SE RECOMPONEN LOS RECUERDOS?

A veces es difícil precisar las razones de las diferencias entre una recuperación y otra. ¿Por qué Elizabeth recordaba hoy haber elegido el vestido que llevaba debajo de su toga de graduación azul real de poliéster cuando hacía años que no pensaba en ese detalle? Otras veces, las razones son más obvias. Cuando Elizabeth le describió su graduación a su hija pequeña —que estaba a punto de participar en una ceremonia de graduación de preescolar—, su memoria se centró principalmente en el protocolo y los sentimientos: Elizabeth compartió con su hija cómo había caminado de un extremo a otro del escenario y estrechado la mano de su director mientras aceptaba el diploma, y cómo se había sentido nerviosa al principio en el escenario, pero luego miró al público y se sintió mejor al ver a su familia y amigos. Cuando Elizabeth rememoró esa misma graduación en una reunión reciente del instituto, sus recuerdos se centraron en los momentos divertidos, en los profesores y en el campus, señalando dónde se hicieron la foto después de la graduación y que ahora había un edificio nuevo en medio del recorrido. El motivo por el que se recuperaba el recuerdo era distinto en ambos casos, por lo que los detalles que se recordaban también diferían. Estas diferencias ponen de manifiesto que la recuperación de la memoria no es algo que ocurra de forma espontánea, sino que también puede ser un proceso guiado consciente o inconscientemente, en el que los objetivos y las motivaciones determinan el desarrollo de la recuperación.

Utilice el taco adecuado

Las reminiscencias del ejemplo anterior ponen de relieve cómo momentos aparentemente olvidados pueden volver a la mente con la *señal de recuperación adecuada*. Tal vez hayas experimentado la eficacia de una pista de recuperación cuando te pedimos que buscaras un recuerdo del instituto; es posible que hayas recordado un acontecimiento en el que no habías pensado durante bastante tiempo. Las *señales generales* que te remiten a una etapa anterior de tu vida (el instituto, por ejemplo) pueden ser especialmente útiles para recordar acontecimientos pasados. Estos indicios generales te proporcionan *la* información *suficiente* para ayudarte a reconstruir un recuerdo.

Las *señales específicas* pueden ser un arma de doble filo. A veces pueden ayudarte a recordar detalles que hace tiempo que no recuerdas. En la reunión de su instituto, una compañera de Elizabeth mencionó cómo habían tenido que esperar en el caluroso gimnasio antes del desfile. En cuanto lo mencionó, Elizabeth lo recordó vívidamente: sentadas en las gradas, apiñadas junto a sus amigas, con las togas pegadas al cuerpo por la humedad, y su parloteo nervioso y su incredulidad por estar a punto de graduarse. Bastó aquel simple indicio que le recordaba la espera en el gimnasio para que el recuerdo de la graduación de Elizabeth se recompusiera a partir de detalles en los que hacía tiempo que no pensaba.

Pero una advertencia: hay que desconfiar de la exactitud de cualquier contenido recién añadido que se recupere de una señal específica. Como veremos en el capítulo 12, todos somos susceptibles de incorporar *información errónea* —detalles equivocados o engañosos— a nuestros recuerdos. Podemos incorporar con demasiada facilidad los adornos de otra persona a nuestros propios recuerdos o distorsionar o fusionar detalles de sucesos basándonos en las sugerencias de otra persona. ¿Ese recuerdo de estar sentada en las gradas del gimnasio era realmente del día de la graduación? ¿O podría haber sido un recuerdo de una asamblea final de toda la escuela, cuando los estudiantes recibieron por primera vez sus togas de graduación y, a pesar de las advertencias de esperar hasta que estuvieran en casa, arrancaron inmediatamente el envoltorio de plástico y se apresuraron a ponérselas sobre la ropa en ese mismo momento?

Las pistas específicas de otras personas no solo pueden provocar distorsiones en la memoria, sino que también pueden *dificultar* la recuperación de otros detalles de la memoria. Si empiezas a hablar con un pariente sobre el plato principal de la boda de tu primo, esta señal puede hacer que te resulte relativamente fácil recordar las cosas que ocurrieron mientras estabais sentados para la cena (porque la actividad cerebral aumenta para esta parte del recuerdo), pero puede hacer que te resulte más difícil recordar las cosas que ocurrieron antes, a la hora del cóctel, o después, en la pista de baile (porque la actividad cerebral se inhibe para estas partes relacionadas pero diferentes del recuerdo, como si compitieran entre sí por la atención). Recordar una parte de un recuerdo es como iluminar con un foco brillante un rincón de una habitación poco iluminada: aunque ese rincón es fácil de ver, el contraste hace que el resto de la habitación sea más difícil de distinguir. En general, es posible que acabes recordando menos detalles de la boda de los que habrías recordado en otras circunstancias debido a la señal que te han dado.

CUESTIONES PARA EL FUTURO

¿Alguna vez has tenido la intención de parar en el supermercado de camino a casa, pero se te ha olvidado hacerlo al pasar por el desvío? Estos errores de *memoria prospectiva*[5] surgen cuando hacemos un plan para un momento futuro y luego no lo ejecutamos cuando llega el momento. Estos errores pueden ser frustrantes y, en el caso de no acordarse de tomar la medicación, incluso peligrosos.

A falta de recordatorios externos, la mejor forma de minimizar estos errores es crear señales de recuperación sólidas y ensayarlas repetidamente. Imagínate girando a la izquierda en la carretera que te lleva al supermercado, siente que pones el intermitente, piensa en los puntos de referencia de ese giro. Recuerda esa imagen cuando te des cuenta de que tienes que parar en el supermercado. Vuelve a recordarla cuando te dirijas al coche después del trabajo. Al establecer esas asociaciones, es más probable que recuerdes ejecutar el plan —girar a la izquierda y dirigirte al supermercado— cuando llegue el momento.

EL CONTEXTO IMPORTA

El modo en que recuperas un recuerdo puede verse influido no solo por las pistas que te dan los demás, sino también por el *contexto* en el que te encuentras en ese momento. En el sentido más amplio, se puede considerar que el contexto incluye tanto el estado interior (el estado de ánimo, la razón por la que se está recuperando un recuerdo en ese momento) como el entorno exterior (el entorno físico, las personas con las que se está). Cada uno de estos factores puede influir mucho en la forma de recordar un acontecimiento.

Abundan los ejemplos en los que el estado interno influye en la forma de recordar el pasado. Si estás pensando en una relación sentimental porque acaba de terminar, es probable que te vengan a la mente detalles diferentes de acontecimientos pasados que si te centras en la misma relación mientras celebras felizmente un aniversario. Si estás triste, es más probable que recuerdes sucesos tristes, hechos del pasado que concuerden con ese estado de ánimo. Si estás recordando historias con un amigo para animarlo, es probable que te centres en momentos positivos del pasado compartido. Todos estos ejemplos reflejan el modo en que tu estado interno influye no solo en los recuerdos que rememoras, sino también en la forma en que los recompones.

El entorno externo también es una poderosa señal de recuperación. Si regresas a tu ciudad natal, es probable que pienses en acontecimientos en los que hacía tiempo que no pensabas. Ver la tienda de la esquina puede recordarte cómo ahorrabas de la paga para comprar cómics. Pasar por la biblioteca puede recordarte los cuentacuentos y las marionetas que tanto apreciabas de niño, pero en los que no has pensado en años. El entorno físico te ofrece una serie de claves de recuperación que pueden ayudarte a recordar acontecimientos pasados.

RECUPERA EL CAMINO APRENDIDO

Estos ejemplos ponen de relieve un principio clave de la memoria: la recuperación tiene más probabilidades de éxito cuando se tiene acceso a la misma información de la que se disponía cuando se construyó el recuerdo por primera vez. En un famoso experimento, los participantes estudiaron una serie de datos en tierra o bajo el agua (sí, has leído bien) y después se sometieron a una prueba en uno de esos dos lugares.[6] Los participantes que estudiaron y se sometieron a la prueba en el mismo lugar obtuvieron mejores resultados que los que cambiaron de lugar entre el estudio y la prueba. Tener el mismo contexto (como la ubicación en este ejemplo) ayuda a encontrar las pistas necesarias para reconstruir el recuerdo de una forma que se aproxime más a la construcción original del recuerdo. Lo mismo ocurre si estudias el contenido de forma similar a como te examinarás más adelante: las *flashcards* no te serán útiles para preparar un examen de desarrollo, y centrarte en traducir del inglés al francés no te ayudará si tu profesor espera que traduzcas del francés al inglés.

Tantas maneras de fracasar al recuperar ese recuerdo

Con los conocimientos adquiridos en este capítulo, ya estás preparado para comprender las diferentes razones por las que podrías haber tenido problemas al realizar el examen en el ejemplo que presentamos al principio del capítulo. Es posible que hayas experimentado interferencias similares, tal vez incluso generadas por ti mismo al intentar responder a las preguntas. A medida que te esforzabas, padecías más estrés, lo que dificultaba aún más la obtención de las respuestas correctas. Es posible que el examen te haya dado una pista que te haya ayudado a recuperar algunos de los contenidos con más facilidad, mientras que en realidad te ha impedido recuperar otros. Si normalmente estudiabas en tu habitación a última hora de la tarde con un café a mano y te presentas al examen por la mañana en un centro de pruebas especializado que no permite comer ni beber, entonces hay un desajuste tanto en tu contexto interno como externo. Por último, puede que hayas estudiado el contenido de una forma, pero el examen te lo pedía de otra. Es posible que hayas estudiado utilizando esquemas, lo que tal vez no sea útil en exámenes tipo test que requieren la asimilación de múltiples conceptos.

Cómo minimizar los fallos de recuperación

He aquí algunos pasos clave que puedes seguir cuando intentes recordar información, como el nombre de alguien o la respuesta correcta en un examen.

- **Intenta relajarte.**

  — Relajarse puede ser a menudo el antídoto más útil para este tipo de fallos de memoria porque el estrés es muy perjudicial para la recuperación. Es posible que tengas que experimentar con diferentes formas de relajación en estos momentos. Intenta respirar lenta y profundamente mientras sientes cómo se dilata tu vientre. Recuerda que todo el mundo tiene fallos en la recuperación. Recuerda que el fallo de recuperación puede ser temporal y que la información puede volver a tu mente más pronto que tarde. Si ves que no puedes aliviar tu estrés, intenta encontrar formas para controlarlo.

  — ¿Todavía no recuerdas el nombre de alguien? Concéntrate en ser amable y puede que el nombre te venga una vez que estés relajado.

  — ¿La primera parte del examen parece imposible? Recuerda todo lo que sabes y pasa a otra pregunta con la que te sientas más seguro.

- **Minimiza las interferencias y los bloqueos.**

  — Resiste el impulso de buscar posibles nombres para tu conocido.

  — No pruebes todas las respuestas posibles a una pregunta.

- **Crea claves generales de recuperación.**

  — Trae a tu mente un recuerdo de tu conocido (recuerda la última vez que lo viste o la persona que os presentó) o repasa otras cosas que sepas sobre él, como su trabajo o su familia.

  — Esboza los conceptos generales relacionados con el tema del examen. Recordar esta información general puede ofrecer un contexto adicional y ayudarte a recuperar los datos que necesitas sin causar interferencias o bloqueos por error.

- **Intenta volver al contexto interno y externo de tu aprendizaje, siempre que sea posible.**

  — Intenta viajar mentalmente en el tiempo y pensar en la última vez que viste a esa persona, imaginando el lugar, el ambiente y las demás personas presentes. También puedes hacer coincidir tu estado de ánimo (feliz, triste, preocupado, tonto) y los pensamientos que tenías en ese momento. Todos estos elementos te ayudarán a recordar su nombre.

— El mismo consejo es válido para los exámenes presenciales. Si tienes un fallo de recuperación, haz lo posible por volver al contexto en el que estabas mientras estudiabas. Imagínate estudiando en tu habitación: recuerda la disposición del libro de texto o de los apuntes de clase. Si escuchabas música mientras estudiabas, puede ayudarte recordar alguna de las canciones que sonaban con frecuencia durante tus sesiones de estudio.

— En el caso de los exámenes presenciales, también puede resultar interesante modificar el contexto de estudio para que coincida con el contexto en el que tendrás que recuperar la información, por ejemplo, estudiar en el aula del examen. Pero, como mencionamos brevemente en el capítulo 8, cuando te preparas para un examen, tienes la ventaja (si te planificas con antelación y no te metes un atracón) de estudiar en varios contextos diferentes. Estudia en la biblioteca, en tu habitación y al aire libre si hace buen tiempo. Repasa el material por la mañana y justo antes de acostarte. Examínate mientras tomas café y comes una manzana, y también sin comida ni bebida a la vista. De este modo, ampliarás el conjunto de contextos en los que podrás acceder a la información. Al fin y al cabo, no solo querrás recordar tu vocabulario de francés cuando estés haciendo el examen parcial, sino también cuando estés en París.

- **Intenta adquirir contenidos del mismo modo que necesites recuperarlos.**

  — No hay nada malo en repasar los nombres de las personas que probablemente veas en un acto social ese mismo día. Para que ese repaso resulte más útil, mira sus fotos en las redes sociales y luego intenta encontrar sus nombres. Por ejemplo, antes de asistir a una reunión, repasa las fotos del anuario e intenta recordar el nombre que acompaña a cada rostro.

  — Para los exámenes, no te limites a estudiar el contenido tal y como se presenta en el libro de texto; piensa en cómo es más probable que te evalúe el profesor y estudia el material de esa manera. ¿No estás seguro de cómo te examinarán? Estudia el material de varias maneras, de modo que estés preparado para el examen.

10
INFORMACIÓN ASOCIADA

Al otro lado de la habitación, una mujer te sonríe y te saluda. Su cara te resulta familiar. Pero ¿de qué la conoces? Se acerca y empieza a hablar contigo. Solo cuando te dice que fue un placer conocerte el fin de semana pasado recuerdas por fin que la viste en la fiesta de cumpleaños de tu amigo.

De repente, vuelven otros detalles: recuerdas que tiene una sobrina más o menos de tu edad y que hablasteis de vuestra afición mutua por el senderismo.

RECORDAR LOS DETALLES

¿Has tenido alguna vez una experiencia de este tipo, en la que reconoces que has visto a alguien o que has estado en algún sitio antes, pero no puedes recordar ningún otro detalle? La mayoría de la gente tiene estas experiencias de vez en cuando. Estos momentos suelen producirse porque una información, como la cara de una persona o un tramo de carretera, puede provocar una sensación de familiaridad —el reconocimiento de que una persona o un lugar son conocidos—, incluso cuando la información no es suficiente para recordar otros detalles.[1] Veamos por qué ocurre esto.

Puesta en común

Para recordar detalles, lo que se conoce como *recuerdo*, es necesario relacionar distintos fragmentos de información. En capítulos anteriores hemos descrito la memoria como el proceso mediante el cual se construyen estructuras que luego se vuelven a montar. El córtex prefrontal —la zona del cerebro situada detrás de la frente— te ayuda a seleccionar los detalles que deben incluirse en la estructura. El hipocampo —esa estructura con forma de caballito de mar que se encuentra en lo más profundo de nuestro cerebro— y el tejido que lo rodea son esenciales para conectar ese contenido, actuando como el cierre que une los distintos bloques de construcción, asegurando que la estructura de tu memoria no sea ni una serie de habitaciones desconectadas ni simplemente un andamiaje desnudo. Estas regiones trabajan juntas para construir una estructura de memoria que constituye un acontecimiento anterior de tu vida (véase la figura 10.1).

Crear una estructura de memoria con datos conectados puede ser una tarea relativamente fácil si ya tienes algún conocimiento previo que te ayude a relacionar esos datos. Recordar que a tu sobrino le encantan los sándwiches de Nocilla puede ser bastante fácil cuando sabes que a muchos niños les gusta esta combinación. Recordar que tiene un dragón de peluche que se llama Cohete puede ser una asociación más difícil de retener; para ello, es posible que tengas que pensar en el hecho de que tanto los dragones como los cohetes vuelan, o crear una imagen mental de tu sobrino y un dragón subiendo al espacio en un cohete. En otras palabras, retener en la memoria estas asociaciones más arbitrarias requiere un esfuerzo, y a ello pueden contribuir muchas de las estrategias para construir una memoria duradera que describimos en el capítulo 8.

Cuando las estructuras de la memoria se construyen (se codifican) y se ensamblan (se almacenan) con sus habitaciones (los datos) interconectadas, en el momento de la recuperación a menudo se puede utilizar el recuerdo de un dato para recuperar otros datos asociados. En el ejemplo del principio de este capítulo, una vez que el recuerdo de la fiesta de cumpleaños volvió a la mente, también lo hizo el recuerdo de otros detalles sobre el encuentro anterior con la mujer. Es como si estar en una habitación del edificio de tu memoria te revelara el pasillo que puede llevarte a otra habitación con otro conjunto de detalles.

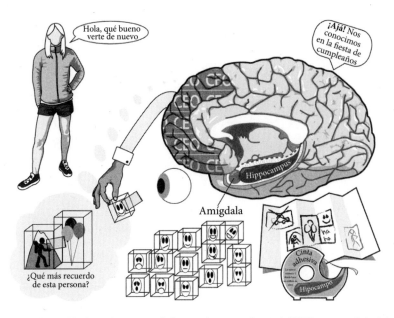

Figura 10.1. El ejecutivo central de tu córtex prefrontal (CEO, cerca del ojo) y el hipocampo de tu lóbulo temporal facilitan el recuerdo de imágenes, sonidos y pensamientos detallados que, en conjunto, constituyen un acontecimiento de tu vida. La amígdala ayuda a procesar las emociones de los recuerdos.

Pero a veces el córtex prefrontal o el hipocampo no hacen su trabajo. A menudo, el fallo se produce en la recuperación: las habitaciones y los pasillos existen, pero el córtex prefrontal y el hipocampo no trabajan juntos para permitir que el índice hipocampal (descrito en el capítulo 4) los revele. Es como si miraras la estructura de la memoria desde lejos: solo tienes una vaga sensación de familiaridad, sin ningún detalle. Estos fallos suelen ser transitorios, como en el ejemplo del principio del capítulo. Al final, con la pista de recuperación adecuada, de repente eres capaz de entrar en la estructura de memoria relevante, superando esta sensación de familiaridad a medida que recuerdas más y más detalles.

Otras veces, el córtex prefrontal o el hipocampo no hacen su trabajo en las primeras fases de creación o almacenamiento de la memoria. Puede que el andamiaje de la estructura de la memoria esté construido, pero las habitaciones no. O puede que las habitaciones estén construidas pero nunca unidas adecuadamente. En estos casos, todavía puedes reconocer que has visto a alguien o algo antes, tienes esa sensación de familiaridad, pero no puedes recuperar los detalles. Puedes pasear por una calle y darte cuenta de que ya has estado allí, pero no recuerdas cuándo. O puedes tener una conversación que empiece como la descrita al principio de este capítulo, pero que termine sin que puedas recordar las circunstancias de tu encuentro anterior ni ningún dato sobre esa persona que claramente te conoce.

TIPOS DE ASOCIACIONES

Hay muchos tipos distintos de información que puedes querer incorporar a la estructura de tu memoria. Son similares en el sentido de que requieren que el córtex prefrontal seleccione los datos que considera importantes para incluirlos en la estructura de la memoria y que el hipocampo actúe como velcro para mantenerlos unidos a la estructura. Pero cada tipo de información requiere estrategias ligeramente diferentes para entrar o salir de la memoria.

Nombra esa fuente

A menudo es necesario crear un vínculo entre una información y el contexto en el que la has encontrado. ¿Te enteraste por un medio de comunicación en el que confías o por una publicación en las redes sociales? ¿Qué padre te contó que su hijo había ido a urgencias por una alergia a los frutos secos? Estos detalles pueden ser cruciales para una buena toma de decisiones: ¿debes contarle la noticia a un colega? ¿Puedes servir Nocilla en la fiesta de esta noche?

A pesar de su importancia, estos datos sobre la fuente no suelen incorporarse a las estructuras de la memoria.[2] La atención a otros detalles suele ser la causa. Mientras leías la historia, es posible que no pensaras mucho en su origen y, por tanto, ese dato nunca se grabara en tu memoria. Mientras escuchabas a los padres hablar del niño ingresado en urgencias, es posible que te centraras en los angustiosos detalles del suceso y no en quién estaba contando la historia. Incorporar la fuente a la estructura de la memoria suele requerir un esfuerzo adicional. No puedes dar por sentado que serás capaz de recordar quién dijo qué, cuándo y dónde. Si esos datos son importantes, hay que prestarles atención y hacer un esfuerzo adicional para memorizarlos.

Incluso si los datos sobre la fuente se incorporan a la estructura de la memoria, se requiere un esfuerzo adicional para volver a recordarlos. Por lo tanto, si tienes prisa o estás estresado —factores que tienden a empujarte hacia formas más rápidas y menos costosas de recuperar información de la memoria—, es más probable que te limites a repetir la historia que has leído, sin tener en cuenta si procede de una fuente fiable. Cuando hay mucho en juego (como en el ejemplo de la alergia a los frutos secos), puede ser importante reducir la velocidad y tomarse un momento para comprobar las fuentes mentales antes de utilizar o compartir el contenido almacenado en la memoria.

¿A quién se lo he dicho?

Un tipo de asociación relacionado no es quién te ha contado algo, sino a quién se lo has contado. ¿Alguna vez te has lanzado a contar una historia y, cuando vas por la mitad, te has preguntado si es la segunda vez que se la cuentas a ese amigo? Los errores en la *memoria de destino*[3] pueden exacerbarse a medida que los adultos envejecen, y se acentúan aún más con la enfermedad de Alzheimer u otras formas de demencia (véase el capítulo 13). Pero todos podemos sufrir estos lapsus. Al igual que ocurre con los errores de memoria de origen, los lapsus suelen deberse a la falta de atención a los detalles de destino: es posible que hayas estado tan concentrado en contar la historia de la forma correcta que no hayas prestado atención a tu audiencia. Otras veces, el problema es que no controlas esos detalles en tu memoria: si te hubieras tomado un momento para recordar cuándo contaste la historia, habrías recordado que se la contaste a ese amigo. Pero la historia encajaba tan bien con el tema de conversación que, en lugar de eso, te lanzaste rápidamente a (re)contarla.

Acciones frente a fantasías

Vas conduciendo hacia el aeropuerto y de repente piensas: «¿He metido el pasaporte en la maleta o solo he pensado en hacerlo?». A pesar de lo importante que es determinar si realizaste una acción o solo la imaginaste, a menudo es difícil distinguir entre estas posibilidades. Hay un solapamiento tremendo entre cómo se utiliza el cerebro para *imaginar* una acción y cómo se utiliza para *realizarla*. Se tarda aproximadamente el mismo tiempo en imaginar una acción que en realizarla, y se utilizan redes cerebrales similares tanto si se imagina como si se ejecuta la acción. Este es uno de los motivos por los que, como se describe en el capítulo 2, imaginar acciones motoras puede ayudarnos a mejorar esas habilidades. Esta similitud también significa que el recuerdo de una acción imaginada tendrá una estructura similar al recuerdo de una acción ejecutada, lo que puede hacer que sean difíciles de distinguir.

Puedes hacer la distinción un poco más fácil si, mientras realizas una acción, prestas atención a características que probablemente no imaginarías. Al guardar el pasaporte, puedes fijarte en la textura de la funda, comparar su tamaño con el de la palma de tu mano y fijarte en cómo queda colocado en un lugar seguro en el bolso. También puedes hacer que sea menos probable que confundas tus fantasías con la realidad si incorporas a tus imágenes algunos detalles que las desconecten del momento presente. Por ejemplo, si te imaginas guardando el pasaporte para acordarte de hacerlo más tarde, puedes imaginarte llevando una ropa distinta de la que llevas en ese momento o pensar en la importancia de realizar la acción en un momento posterior del día, cuando se esté poniendo el sol.

Pedir eventos

¿Y si necesitas asociar acontecimientos en una línea de tiempo o en orden cronológico, como una secuencia de acontecimientos históricos o el itinerario de tu viaje reciente?

En algunos casos (como la secuencia de acontecimientos históricos), es posible construir una estructura de memoria que contenga todas esas relaciones temporales. Muchas mnemotecnias están diseñadas para ayudar a recuperar contenidos siempre en un orden determinado. Por ejemplo, la técnica de la «palabra clave» es una mnemotecnia que te hace memorizar primero 10 elementos en orden (1 = pistola, 2 = zapato, 3 = árbol, etc.) y luego imaginar que el contenido que quieres recordar está asociado a esas palabras. Por ejemplo, si intentas memorizar el orden de ciertas batallas de la Guerra Civil, puedes imaginar primero los *cañones* que se utilizaron en Fort Sumner, luego asociar *zapato* con la batalla de Bull Run, *árbol* con la batalla de Seven Pines, etc. (véase el capítulo 25 para un análisis de los dispositivos mnemotécnicos).

En otros casos (por ejemplo, al recordar el orden en que se visitaron los lugares de interés en un viaje reciente), es probable que la información deseada esté repartida entre varias estructuras de memoria diferentes que se fueron creando a lo largo del viaje. A veces, la información contenida en uno de estos recuerdos contiene pistas sobre el orden. Puede que recuerdes haber llevado un collar al teatro, y si también sabes que compraste ese collar en la tienda de un museo en ese mismo viaje, puedes determinar que visitaste el museo antes que el teatro. Otras veces, para averiguar el orden, hay que comparar diferentes estructuras de memoria, lo que puede resultar bastante complicado. Recientes estudios sugieren que una de las razones por las que a veces es posible realizar estas comparaciones temporales es que las células de algunas partes del hipocampo muestran cambios graduales en su respuesta en función del tiempo.[4] Esto significa que una estructura de memoria construida el primer día de un viaje tendrá una firma temporal ligeramente distinta a la de una estructura de memoria construida el segundo día, lo que proporciona una especie de marca temporal a nuestros recuerdos. Pero parece difícil acceder conscientemente a esos compases, y abundan los errores de percepción temporal en la memoria.

Una vez más, con sentimiento

A veces, lo que quieres recordar es la emoción asociada a un acontecimiento. ¿Cómo te sentiste el día de tu graduación? Se cree que las emociones vinculadas a un acontecimiento se generan en la amígdala (una estructura en forma de almendra situada justo delante del hipocampo) o en las conexiones entre el hipocampo y la amígdala. Pero, a diferencia de otros tipos de datos que hemos descrito, estos rasgos son subjetivos y, por tanto, las emociones que evocas al rememorar un recuerdo pueden tener tanto que ver con tu estado emocional actual como con el que tenías en el momento del suceso. Si te has sentido mejor con un acontecimiento después de hablar de él con un amigo, reconoces que las emociones ligadas a los recuerdos son maleables. Afortunadamente, con el tiempo, las emociones negativas son especialmente propensas a desvanecerse,[5] quizá relacionadas con el sueño (véase el capítulo 20). Puede que sepas que estabas furioso durante una discusión, pero, años después, es poco probable que vuelvas a experimentar esa rabia cuando reflexiones sobre el intercambio.

La provocación de emociones fuertes durante un suceso también puede afectar a la probabilidad de que se recuerden otros detalles del mismo. Todavía se está trabajando mucho sobre este tema, pero hay razones para pensar que las emociones negativas tienden a intensificarse en los recuerdos, resaltando sobre todo los detalles vinculados a la experiencia negativa (es posible que recuerdes el tono de voz de tu amiga o la expresión de su cara durante la discusión) a expensas de otros detalles (es posible que no tengas ni idea de dónde tuvo lugar la discusión o de quién más estaba en la habitación).[6] Las emociones positivas pueden, en cambio, ampliar el alcance de la memoria, por lo que es más fácil vincular elementos del evento que de otro modo no estarían relacionados.

La importancia de mantener la compostura

Retener los detalles de acontecimientos pasados puede ser esencial para tomar buenas decisiones. Los ejemplos que hemos descrito ponen de relieve que a menudo no basta con tener en mente un único dato para tomar la decisión correcta. También hay que evaluar si se debe confiar en ese dato, compartirlo con alguien o seguir adelante con una intención. Además, hay otras ocasiones en las que los detalles adicionales sirven como bloques de construcción importantes para otras funciones clave de la memoria.

Construir inferencias

Las inferencias te permiten basarte en tus conocimientos previos para dar sentido al momento presente. La raíz del aprendizaje inferencial es la capacidad de formar asociaciones en la memoria, y de recuperarlas cuando sea necesario. Esta capacidad puede ser la clave del aprendizaje tanto en el aula como en la vida cotidiana.

Si un día un hombre recoge a un niño en la guardería y al día siguiente lo hace una mujer, probablemente no te sorprendería ver más tarde al hombre y a la mujer juntos. Habrías deducido sin esfuerzo que se conocen, por la relación que comparten con el niño,[7] sin necesidad de verlos juntos. Pero esa deducción —esa nueva asociación entre el hombre y la mujer— solo puede hacerse si, al ver al niño con la mujer, recuerdas haber visto antes al niño con el hombre.

Del mismo modo, si ves a una mujer con un pañal en la mano, puedes utilizar tu conocimiento previo para inferir que hay un bebé cerca, aunque nunca lo veas. Pero, una vez más, esa deducción solo puede hacerse si se ha creado una fuerte asociación entre pañales y bebés; si no se trae a la mente esa asociación, la deducción no puede hacerse.

Actualizar la memoria

Asociar detalles también ayuda a mantener nuestros recuerdos actualizados. Puede que tu amiga se doctorara en Biología y más tarde decidiera cambiar de profesión para convertirse en fotógrafa. Puede que otra amiga se haya casado y haya adoptado el apellido de su cónyuge. En ambos casos, debes actualizar tus conocimientos sobre tu amiga, creando una nueva asociación. Y, lo que es igual de importante, querrás que sean esas nuevas asociaciones las que te vengan a la mente en lugar de las antiguas para no seguir preguntando a tu amiga por su último experimento o referirte a tu otra amiga por su apellido de soltera. Afortunadamente, los códigos temporales del hipocampo que hemos descrito antes pueden ayudar en este sentido: las estructuras de memoria más cercanas al momento presente suelen venir primero a la mente, lo que te permite recordar cuál es la carrera actual o el apellido de tu amiga.

CÓMO MANTENER LA CALMA

Ahora que ya sabes lo importante que puede ser recordar los detalles, esto es lo que puedes hacer para incorporarlos de forma más eficaz a la estructura de tu memoria y acceder a ellos cuando los necesites.

- **Presta atención a los detalles que quieres recordar.** ¿Te suena este consejo? No dejamos de repetirlo porque es muy importante. Si no quieres olvidar dónde leíste una noticia, asegúrate de prestar atención a tus fuentes. Presta atención al título de un libro o al medio que lees en Internet. Si no quieres contar dos veces la misma historia a la misma persona, presta mucha atención a quién está contigo mientras cuentas la historia; fijarte bien en sus expresiones faciales y sus reacciones ante la historia te ayudará. Si estás en un acontecimiento concreto (por ejemplo, una boda o una reunión), anota mentalmente la ocasión en la que has contado la historia.

- **Relaciona los detalles.** Es difícil crear una estructura mental formada por contenidos inconexos, así que esfuérzate por conectar los detalles. Construye esos pasillos que pueden conectar una habitación de tu estructura con la siguiente. Tanto los pasillos como el esfuerzo de construirlos ayudarán.

  — *Hazlo verbalmente.* Puede ser algo tan sencillo como decir en voz alta: «Voy a poner las llaves en la cómoda» o repetir la frase «la cómoda tiene las llaves». O prueba a crear un enunciado novedoso como: «Mi cómoda guarda las llaves».

  — *Utiliza imágenes mentales.* Imagina que estás en la cima de una montaña con la persona con la que hablas de tu afición al senderismo.

  — *Utiliza dispositivos mnemotécnicos.* Si a menudo necesitas recordar asociaciones o largas listas de información, puede que te convenga dedicar tiempo a entrenarse en el uso de dispositivos mnemotécnicos (capítulo 25).

- **Prueba diferentes pistas de recuperación.** Cuando intentes encontrar las llaves, imagínate llegando antes a casa o vuelve sobre tus pasos cuando entrabas por la puerta. Si intentas recordar quién te habló de la alergia a los frutos secos de su hijo, recuerda todos los detalles que tengas presentes: ¿dónde tuvieron la conversación? ¿De qué más hablaste con ese padre?

- **Mantén la calma.** Ya lo hemos dicho antes, pero merece la pena repetirlo: el estrés es especialmente perjudicial para construir —y reconstruir— estructuras de memoria que contengan todos los detalles relevantes. Somos plenamente conscientes de que puede resultar difícil mantener la calma cuando te apresuras a encontrar las llaves que has perdido o cuando te sientes incómodo porque no recuerdas dónde conociste a alguien. Pero respira hondo, recuerda que los lapsus de memoria de este tipo son habituales y a menudo pasajeros, y concéntrate en lo que puedes hacer en este momento, como probar las distintas herramientas de recuperación.

11
CONTROLAR LO QUE SE OLVIDA
Y LO QUE SE RECUERDA

Es tu primer día en un trabajo nuevo y, al entrar en una sala de conferencias, tropiezas con un cable eléctrico y casi te caes. Te ruborizas y esperas que no te haya visto mucha gente. Al día siguiente, al entrar en la sala de conferencias, piensas en ese desagradable momento. Es un recuerdo que te gustaría olvidar. Ojalá existiera un modo de evitar que te vengan a la mente recuerdos indeseados.

A todos nos gustaría poder controlar lo que recordamos y lo que olvidamos. A menudo se piensa en el olvido como una consecuencia de tener un sistema de memoria imperfecto. Pero a veces, como en el ejemplo anterior, puedes estar especialmente motivado para olvidar información: puede que no quieras que un suceso desagradable te venga a la mente en momentos inoportunos, o puede que reconozcas que esa información carece de importancia y no merece la pena recordarla. En este capítulo exploraremos hasta qué punto puedes controlar lo que recuerdas y lo que olvidas.

CÓMO CONTROLAR LA INFORMACIÓN
QUE PASA A LA MEMORIA

Como profesora universitaria, Elizabeth sabe que pocas cosas consiguen que los alumnos presten atención como decirles: «Esto va a salir en el examen». Aunque puede ser imperfecta a la hora de poner en práctica sus planes, sabe que, cuando es importante recordar algo, hay que prestar atención. En términos más generales, cuando sabes que la información tiene valor —que te ayudará en un examen o en una entrevista de trabajo—, tu cerebro da prioridad a introducir esa información en tu memoria. Hay circuitos neuronales especializados que se activan con la recompensa y que pueden mejorar la capacidad de almacenar información en la memoria, haciendo más probable que el hipocampo haga un buen trabajo y construya una estructura de memoria repleta de detalles.

Etiquetarlo en el pasado

Incluso puede ocurrir que, una *vez finalizado un acontecimiento*, nos demos cuenta de que sus detalles eran importantes, y ese conocimiento puede aumentar la probabilidad de que esos detalles se mantengan a lo largo del tiempo en la estructura de memoria que hemos construido.[1] Imaginemos que salimos de nuestra oficina, situada en un octavo piso, y nos dirigimos a casa, pero, al llegar a la puerta, descubrimos que hemos perdido las llaves. De repente, detalles del camino elegido que en ese momento podían parecer irrelevantes —qué ascensor cogiste hasta el vestíbulo, por qué lado de la calle caminaste— adquieren una nueva importancia. Al menos durante un rato después de que se produzca un acontecimiento, puedes *volver a priorizar los detalles* del suceso, poniendo en primer plano detalles que de repente te das cuenta de que tienen una gran importancia.

Olvidar ese recuerdo

Lo contrario también es cierto: si le dices a alguien que el contenido *no es importante*, no lo hará muy bien a la hora de retener la información. Por ejemplo, Robert Bjork, de la Universidad de California en Los Ángeles, mostró a los participantes listas de palabras y les dijo que más tarde se les examinaría de ellas. Pero después les dijo a los participantes que les había mostrado accidentalmente una lista equivocada y que esas palabras concretas no entraban en el examen. En realidad, se evaluó la memoria de los participantes para todas las palabras. El resultado es que los participantes recordaban peor las palabras de la lista que se les había dicho que no necesitaban recordar.[2] Es como si, al descubrir que la información no es relevante, pudieras hacer borrón y cuenta nueva.

Esta capacidad de mantener datos no deseados fuera de tus estructuras de memoria puede ser muy importante, porque a veces no se trata solo de que la información sea irrelevante, sino de que es incorrecta. Si alguien te da información errónea, te conviene borrar ese dato de tus estructuras de memoria y, si es posible, sustituirlo por el contenido correcto. Aunque ninguno de nosotros lo hace a la perfección, cuando se detecta un error poco después del aprendizaje, estos mecanismos de «olvido intencionado» pueden reducir la probabilidad de que el error quede representado en la estructura de la memoria, minimizando la dependencia de la información errónea para la toma de decisiones.[3]

Estos resultados ponen de relieve que se puede ejercer cierto control sobre la información a la que se da prioridad en la construcción de las estructuras de memoria. Ciertos datos pueden eliminarse de la construcción cuando te das cuenta de que no son importantes o son erróneos, y pueden añadirse en relieve cuando su importancia se hace evidente poco después del aprendizaje.

CÓMO CONTROLAR LOS DATOS QUE ALMACENAS INTERNAMENTE

Te des cuenta o no, estás constantemente tomando decisiones que afectan a si almacenas contenidos internamente en tu cerebro o externamente en el mundo. ¿Intentas memorizar la lista de la compra o la escribes sin esperar recordarla? ¿Intentas aprender la información que buscas en Internet o en un libro, o solo aprendes dónde encontrarla la próxima vez que la necesites?

También puedes confiar en el hecho de que otras personas puedan servir a tu memoria de ayuda externa.[4] Puedes confiar en tu socio comercial para recordar los nombres de los clientes, en tu cónyuge para saber dónde se guarda la receta de un plato favorito y en tu hijo para recordar las fechas de las actuaciones a las que tienes previsto asistir.

Puede ser muy útil «externalizar» los recuerdos de este modo, y en el capítulo 22 hablaremos de las ayudas para la memoria que te ayudarán a hacerlo. Por ejemplo, puede que no merezca la pena el esfuerzo de memorizar una lista de la compra, y a menudo no es eficiente que haya una gran redundancia en la información que los distintos miembros de una empresa —o de un hogar— representan en la memoria. De hecho, los índices más altos de *memoria transaccional* —esa tendencia a confiar en los recuerdos de los demás para complementar los propios— suelen estar relacionados con un mejor rendimiento en las empresas.[5] Por tanto, externalizar la memoria puede ser una estrategia inteligente en muchas circunstancias. Sin embargo, surgen problemas si no se piensa en las repercusiones de esta descarga: si tu socio comercial se marcha, ¿se pierde para siempre el conocimiento crítico? Si un sitio web muy visitado está fuera de servicio por mantenimiento, ¿qué impacto tiene esto en tu capacidad para completar una tarea?

Cómo controlar los datos a los que accedes desde la memoria

Hasta ahora en este capítulo, nos hemos centrado en controlar qué contenido *entra* en la memoria. El ejemplo con el que comenzamos el capítulo es, en cambio, un ejemplo de cómo controlar el contenido que *sacamos* de nuestros almacenes de memoria. También está sacado de un hecho real: durante una de sus primeras clases como profesora recién titulada, Elizabeth tropezó con un cable de alimentación y estuvo a punto de caerse de bruces. A la clase siguiente, en cuanto se acercó al lugar, volvió el recuerdo. El cable de alimentación ya no estaba allí, por lo que no era un recuerdo útil que tener en mente mientras intentaba mantener la compostura al frente de la clase. Cuando el mismo recuerdo volvió a su mente la clase siguiente, Elizabeth se propuso hacer algo al respecto. Cuando algo le hacía pensar en aquel tropiezo —pasaba por la parte de la clase en la que había tropezado o veía un cable tirado en otra parte de la clase—, trataba inmediatamente de apartar el recuerdo de su mente. Si sentía que el recuerdo volvía, hacía todo lo posible por aplastarlo, pisando el freno mental para que no volvieran a su mente todos los detalles del suceso. Le costó unas cuantas clases, pero pronto el recuerdo ya no le venía a la mente cada vez que paseaba por el aula. Ahora, aunque Elizabeth da clases regularmente en esa aula, rara vez piensa en aquel suceso.

Estos detalles adicionales sobre el suceso ponen de relieve dos principios importantes sobre cómo puedes controlar a lo que accedes desde la memoria. En primer lugar, es un proceso que *requiere esfuerzo*. Elizabeth tuvo que esforzarse para apartar el recuerdo de su mente. Si no hubiera hecho ese esfuerzo, probablemente el recuerdo habría seguido apareciendo durante bastante tiempo, provocado por elementos de la habitación o por asociaciones en la mente de Elizabeth. En segundo lugar, no es lo mismo que borrar el recuerdo. Elizabeth no se ha provocado amnesia para el suceso; sigue recordándolo, pero ha reducido la probabilidad de que sea uno de los primeros recuerdos que le vengan a la mente cuando entre en esa habitación.

Control de la emoción en los recuerdos

A veces, quieres recordar el contenido de un acontecimiento anterior, pero no quieres volver a experimentar todas sus emociones. Puede que te motive recordar la vez que no estudiaste lo suficiente para un examen final y acabaste con una mala nota; puede que utilices ese recuerdo para ponerte a estudiar para un próximo examen en lugar de salir con los amigos. Pero no te ayudará consumirte con las emociones negativas que experimentaste al recibir tu nota.

Del mismo modo que controlas los datos a los que accedes desde la memoria, puedes trabajar para controlar las emociones de un recuerdo. A veces, se puede controlar la emoción provocada por un recuerdo de forma paralela al control del acceso al contenido del recuerdo, suprimiendo el acceso tanto al contenido de un recuerdo como a su emoción.[6] Otras veces, se pueden regular estratégicamente las emociones durante la recuperación de un recuerdo para, con el tiempo, atenuar específicamente las facetas emocionales de un recuerdo mientras se conservan otros detalles destacados.

CONTROL DE LA MEMORIA

Para controlar mejor lo que recuerdas y lo que olvidas, prueba lo siguiente:

- **Crea señales de prioridad.** Piensa directamente por qué es importante (o no) recordar algo. Si estás escuchando a un profesor, piensa: «Es probable que esto esté en el examen». Si estás escuchando a una amiga hablar de un próximo viaje, piensa: «Quiero recordar esto para poder preguntárselo más tarde».
- **Reflexiona sobre la información que decides externalizar.** En esta era digital, es especialmente fácil confiar en ayudas externas para la memoria, a menudo sin darse cuenta de que lo estás haciendo, como cuando se autocompletan las contraseñas, las redes sociales envían recordatorios de cumpleaños y los números de teléfono se guardan en tu teléfono. Piensa bien qué información eliges almacenar externamente y cuál internamente, para asegurarte de que la información que almacenas en tu cerebro es la más útil.
- **Sácalo de tu mente.** Si te ocurre como a Elizabeth, que te viene a la mente un recuerdo no deseado, las investigaciones de Michael Anderson y sus colegas han demostrado que una estrategia eficaz consiste en pisar el freno mental, despejando la mente del recuerdo y expulsándolo de tu conciencia.[7] Es importante que no te limites a distraerte, sino que intentes apagar el recuerdo de forma activa, del mismo modo que apagarías una llama con un apagavelas.

12
¿SEGURO QUE NO ES UN FALSO RECUERDO?

Estás reunido alrededor de la mesa con toda la familia, recordando una comida anterior de Acción de Gracias. El pavo no estuvo listo para comer hasta por lo menos las ocho de la tarde. A tu hija ya se le había pasado la hora de acostarse cuando la comida estaba en la mesa y casi se queda dormida sobre el puré de patatas. Todos se ríen al recordarlo.

Pero entonces tu cónyuge interviene suavemente: «¿Esa cena no fue antes de que naciera nuestra hija?». Recuerda que la prima Suzy estuvo en esa cena pero, en los últimos años, ha pasado Acción de Gracias con sus suegros. Definitivamente recuerda que su hija estaba agotada en esa cena. Pero tal vez Suzy estaba allí, en cuyo caso debió ser antes de que naciera su hija.

E s probable que hayas pasado por momentos como este, en los que pasas de sentirte seguro de tus recuerdos a cuestionarlos, quizá llegando a darte cuenta de que un suceso no pudo ocurrir tal y como lo recordabas.

Piensa en algunas de las razones por las que se producen errores de memoria, tal y como comentamos en los capítulos 7 a 9. No puedes prestar atención a todo, por lo que algunos detalles nunca llegan a formar parte de la estructura de tu memoria. Y, sin quererlo, cada vez que recuperas un recuerdo, puedes cambiar sutilmente —o incluso no tan sutilmente— cómo reconstruyes sus características, omitiendo algunos detalles y distorsionando otros. Normalmente, esas omisiones o distorsiones son inocuas, pero a veces pueden llevarnos a tener una impresión errónea de lo ocurrido. Incluso cuando puedes determinar definitivamente lo que ocurrió —quizá había una publicación en las redes sociales o una entrada en un diario sobre el suceso—, puede que nunca te sientas satisfecho del todo, porque sigue habiendo una versión alternativa del pasado flotando en tu memoria que te parece real.

CONFIADO, PERO EQUIVOCADO

¿Suelen ser correctos los recuerdos si se tiene confianza en ellos? Sí y no. En muchas circunstancias, la confianza es un indicador imperfecto, aunque razonablemente bueno, de la precisión de la memoria; la mayoría de las investigaciones muestran una asociación positiva entre ambas.[1] Pero puede haber importantes desconexiones entre confianza y memoria, sobre todo cuando la información se ha recuperado en múltiples ocasiones o se ha vuelto a contar varias veces. En un ingenioso experimento, investigadores de la Universidad Victoria de Wellington (Nueva Zelanda) y de la Universidad de Victoria (Colombia Británica) mostraron a los participantes fotos reales de su infancia mezcladas con una fotografía alterada para crear la apariencia de que el participante había estado en un globo aerostático de niño.[2] Se entrevistó a los participantes tres veces a lo largo de una o dos semanas, y en cada ocasión se les mostró cada foto y se les pidió que recordaran todo lo que pudieran sobre el acontecimiento. Como era de esperar, ningún participante dijo recordar nada inmediatamente después de ver la fotografía falsa, pero, al final de la tercera entrevista, la mitad de los participantes habían relatado al menos algunos detalles de un viaje en globo aerostático. Además, cuando se les pidió que calificaran su confianza en el falso recuerdo, se situaron en torno al punto medio de la escala de confianza.

Inflación de la imaginación

¿Por qué se producen este tipo de falsos recuerdos? Una de las causas más probables es que, cuando intentamos recordar un suceso, solemos imaginar lo que podría haber ocurrido. Si alguien te dice que has comido antes en un restaurante (pero tú no lo recuerdas), es probable que pienses en cuándo podrías haber ido, con quién podrías haber comido y qué podrías haber pedido. Ahora has creado una imagen mental y, una vez creada, puede resultarte difícil averiguar si es *solo* una fantasía o si se trata de un recuerdo real. Como describimos en el capítulo 10, la construcción de imágenes mentales se basa en muchos de los mismos procesos necesarios para la acción o la percepción. Por lo tanto, no es de extrañar que, después de imaginar cómo podría haber ocurrido algo un par de veces, llegues a creer que realmente ocurrió así.

Comentarios que aumentan la confianza

A veces, no estás seguro del contenido que has recuperado de la memoria. Puede que adivines una respuesta cuando te lo pida el profesor o cuando tu nieto te haga otra pregunta del tipo «¿por qué?». Si tu profesor responde «buena respuesta» o tu nieto dice «ah, claro, eso lo dijo mi profesor», de repente te sentirás mucho más seguro de tu respuesta. Lo más interesante es que no solo te sentirás más seguro *ahora*, sino que también recordarás que estabas más seguro en el momento *en que respondiste por primera vez*. Es posible que no recuerdes que tu respuesta era una suposición; tu memoria puede convencerte rápidamente de que sabías la respuesta con seguridad desde el principio.

Esta es una de las razones por las que, en el trabajo policial y judicial, se ha impulsado la grabación de las primeras identificaciones de un sospechoso realizadas por testigos presenciales. La confianza en ese primer momento de la identificación puede registrarse y ser considerada posteriormente por el juez y el jurado. La confianza de esa primera identificación es un indicador razonablemente bueno de la exactitud y, desde luego, mucho mejor que las estimaciones posteriores de la confianza, que pueden verse afectadas por la retroalimentación o el entrenamiento. Y lo que es más importante, los comentarios de confirmación no solo pueden inflar la confianza en una identificación, sino también hacer creer al testigo que tenía una visión del suceso o del sospechoso mejor de la que tenía en realidad, lo que influye en múltiples factores que el juez y el jurado tienen en cuenta a la hora de determinar la fiabilidad del testimonio de un testigo ocular.[3]

Distorsionar fuentes y mezclar recuerdos

A menudo, nuestros falsos recuerdos no son del *todo* falsos. Pueden tener algunos elementos de recuerdos verdaderos mezclados de forma que creen una impresión errónea del pasado. En el ejemplo del principio del capítulo, quizá *hubo* una cena de Acción de Gracias a altas horas de la noche antes de que naciera su hija *y también* una cena de Acción de Gracias, años después, que coincidió con la hora de la siesta de su hija, de modo que se quedó casi dormida en la mesa. Con el tiempo, los recuerdos pueden haberse fusionado, conservando algunos detalles de cada uno. Los recuerdos del viaje en globo aerostático también pueden contener elementos de sucesos reales, como estar a gran altura en una atracción de feria o ver un globo de colores brillantes e imaginar la emoción de estar en el aire. Estos fragmentos, extraídos de estructuras de memoria reales y fusionados entre sí, pueden sentar las bases de un falso recuerdo.

El poder de la desinformación

Ya sabes por los capítulos anteriores que nuestro recuerdo de un suceso puede alterarse fácilmente a medida que reconstruimos los detalles del suceso en cada recuperación. Es muy probable que esa alteración se produzca cuando alguien en quien confiamos nos sugiere que un acontecimiento se desarrolló de una manera determinada. Cuando la sugerencia es errónea, el fenómeno se conoce como *efecto de desinformación*.[4] En un famoso experimento de Elizabeth Loftus y sus colegas,[5] los participantes vieron un accidente de coche simulado en el que un coche se saltaba una señal de stop. En un interrogatorio posterior sobre el accidente, se preguntó a algunos participantes sobre las circunstancias en las que el coche se saltó una señal de *ceda el paso*. Muchos de los que recibieron esta pregunta engañosa recordaron que el vídeo original contenía una señal de ceda el paso en lugar de una señal de stop. Este mismo equipo de investigación reveló que incluso las sugerencias sutiles pueden influir en la memoria. Los participantes a los que se preguntó a qué velocidad iba el coche cuando «se golpeó» con otro recordaban velocidades más bajas que aquellos a los que se preguntó a qué velocidad iba cuando «se estrelló». Así que, quizá la prima Suzy no estuvo en esa cena de Acción de Gracias, pero la afirmación confiada de que sí estuvo allí podría hacer que la incorporaras a tu memoria.

Tal vez de forma contraintuitiva, *tú* puedes ser una poderosa fuente de tu propia desinformación. Un ejemplo es la mentira. Las personas que mienten diciendo que durante un acontecimiento se produjeron detalles erróneos pueden llegar a creer que esos detalles ocurrieron realmente. Del mismo modo, las personas que hablan de un suceso y más tarde niegan haber hablado de él pueden olvidar que realmente hablaron de los detalles del suceso.[6] Pero, aunque no intentes engañar a nadie, la forma en que reflexionas sobre sucesos pasados —quizá imaginando versiones alternativas («qué pasaría si…»)— también tiene el potencial de introducir desinformación.

Muchas maneras de distorsionar la memoria

En caso de que tú —o alguien con quien estés hablando sobre este libro— necesites más pruebas de que los falsos recuerdos surgen con frecuencia, vamos a pedirte que participes en un breve experimento adaptado del «paradigma DRM» (llamado así por los tres científicos que lo desarrollaron: James Deese, de la Universidad Johns Hopkins, y Henry Roediger y Kathleen McDermott, ambos de la Universidad Washington de San Luis).[7] Lee la lista de palabras que aparecen a continuación y, dentro de un rato, te pediremos que recuerdes las que recuerdas:

Mesa, sentarse, piernas, asiento, sofá, escritorio, sillón reclinable, mecedora, cojín, taburete, cama, descanso, sueño, despierto, almohada, ronquido, sopor, caramelo, agrio, amargo, azúcar, bollo, comer, diente, pastel

---

Tienes algunas ventajas a la hora de enfrentarte a esta tarea: estás leyendo un libro que ya te ha dado algunos consejos sobre cómo recordar información y sabes que te van a examinar la memoria. Aun así, prevemos que puede que tengas un falso recuerdo. Si no es así, puedes probar este experimento con algunos amigos; creemos que al menos alguno de ellos lo tendrá.

Ahora, es el momento de la prueba de memoria: sin mirar atrás, ¿cuáles eran las palabras de la lista que te hemos presentado antes? Había un total de 25 palabras; tómate un minuto o dos para recordar todas las que puedas.

Si eres como la mayoría de la gente, recordarás bien las palabras situadas al principio de la lista: *mesa, sentarse, piernas*. Es lo que se denomina efecto de primacía en la memoria, y también puede observarse en acontecimientos más complejos de nuestra vida: es mucho más fácil recordar las «primeras veces», ya sea el primer beso, el primer día de universidad o el primer vuelo al extranjero, que las repeticiones posteriores de acontecimientos similares. ¿Y las demás palabras de la lista? ¿Recuerdas *sofá, cama, sueño?*, y ¿*silla, dormir, dulce?*, Si recuerdas alguna de estas tres últimas palabras, ¡acabas de tener un falso recuerdo! Puedes volver atrás y comprobar la lista para confirmarlo; ninguna de esas palabras estaba en ella. Hacemos este tipo de demostraciones para estudiantes de bachillerato y universitarios, abogados y jueces, médicos y enfermeras, y siempre ocurre lo mismo: una gran parte de la gente genera estas palabras no presentadas.

Muchos están bastante seguros de que estaban en la lista. Si alguien no hubiera visto la lista original de palabras y se guiara simplemente por los que levantan la mano en la sala, probablemente estaría bastante convencido de que esas palabras estaban en la lista. De hecho, ¡más gente recuerda esas palabras que algunas de las que se presentaron realmente!

Si relees las palabras que se presentaron, probablemente puedas adivinar por qué este experimento conduce a errores de memoria. De hecho, estas palabras se eligieron específicamente porque están fuertemente asociadas con las palabras presentadas. Representan la esencia o el tema general de la lista. Las palabras *silla*, *dormir* o *dulce* podrían haberte venido a la mente mientras leías la lista de palabras, lo que también haría que estas palabras no presentadas te resultaran muy familiares si te vinieran a la mente al recordar la lista. Además, cuando te pedimos las palabras, intentamos que recordaras el mayor número posible. Te dijimos que había 25 palabras en la lista porque sabemos que la mayoría de la gente no será capaz de recordar las 25 palabras, y saber que te estás «quedando corto» puede empujarte a aceptar como recuerdo cualquier contenido que te venga a la mente. Esta tendencia es una de las razones por las que es importante recordar a los testigos presenciales que el autor puede no estar en la rueda de reconocimiento.

INFERIR LA VERDAD A PARTIR DE LA FAMILIARIDAD

Responde rápido: «¿Qué bebe una vaca?». La respuesta es, por supuesto, agua, pero, si lo primero que pensaste fue leche, no estás solo. Como la leche es una bebida que asociamos con las vacas, a muchos nos vendrá rápidamente a la cabeza. Elizabeth hace esta demostración en voz alta en clase, pidiendo a los alumnos que griten la respuesta tan rápido como puedan: los primeros gritos son casi siempre leche, y solo un poco más tarde se oye agua. Cuando se intenta responder con rapidez, es fácil suponer que la información que aparece fácilmente en la mente es exacta.

Otro ejemplo de esta tendencia a aceptar como correcta la información que nos viene a la cabeza es el *efecto de verdad ilusoria*. Este fenómeno describe la tendencia a confiar en la información que se ha escuchado varias veces. Esta inclinación a creer en la información repetida puede ser importante para la capacidad de aprendizaje —un profesor puede equivocarse una vez, pero probablemente no generará información errónea de forma sistemática— y los niños aprenden la asociación entre repetición y verdad cuando están en edad escolar. Pero donde esta tendencia pasa de ser beneficiosa a perjudicial es en el hecho de que sigue funcionando *incluso si te han advertido de que la información procede de una fuente poco fiable* e *incluso si te han dicho directamente que la información es falsa*. De este fenómeno se aprovechan desde los anunciantes hasta los políticos. Es especialmente problemático en las redes sociales, un modo de comunicación que fomenta el pensamiento superficial (al pasar de una publicación a otra) y motiva la repetición y el intercambio de contenidos.

Junto con sus colegas Jason Mitchell y Dan Schacter, Andrew examinó este efecto de verdad ilusoria en adultos mayores y personas con enfermedad de Alzheimer.[8] Los participantes en este experimento estudiaron 44 afirmaciones ambiguas a las que se asignaron al azar etiquetas de «verdadero» o «falso», como «Se necesitan 32 granos de café para hacer una taza de espresso: FALSO» y «Se necesitan 4 horas para cocer un huevo de avestruz: VERDADERO». Cuando se preguntó a los participantes qué afirmaciones eran verdaderas, los adultos mayores sanos identificaron correctamente como verdaderas el 77 % de las afirmaciones verdaderas, pero también identificaron como verdaderas el 39 % de las afirmaciones falsas. Aunque este resultado es sorprendente en sí mismo, los resultados sobre la enfermedad de Alzheimer lo son aún más. Las personas con Alzheimer identificaron correctamente el 69 % de las afirmaciones verdaderas, pero también el 59 % de las falsas, más de la mitad de lo que cabría esperar si solo estuvieran adivinando. Esto significa que, si se le dice a una persona con Alzheimer que cierta información no es cierta, es más probable que recuerde que la información *es* verdadera que si no se le dice nada. La conclusión es que nunca debe decirle a una persona con Alzheimer que algo no es cierto («No tome sus medicamentos después de cenar»), solo dígale lo que es cierto («Tome sus medicamentos con el estómago vacío»).

¿Y LA PRECISIÓN DE LOS RECUERDOS EMOCIONALES?

En este punto del capítulo, puede que estés pensando: «Bueno, claro, los recuerdos no siempre son perfectos, pero hay algunos acontecimientos que están grabados para siempre en mi memoria, y *sé* que son exactos». Tal vez sea tu primer beso, el momento en que tuviste a tu hijo en brazos por primera vez, dónde estabas cuando supiste que John F. Kennedy había sido asesinado, con quién estabas cuando viste caer las torres en los atentados del 11 de septiembre de 2001 o qué estabas haciendo cuando te enteraste de los resultados de las elecciones de 2016. Muchas personas confían en su memoria para este tipo de sucesos —incluso cuando ocurrieron hace décadas— y puede que sientas que estás reviviendo esos momentos cuando los recuerdas. El término *memoria flash* fue acuñado en 1977 por dos investigadores de la memoria de Harvard, Roger Brown y James Kulik, para describir la forma vívida en que los acontecimientos sorprendentes, emotivos e importantes parecen grabarse en nuestra memoria, como si se tomara una fotografía, grabando para siempre los detalles del acontecimiento.

¿Imagen perfecta?

Resulta que los recuerdos emocionales no son perfectos; en realidad, son propensos a los mismos tipos de distorsiones que otros recuerdos. Incluso Brown y Kulik reconocieron que no era apropiado considerar los recuerdos emocionales como fotografías en todos los aspectos, afirmando: «Una fotografía real, tomada con flash, conserva todo lo que está dentro de su alcance; es totalmente indiscriminada. Nuestros recuerdos no lo son». Continúan describiendo cómo, aunque tienen recuerdos vívidos de dónde estaban cuando se enteraron del asesinato de JFK, faltan detalles. Por ejemplo, señalan que Brown «estaba frente a un escritorio con muchos objetos encima, y se veía algún tipo de clima a través de la ventana, pero nada de esto aparece en la imagen de su memoria».[9]

Confianza, no coherencia

Aunque en algunas situaciones los recuerdos emocionales se recuerdan con más detalle que las experiencias más mundanas, lo más notable de los recuerdos de situaciones que evocan emociones es lo vívidos que nos parecen y lo seguros que estamos de su exactitud, incluso cuando nos equivocamos. En una de las primeras demostraciones de esta desconexión entre confianza y exactitud en un acontecimiento emocional, Ulrich Neisser y Nicole Harsh, de la Universidad de Emory, pidieron a estudiantes universitarios que relataran las circunstancias en las que se enteraron de la explosión del transbordador espacial Challenger.[10] Los participantes proporcionaron informes detallados en ambos momentos y se mostraron muy confiados en la exactitud de su memoria, aunque muchos detalles eran incoherentes. Esta desconexión entre confianza y precisión (o, al menos, coherencia) en los recuerdos emocionales se ha demostrado desde entonces en muchos acontecimientos públicos diferentes, lo que llevó a Jennifer Talarico y David Rubin, de la Universidad de Duke, a publicar un artículo con el título «Confidence, Not Consistency, Characterizes Flashbulb Memories» (La confianza, no la coherencia, caracteriza los recuerdos flash)[11.]

Ensayar aumenta la confianza

Como señala Ken Paller, de la Universidad Northwestern, una de las razones de esta desconexión entre confianza y precisión puede estar relacionada con la frecuencia con la que pensamos en experiencias emocionales pasadas.[12] Reflexionamos sobre estos acontecimientos y los comentamos con otras personas. Cada vez, construimos una estructura de memoria para el acontecimiento. Después de tanto ensayo, el proceso de construcción empieza a parecer sencillo y la estructura creada parece una réplica del acontecimiento original. Pero, en realidad, cada una de esas reconstrucciones nos brinda la oportunidad de colocar mal u omitir un bloque, de incorporar contenido erróneo a partir de los comentarios de otra persona, o de modificar nuestra estructura basándonos en conocimientos que hemos adquirido a posteriori.

Recordar la amenaza

Otra razón de esta desconexión entre confianza y precisión puede ser que hay un subconjunto relativamente pequeño de detalles que recordamos muy bien de un suceso emocional. El *efecto de focalización en el arma* describe cómo las personas tienen más problemas para identificar a un sospechoso, y más identificaciones falsas, si observan un arma.[13] Esto no se debe simplemente a que la gente no vea los demás detalles.[14] Es como si todos los recursos del cerebro se dedicaran a construir esa amenaza (ya sea una pistola, un cuchillo o un puño amenazador) en la estructura de la memoria y otros detalles (como la cara o la ropa del agresor) se construyeran de forma inadecuada. Más tarde, si se nos pide que pensemos en el suceso en su conjunto, podemos sentir que tenemos un recuerdo vívido debido a las partes seleccionadas que se conservan con tanta nitidez. Es como si estuviéramos en una habitación de la estructura de nuestra memoria, maravillados por el marco dorado del retrato de algunos detalles, sin darnos cuenta de que los pasillos que deberían conducirnos a otros detalles se han desmoronado.

PROTECCIÓN CONTRA LOS FALSOS RECUERDOS

¿Qué puedes hacer para defenderte de los falsos recuerdos? El consejo más importante es: si hay mucho en juego, tómate el tiempo necesario para controlar su memoria. Cuando te venga a la mente un dato, piensa en *por qué* puede haberte venido y evalúa si es el contenido correcto. Hazte las siguientes preguntas:

- *¿Por qué me resulta familiar la información?* Que la información te venga a la mente con facilidad no siempre significa que sea exacta. Ya sabes que es más probable que te fíes de la información que has escuchado varias veces, que puedes ser susceptible a las influencias de la desinformación y que puedes generar información errónea cuando coincide con lo *esencial* de un suceso. Así que, antes de actuar sobre la información que te viene a la mente, tómate un momento para evaluar por qué ese contenido está emergiendo a tu conciencia. Puede que te des cuenta de que probablemente se trate de un falso recuerdo.

- *¿Podría haber ocurrido así?* Tómate un momento para pensar en los detalles que recuerdas. ¿Son coherentes entre sí? ¿O hay algún detalle que se excluye mutuamente (por ejemplo, que la prima Suzy y tu hija estuvieran en la misma cena de Acción de Gracias)? Se trata de una estrategia denominada *recordar para rechazar*,[15] como su propio nombre indica: recuperar un dato de la memoria puede ayudarte a rechazar otro dato por considerarlo un recuerdo falso.

- *¿Hasta qué punto debes recordar este contenido?* Si alguien te dice que has comido antes en un restaurante del barrio, es posible que aceptes su afirmación como cierta si comes fuera a menudo y, al cabo de un tiempo, todas las comidas se confunden. Pero, si hubieras cenado en el restaurante en cuestión solo en una ocasión especial, entonces probablemente deberías responder que tal vez te confunde con otra persona. En otras palabras, si un acontecimiento hubiera sido *característico*, es más probable que tomes la *falta* de un recuerdo fuerte como prueba de que no ocurrió.

Parte III

Cuando hay poca memoria (o demasiada)

13
¿ENVEJECIMIENTO NORMAL O ALZHEIMER?

—Estoy muy preocupada por mi memoria —afirma esta contable de ochenta y dos años, madre de tres hijos—. Todos mis amigos tienen problemas de memoria. Muchos de ellos tienen demencia, y algunos incluso la enfermedad de Alzheimer. Creo que a mí también me está pasando. Esta mañana entré en mi habitación y no recordaba lo que buscaba, hasta que bajé al frío sótano y me acordé del jersey que estaba buscando. Y me olvido de los nombres de las personas. Si no veo a alguien a menudo, me cuesta mucho recordar su nombre. Y eso no es todo. La semana pasada, iba en coche al banco mientras mi hijo me hablaba de los nietos (todos están muy bien) y, de repente, me encontré en el aparcamiento del supermercado. No recordaba cómo había conducido durante los últimos diez minutos ni cómo había acabado en el supermercado y no en el banco.

Puedes pensar que esta contable está desarrollando la enfermedad de Alzheimer o que, sin embargo, está envejeciendo con normalidad. En este capítulo repasaremos los cambios en la memoria que se producen con el envejecimiento normal, así como los trastornos cerebrales del envejecimiento, como la enfermedad de Alzheimer, para que seas capaz de distinguirlos. También hablaremos de cómo puedes utilizar los otros sistemas de memoria que están relativamente intactos para compensar algunos de los problemas de memoria que se producen en el envejecimiento normal y en diversos trastornos cerebrales.

Envejecimiento normal

Las personas que envejecen con normalidad a los sesenta, setenta y ochenta años experimentan algunas dificultades para retener información en su memoria de trabajo (véase el capítulo 3). También tienen que esforzarse más para aprender información nueva y para recuperarla cuando la necesitan de su memoria episódica (véase el capítulo 4), y les cuesta recordar nombres de personas de su memoria semántica (véase el capítulo 5). Experimentar estos problemas de memoria con mayor frecuencia a medida que se envejece no tiene por qué ser motivo de alarma. Examinaremos estas dificultades y, a continuación, nos centraremos en la memoria procedimental (véase el capítulo 2), que se conserva relativamente bien durante el envejecimiento.

Lóbulos frontales mayores

Las dificultades de memoria en el envejecimiento normal suelen estar relacionadas con los cambios que se producen en los lóbulos frontales y sus conexiones con el resto del cerebro. Los lóbulos frontales de las personas mayores no funcionan tan bien como cuando eran más jóvenes. Algunos investigadores y médicos creen que esto se debe a una pequeña cantidad de daño relacionado con la edad en esta parte del cerebro y sus conexiones a causa de pequeños derrames cerebrales u otras patologías (revisaremos los derrames cerebrales más adelante en este capítulo). Otros investigadores creen que estos cambios en los lóbulos frontales se deben a cambios fisiológicos normales no relacionados con un trastorno, como una alteración en la prevalencia de receptores de células cerebrales que facilita la estabilización de los recuerdos a costa de disminuir la capacidad de formar nuevos recuerdos.

La memoria de trabajo en el envejecimiento normal

Recordemos que el córtex prefrontal es el *ejecutivo central* del sistema de memoria de trabajo. Dado que la función del lóbulo frontal disminuye con el envejecimiento, no debería sorprenderte que los adultos mayores muestren una capacidad de memoria de trabajo disminuida en comparación con los adultos más jóvenes. En comparación con los que tienen entre veinte y treinta años, los adultos mayores generalmente no pueden retener tanta información en la mente ni manipularla con la misma facilidad. Esto significa que, en comparación con cuando eran más jóvenes, los adultos mayores suelen ser más lentos a la hora de sumar una columna de números en su cabeza y menos capaces de mantener en mente un mapa de una ciudad que visitan por primera vez.

Memoria episódica en el envejecimiento normal

Hay tres cambios principales que se producen en la memoria episódica a medida que las personas envejecen, todos ellos relacionados con la disminución de la función del lóbulo frontal. Consideraremos cada uno de ellos por separado, junto con algunas medidas sencillas que puedes tomar para compensar estos cambios.

En primer lugar, cuesta más esfuerzo prestar atención y, por tanto, conseguir que la información deseada pase a la memoria episódica. Sin embargo, el simple hecho de repetir la información puede ayudarte a superar esta dificultad. Así que prueba a repetir la lista de la compra, una dirección a la que vas en coche o la agenda del día un par de veces para poder recordarlas.

En segundo lugar, se necesita más tiempo y esfuerzo —y a menudo algunas estrategias— para obtener la información deseada de la memoria episódica. Con la función del lóbulo frontal disminuida, se reduce la capacidad de buscar en la memoria episódica para encontrar y reconstruir el recuerdo que se busca. A veces, basta con concentrarse mucho y tomarse un poco de tiempo para que el recuerdo deseado venga a la mente. Otras veces tendrás que utilizar estrategias para traer a la mente el recuerdo deseado. Intenta recordar el lugar en el que se formó el recuerdo, ya que ese indicio puede desencadenar la evocación del recuerdo. Consulta el capítulo 9 y la parte V para obtener más sugerencias sobre cómo mejorar la recuperación de la memoria.

En tercer lugar, los adultos mayores son más propensos a tener recuerdos confusos, distorsionados o directamente falsos. Aunque este tipo de confusiones de memoria pueden ocurrirle a cualquiera, como la función del lóbulo frontal disminuye a medida que envejecemos, es más probable que los adultos mayores tengan falsos recuerdos. Como se explica en el capítulo 12, se pueden reducir los falsos recuerdos prestando mucha atención a los detalles de la información cuando se está aprendiendo y volviendo a intentar imaginar tantos detalles específicos como sea posible cuando se está recuperando la información.

Memoria semántica en el envejecimiento normal

La mayoría de las personas mayores sanas tienen dificultades para recordar nombres de personas o títulos de libros o películas. Esta dificultad se debe a dos motivos. La primera es la disfunción de sus lóbulos frontales. Son los lóbulos frontales los que te ayudan a buscar en tus almacenes de conocimiento semántico para recuperar la información específica que estás buscando. Por tanto, debido a la disfunción del lóbulo frontal, a los adultos mayores les puede resultar más difícil recuperar cualquier tipo de conocimiento. Pero ¿por qué los nombres de las personas son especialmente difíciles para los adultos mayores? Creemos que probablemente esté relacionado con el encogimiento de la punta del lóbulo temporal que se produce con el envejecimiento, precisamente el lugar donde suelen almacenarse los nombres de las personas. Una forma de mejorar la recuperación de los nombres de las personas es pensar en otras cosas que se conocen de la persona: su ocupación, sus aficiones, su familia, su aspecto, etc. En el capítulo 24 encontrarás más sugerencias para mejorar la recuperación de nombres.

La memoria procedimental en el envejecimiento normal

Un aspecto de la memoria que suele conservarse en las personas que envejecen con normalidad es la memoria procedimental, la capacidad de aprender y utilizar habilidades y hábitos. Esto significa que, si siempre quisiste jugar al golf (al béisbol o esquiar) pero nunca tuviste tiempo mientras trabajabas, y ahora estás jubilado y tienes sesenta, setenta u ochenta años, no hay ninguna razón para que no puedas tomar clases y empezar a aprender el nuevo deporte. Solo recuerda que, como cualquier actividad a cualquier edad, dominarla puede llevarte varios años de práctica (esperemos que un poco menos en el caso del esquí).

Igualmente importante, si no más, es utilizar la memoria procedimental para compensar las dificultades de la memoria episódica. Por ejemplo, puede que cuando eras más joven pudieras dejar las llaves en cualquier sitio y encontrarlas siempre. Ahora que eres mayor, te das cuenta de que estás buscando las llaves por toda la casa todos los días. Si utilizas la memoria procedimental para acostumbrarte a dejar las llaves siempre en el mismo sitio, siempre podrás encontrarlas cuando las necesites.

Ventajas del envejecimiento de la memoria

Aunque los adultos mayores suelen notar sus mayores dificultades de memoria, también hay ventajas en la forma en que sus cerebros registran la información. Mientras que los cerebros de los adultos jóvenes pueden elaborar estructuras de memoria con muchos detalles —algunos de ellos sin importancia—, las estructuras de memoria de los adultos mayores suelen incluir solo los elementos esenciales. Recordar solo la información crítica puede facilitar que los mayores eviten el error común de «no ver el bosque», permitiéndoles captar la importancia global de una situación. La forma en que los cerebros de los mayores construyen las estructuras de la memoria también puede facilitarles encontrar puntos en común entre distintas situaciones y comprender cómo los conocimientos adquiridos en un contexto pueden aplicarse a la situación en cuestión. De hecho, parte de la sabiduría que se adquiere con la edad puede atribuirse a cambios en la forma en que el cerebro construye sus estructuras de memoria.

CUANDO EL ENVEJECIMIENTO NO ES NORMAL

Ahora que conoces mejor los cambios en la memoria que se producen con el envejecimiento normal, vamos a pasar a comprender la pérdida de memoria. Ten en cuenta que, cuando las personas mayores desarrollan una enfermedad cerebral que afecta al pensamiento y a la memoria, normalmente experimentarán todos los cambios que se producen en el envejecimiento normal *más* los cambios que conlleva la enfermedad cerebral.

TERMINOLOGÍA DE LA PÉRDIDA DE MEMORIA

La terminología utilizada por médicos e investigadores para describir la pérdida de memoria y a las personas que la padecen puede resultar bastante confusa. En esta sección describiremos los síndromes generales que pueden aplicarse a muchos problemas cerebrales subyacentes (como la demencia, el deterioro cognitivo leve y el deterioro cognitivo subjetivo, progresando de más a menos grave), y luego nos sumergiremos en los trastornos cerebrales específicos (como la enfermedad de Alzheimer, la demencia vascular y la demencia frontotemporal) en la siguiente sección.

Demencia

La *demencia* no es un diagnóstico en sí mismo. Demencia es un término que significa que una persona ha experimentado un deterioro progresivo de su pensamiento y su memoria lo suficientemente grave como para interferir en sus funciones cotidianas. Se considera que la demencia es leve si la persona solo tiene dificultades para realizar actividades cotidianas algo complicadas, como pagar facturas, hacer la compra, preparar comidas o tomar medicamentos. Si la persona tiene dificultades con actividades más básicas de la vida diaria, como vestirse, bañarse, comer o ir al baño, se considera que la demencia está en fase moderada o grave. La mayoría de las personas con demencia empeoran con el tiempo, dependiendo de la causa. Las diferentes causas de demencia afectan a diferentes regiones del cerebro, produciendo diferentes síntomas (véase la figura 13.1).

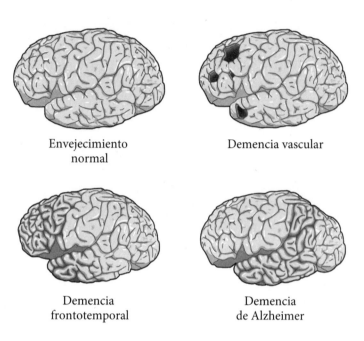

Envejecimiento normal

Demencia vascular

Demencia frontotemporal

Demencia de Alzheimer

Figura 13.1. En el envejecimiento normal se produce un pequeño encogimiento cerebral. Las regiones parietales y temporales se encogen en la demencia de Alzheimer. Las regiones frontales y temporales se encogen en la demencia frontotemporal. Los accidentes cerebrovasculares dañan el cerebro en la demencia vascular.

Deterioro cognitivo leve

Utilizamos el término deterioro cognitivo *leve* cuando (1) la persona, su familia o su médico han observado un deterioro del pensamiento o la memoria, (2) el deterioro —normalmente leve— está presente en las pruebas de pensamiento o memoria, y (3) su función diaria es esencialmente normal, aunque las actividades pueden requerir un poco más de esfuerzo. Ten en cuenta que, por definición, las personas con deterioro cognitivo leve no padecen demencia, ya que su funcionamiento diario es esencialmente normal. Las investigaciones sugieren que aproximadamente la mitad de las personas con deterioro cognitivo leve acaban empeorando con el tiempo y desarrollando demencia a un ritmo de entre el 5 y el 15 % anual, mientras que la otra mitad permanece estable o incluso mejora.

Declive cognitivo subjetivo

Algunas personas están lo suficientemente preocupadas por la función de su memoria como para acudir al médico, pero su rendimiento en las pruebas de pensamiento y memoria es normal, al igual que su funcionamiento diario. Estas personas sufren deterioro cognitivo *subjetivo*. La mayoría de las personas con deterioro cognitivo subjetivo simplemente están preocupadas por sus recuerdos y en realidad no les ocurre nada malo. Sin embargo, hay algunas personas que han notado un deterioro leve pero real de su pensamiento o su memoria a pesar de que su rendimiento es normal en las pruebas cognitivas estándar. Por este motivo, en comparación con las personas que no están preocupadas por su memoria, algunas personas con deterioro cognitivo subjetivo tienen algo más de probabilidades de acabar padeciendo un trastorno de la memoria diagnosticable en los próximos cinco a diez años.

ENFERMEDAD DE ALZHEIMER

En 1907, Alois Alzheimer describió el caso de una mujer de cincuenta y un años que observó en el manicomio de Fráncfort del Meno. «Su memoria está gravemente afectada. Si se le muestran objetos, los nombra correctamente, pero casi inmediatamente después lo ha olvidado todo».[1] A continuación describe lo que vio en su cerebro al microscopio tras su muerte, incluidos los ovillos neurofibrilares, «solo una maraña de fibrillas indica el lugar donde antes se encontraba una neurona», y las placas amiloides, «diminutos focos miliares que se producen por la deposición de una sustancia especial en la corteza». Aunque esta breve descripción en palabras del propio Alzheimer (traducida del alemán) resume de forma concisa esta enfermedad de la memoria causada por marañas y placas, nos extenderemos un poco sobre los déficits de memoria comunes que se observan.

La pérdida de memoria avanza, pero la conciencia disminuye

Dado que la enfermedad de Alzheimer progresa lentamente a lo largo de unos cuatro a doce años, la mayoría de los individuos con Alzheimer pasarán por la fase de deterioro cognitivo leve antes de desarrollar demencia, al igual que los individuos con otras causas de demencia. Algunas personas experimentan un deterioro cognitivo subjetivo antes del deterioro cognitivo leve. Una vez que se deteriora la función y se diagnostica la demencia de la enfermedad de Alzheimer, la enfermedad progresa de la fase leve a la moderada y después a la grave. En las fases de deterioro cognitivo leve y demencia leve, las personas con Alzheimer suelen ser muy conscientes de su enfermedad y se angustian por sus problemas de memoria. Sin embargo, a medida que la enfermedad avanza, los enfermos de Alzheimer suelen olvidar que no recuerdan y no son conscientes de que les ocurre algo.

Alzheimer y envejecimiento

Dado que la mayoría de las personas con Alzheimer tienen entre sesenta y ochenta años, los déficits cognitivos observados en la mayoría de los individuos con esta enfermedad están causados en realidad por los ovillos y las placas de Alzheimer *más el envejecimiento normal.* Esto significa que la mayoría de los individuos con enfermedad de Alzheimer tienen todos los problemas de memoria descritos anteriormente en la sección sobre el envejecimiento normal, además de los problemas adicionales que describiremos a continuación.

Olvido rápido

El déficit de memoria episódica más característico del Alzheimer es el *olvido rápido.* Es decir, aunque se repita la información mientras se está aprendiendo y aunque se den pistas e indicios cuando se intenta recuperar, la memoria no se puede recomponer, porque la información se olvida rápidamente. Este rápido olvido está directamente relacionado con el lugar donde la enfermedad de Alzheimer ataca en primer término: la parte interna del lóbulo temporal, incluido el hipocampo. Dado que el hipocampo y las estructuras relacionadas están dañadas, los nuevos recuerdos de sucesos se verán afectados, la nueva información se aprenderá con dificultad o no se aprenderá en absoluto, y la recuperación de la memoria de sucesos recientes y de la información aprendida recientemente se verá afectada. Sin embargo, los recuerdos más antiguos y consolidados de sucesos pueden recuperarse a menudo, aunque carecerán de la vivacidad y la experiencia subjetiva de un verdadero recuerdo episódico. Consulta el capítulo 4 y la parte II para obtener más información sobre estos temas.

El olvido rápido provoca varios problemas característicos en la vida diaria. Como tienen dificultades para recordar dónde ponen las cosas, las personas con Alzheimer suelen perder objetos como las llaves, las gafas, la cartera, el bolso y el teléfono móvil. Como no recuerdan las conversaciones, las personas con Alzheimer suelen contar las mismas historias a las mismas personas una y otra vez, y hacen las mismas preguntas una y otra vez, a veces muchas veces en una hora. Como tienen dificultades para recordar el camino recorrido y los puntos de referencia mientras caminan o conducen, los enfermos de Alzheimer suelen perderse, incluso en rutas conocidas. A medida que avanza la enfermedad, empiezan a perder la noción del día, la fecha, el mes, la estación y el año, porque no pueden retener esta información.

Falsos recuerdos

Los falsos recuerdos son frecuentes en los enfermos de Alzheimer. A veces se trata simplemente de creer que un recuerdo que ocurrió hace treinta años ha sucedido hoy, como una conversación con un padre fallecido hace tiempo. O quizá recuerdan erróneamente que tomaron su medicación hoy cuando la tomaron ayer. A veces, el falso recuerdo puede ser más extravagante, como combinar sucesos que escucharon en televisión con aspectos de su propia vida. Hemos tenido pacientes que nos han contado un viaje que hicieron a un país exótico para descubrir más tarde que habían mezclado el recuerdo de un programa de televisión con el de una excursión que hicieron.

Dificultades para encontrar palabras

El déficit de memoria semántica más característico de la enfermedad de Alzheimer es la dificultad para recuperar no solo los nombres de las personas, sino también palabras comunes y corrientes utilizadas en la vida cotidiana, como paraguas, armario, estantería y fotografía. Esta deficiencia es tan común y generalizada que los familiares suelen adquirir el hábito de intervenir para proporcionar la palabra que falta cuando sus seres queridos con la enfermedad hacen una pausa, buscando palabras. El déficit semántico en el Alzheimer es más extenso que en el envejecimiento normal porque el daño del Alzheimer afecta a grandes zonas de la parte externa del lóbulo temporal.

Los hábitos y las rutinas se conservan relativamente

La memoria procedimental está bastante intacta en la enfermedad de Alzheimer leve. Por lo tanto, los hábitos y las rutinas se conservan relativamente y pueden utilizarse, hasta cierto punto, para compensar las alteraciones de la memoria episódica. Por ejemplo, si una persona con Alzheimer tiene dificultades para recordar qué hay en la agenda del día, en lugar de preguntar cinco veces por hora puede acostumbrarse a mirar una agenda diaria en la nevera, lo que puede hacer tantas veces como quiera. Las personas con Alzheimer leve también pueden aprender a utilizar de forma rutinaria ayudas para la memoria, como tomar los medicamentos de un pastillero y anotar las cosas en un cuaderno en cuanto alguien les diga algo que tienen que recordar, como una cita. Los medicamentos que aumentan la sustancia química acetilcolina en el cerebro también pueden ayudar a mejorar la memoria (por ejemplo, el donepezilo [Aricept]).

Deterioro cognitivo vascular y demencia vascular

Un tipo de deterioro de la memoria con una causa distinta es el *deterioro cognitivo vascular*, término que se utiliza cuando la memoria y el pensamiento se ven afectados por accidentes cerebrovasculares. Si el deterioro es lo bastante grave como para interferir en las funciones cotidianas, se habla de *demencia vascular*.

La mayoría de los accidentes cerebrovasculares se producen cuando una arteria que envía sangre del corazón al cerebro se obstruye; esa parte del cerebro no recibe suficiente sangre y muere. Utilizamos la palabra *vascular* para enfatizar que el problema está en los vasos sanguíneos. Las personas corren el riesgo de sufrir un ictus si son mayores de cincuenta y cinco años, han tenido ictus previos o signos de advertencia de ictus (denominados *accidentes isquémicos transitorios* o *AIT*), han sido o son fumadores, beben más de una bebida alcohólica al día, llevan un estilo de vida sedentario, siguen una dieta poco saludable o padecen enfermedades cardíacas, diabetes, colesterol alto, hipertensión arterial, obesidad o enfermedades en otros vasos sanguíneos del cuerpo.

Los grandes accidentes cerebrovasculares suelen ser perceptibles para las personas y sus familiares, ya que pueden causar pérdida repentina de visión o del habla, debilidad o entumecimiento súbitos de un brazo o una pierna, o alteraciones repentinas de la coordinación o la marcha. Sin embargo, los pequeños accidentes cerebrovasculares no suelen mostrar signos externos y solo son perceptibles a lo largo de los años, a medida que se acumulan en el cerebro primero docenas y luego cientos de ellos. Por suerte, la mayoría de los ictus son pequeños.

Daños en las conexiones cerebrales

Aunque los accidentes cerebrovasculares pueden afectar literalmente a cualquier zona del cerebro, la mayoría afectan a la materia blanca que constituye el cableado del cerebro —las conexiones entre las células cerebrales— más que a la parte de procesamiento de la información de las células cerebrales. Dado que la mayor parte del cableado del cerebro va y viene de los lóbulos frontales, el deterioro cognitivo vascular causa disfunción del lóbulo frontal. El pensamiento también suele ser más lento, ya que los procesos cerebrales tienen que sortear los bloqueos debidos a los accidentes cerebrovasculares.

Como el envejecimiento normal, pero peor

Dado que el deterioro cognitivo vascular tiende a causar una disfunción del lóbulo frontal, conduce a muchos de los mismos problemas observados en el envejecimiento normal, pero en mayor medida. La memoria de trabajo está disminuida y a estos individuos les resultará difícil mantener la información en su mente y manipularla. Los problemas de memoria episódica incluyen dificultad para introducir la información deseada en la memoria, necesidad de un mayor esfuerzo para sacar la información de la memoria y experimentación frecuente de recuerdos falsos y distorsionados.

Diferente de la enfermedad de Alzheimer

Dado que los problemas de memoria en el deterioro cognitivo vascular se deben a una disfunción del lóbulo frontal, la pérdida de memoria se manifiesta de forma algo diferente a la de la enfermedad de Alzheimer. En general, no se produce un olvido rápido. Esto significa que en el deterioro cognitivo vascular la repetición permitirá aprender la información. Como la información orientativa, por ejemplo, la fecha, suele observarse repetidamente durante el día a través de los periódicos, la radio, la televisión y las conversaciones, estos individuos suelen orientarse en el día, la fecha, el mes, la estación y el año. Por lo general, no repiten preguntas ni historias. Les resulta difícil recuperar espontáneamente la información aprendida previamente, pero, a diferencia de lo que ocurre con la enfermedad de Alzheimer, las pistas y los indicios ayudan enormemente, de modo que la mayor parte de la información puede recuperarse con el indicio adecuado. Aunque hay algunas dificultades para recuperar información semántica, las dificultades para encontrar palabras son menos importantes que en la enfermedad de Alzheimer.

La memoria procedimental que rige los hábitos y las rutinas puede o no estar intacta en el deterioro cognitivo vascular, dependiendo de la localización de los ictus en el cerebro. Los ictus suelen afectar a los ganglios basales y al cerebelo, dos de las estructuras cerebrales clave para la memoria procedimental.

DEMENCIA FRONTOTEMPORAL

En la demencia frontotemporal variante conductual, los lóbulos frontales están directamente dañados por la patología (de la que hay muchos tipos). Los cambios marcados en el comportamiento y la personalidad son las características más prominentes, incluyendo a menudo un comportamiento socialmente inapropiado, pérdida de simpatía o empatía, comportamiento compulsivo o ritualista y atracones (especialmente de dulces). Dependiendo de en qué parte de los lóbulos frontales se produzca el daño, los individuos con este trastorno pueden mostrar una memoria relativamente normal o pueden manifestar todos los problemas descritos en pacientes con deterioro cognitivo vascular. Cuando tienen problemas de memoria suele ser difícil mejorarlos porque los individuos con este trastorno suelen negarse a creer que les pasa algo. En su lugar, la familia tiene que adaptarse a ellos.

Hidrocefalia normotensiva

En la hidrocefalia normotensiva (a pesar del nombre) hay un problema con el movimiento del líquido cefalorraquídeo en el interior y alrededor del cerebro, de modo que el sistema ventricular del interior del cerebro se agranda y presiona el cableado cerebral que discurre junto a estos ventrículos en expansión. Esta presión puede dañar las conexiones neuronales y producir problemas de memoria similares a los de las personas con deterioro cognitivo vascular, además de incontinencia y dificultad para caminar. El tratamiento definitivo emplea un tubo para drenar parte del líquido.

Enfermedad de Parkinson, demencia de la enfermedad de Parkinson y demencia con cuerpos de Lewy

Las personas con enfermedad de Parkinson, demencia por enfermedad de Parkinson y demencia con cuerpos de Lewy presentan una reducción de la dopamina química en los ganglios basales del cerebro, lo que generalmente produce rigidez y lentitud de movimientos, temblores y deterioro de la memoria procedimental. Por lo tanto, estas personas experimentan dificultades para aprender nuevas habilidades, hábitos y rutinas.

La función del lóbulo frontal también se ve afectada cuando hay una pérdida de dopamina en los ganglios basales, por lo que los individuos con estos trastornos pueden manifestar problemas de memoria similares a los del deterioro cognitivo vascular.

Afasia primaria progresiva y demencia semántica

Las personas con afasia primaria progresiva tienen problemas con el lenguaje que interfieren en su funcionamiento diario. Este trastorno tiene distintas variantes, y en todas ellas destaca la dificultad para acceder a palabras de la memoria semántica. Los individuos con la variante *logopénica* experimentan dificultades para recuperar palabras comunes y corrientes como hamaca, jarrón o manta. Los individuos con la variante *no fluente/agramática* experimentan esas dificultades para encontrar palabras, además de un habla entrecortada y esforzada en la que también faltan otras palabras. Como se explica en el capítulo 5, las personas con la variante *semántica* no solo experimentan problemas para encontrar palabras, sino que también pueden perder el significado de algunas palabras, de modo que, dada una palabra concreta (como *jarrón*), pueden o no ser capaces de describir su significado. Por último, las personas con *demencia semántica* no solo pierden el significado de algunas palabras concretas, sino que también pierden el significado de los objetos en sí, de modo que ya no pueden utilizarlos, como si hubieran crecido en una cultura en la que no hubiera hamacas ni jarrones.

¿BUSCAS MÁS INFORMACIÓN?

¿Quieres saber más sobre estos temas? Andrew y su colega Maureen K. O'Connor han escrito dos libros enteros sobre la pérdida de memoria en el envejecimiento normal, la enfermedad de Alzheimer y la demencia. Para las personas con problemas leves de memoria, recomendamos *Seven Steps to Managing Your Aging Memory: What's Normal, What's Not, and What to Do About It.*[2] Para las personas que cuidan de sus seres queridos con demencia en las fases moderada o grave, recomendamos *Six Steps to Managing Alzheimer's Disease and Dementia: A Guide for Families.*[3]

Por último, ¿qué hay de nuestra contable de ochenta y dos años presentada al principio del capítulo? Aunque no podemos decir que esté envejeciendo con normalidad sin una evaluación adecuada, los problemas que compartió con nosotros no son preocupantes. Es normal entrar en una habitación, distraerse con otra cosa y olvidar la razón por la que se está allí. Como se ha mencionado anteriormente en este capítulo, es habitual que los adultos mayores sanos tengan dificultades para recordar los nombres de las personas. Y si hace varias cosas a la vez mientras conduce, es muy posible que acabe en el lugar equivocado y no recuerde cómo ha llegado hasta allí, porque no está prestando suficiente atención.

CAMBIOS EN LA MEMORIA CAUSADOS POR EL ENVEJECIMIENTO Y TRASTORNOS CEREBRALES COMUNES EN LA VEJEZ

Repasemos las transformaciones más comunes que sufre la memoria con la edad, tanto en la salud como en la enfermedad:

- Envejecimiento normal:
  - Se necesita más esfuerzo para introducir la información en la memoria.
  - Se necesita más tiempo y esfuerzo para recuperar los recuerdos.
  - Los recuerdos falsos son más frecuentes.
  - Es frecuente tener problemas para recuperar nombres de personas, lugares, libros y películas.
  - Recordar solo los elementos esenciales puede conducir a la sabiduría.
- Terminología de los trastornos de la memoria:
  - *Demencia* significa que existe un deterioro cognitivo lo suficientemente grave como para interferir en las funciones cotidianas.
  - *El deterioro cognitivo leve* se produce cuando los problemas cognitivos son perceptibles, están presentes en las pruebas, pero son lo suficientemente leves como para que se conserven las funciones cotidianas.
  - *El deterioro cognitivo subjetivo* se utiliza cuando las personas están preocupadas por su cognición pero obtienen puntuaciones normales en las pruebas de pensamiento y memoria y funcionan también con normalidad.
- Enfermedad de Alzheimer:
  - Es frecuente el *olvido rápido de* información.
  - *Los falsos recuerdos* son frecuentes.

— *Las dificultades para encontrar palabras* suelen presentarse incluso con sustantivos corrientes.

- Deterioro cognitivo vascular y demencia vascular.
  — Los procesos de pensamiento y memoria se ralentizan.
  — Se necesita más esfuerzo para introducir la información en la memoria.
  — Se necesita más esfuerzo para recuperar recuerdos.

14
¿QUÉ MÁS PUEDE FALLAR EN LA MEMORIA?

Un hombre de treinta y dos años es trasladado por su novia al hospital debido a su estado de confusión. Anteriormente sano, aparte de migrañas ocasionales, su novia informó de que él no dejaba de preguntarle «¿qué está pasando?, ¿qué estamos haciendo?» cada cinco minutos, a pesar de que ella se lo explicaba todo repetidamente. Cuando se le preguntó qué estaba haciendo él antes de entrar en este estado, ella miró al suelo y luego, algo avergonzada, explicó que habían mantenido una larga sesión de sexo justo antes de que se iniciara el episodio. Al examinarlo, aunque su memoria de trabajo era normal y por tanto podía retener información en la mente, si se distraía unos segundos, olvidaba todo lo relacionado con su visita al hospital, como, por ejemplo, haber conocido al médico minutos antes. Tampoco recordaba la sesión de sexo con su novia ni nada de lo que había ocurrido ese día.

A este hombre de treinta y dos años, ¿qué le sucede? ¿Está teniendo un ataque? ¿Ha sufrido un derrame cerebral? ¿Tiene una reacción psicológica relacionada con su actividad sexual? ¿O tal vez se trata del efecto secundario de un medicamento para aumentar el placer?

Para determinar lo que le ocurrió a este joven, nos ocuparemos ahora de algunos de los trastornos médicos, neurológicos y psiquiátricos más comunes que pueden causar dificultades de memoria en individuos de cualquier edad. Comenzaremos con una de las causas reversibles más comunes de los problemas de memoria: los efectos secundarios de la medicación. (Ten en cuenta que, a menos que se especifique lo contrario, en este capítulo el término *memoria* se refiere a la memoria episódica).

Efectos secundarios de los medicamentos

El desarrollo de los medicamentos modernos ha cambiado radicalmente nuestra capacidad para tratar muchos trastornos. Por desgracia, la mayoría de los medicamentos tienen efectos secundarios, a veces incluso sobre la memoria. En esta sección revisaremos las clases de medicamentos que pueden afectar a la memoria y explicaremos brevemente por qué tienen esos efectos secundarios. El Apéndice contiene muchos más medicamentos; ojéalo para ver si alguno de tus medicamentos podría estar afectando a tu memoria.

Ten en cuenta que es importante consultar al médico antes de suspender o cambiar la dosis de cualquier medicamento. A menudo, los beneficios del uso principal previsto del medicamento superan a los efectos secundarios. Aunque los efectos secundarios de muchos medicamentos pueden reducirse drásticamente disminuyendo la dosis, algunos medicamentos deben reducirse lentamente o pueden producirse complicaciones graves, como convulsiones.

¿Por qué afectan los medicamentos a la memoria?

Los medicamentos que afectan a la memoria lo hacen alterando los sistemas de mensajería química del cerebro. Podemos imaginar estos sistemas de mensajería como juegos de cerraduras y llaves: una sustancia química concreta sirve como llave que puede desbloquear la función de una célula cerebral vecina, siempre que esa célula tenga un tipo de cerradura que la llave pueda abrir. En estos casos, la llave química se denomina *neurotransmisor*, y la cerradura, *receptor*. Normalmente, para cada neurotransmisor existen varios tipos (y subtipos) de receptores, que a veces necesitan cantidades diferentes del neurotransmisor para poder abrirse. Estos receptores suelen estar distribuidos por muchas partes del cerebro y, a veces, también existen en otras partes del cuerpo. Normalmente, se receta un medicamento por sus efectos en una parte específica del cerebro o del cuerpo, o por sus efectos en un tipo concreto de receptor. Pero a veces, el medicamento no solo afecta a las partes deseadas del cerebro o del cuerpo o a los tipos de receptores deseados, sino también a otras regiones cerebrales y tipos de receptores. En algunos de estos últimos casos, esta «acción fuera del objetivo» puede hacer que los medicamentos afecten a la memoria. A continuación se describen brevemente los sistemas neurotransmisores que con mayor probabilidad están implicados cuando los medicamentos causan alteraciones de la memoria, y se esbozan algunas de las razones más comunes por las que se prescriben medicamentos que afectan a esos sistemas.

EL SISTEMA COLINÉRGICO

La acetilcolina es una molécula que actúa como neurotransmisor; las neuronas que producen acetilcolina se encuentran por todo el cerebro, y existen dos tipos principales de cierres (receptores) a los que puede unirse. Uno de estos tipos de receptores se encuentra en gran número en las células del hipocampo y en las células que se comunican con el hipocampo. Dado el papel fundamental que desempeña el hipocampo en la memoria, no es de extrañar que los medicamentos que alteran estas cerraduras y llaves colinérgicas tiendan a deteriorar la memoria. Los dos tipos más comunes de medicamentos que afectan a la memoria a través de acciones sobre el sistema colinérgico son los antidepresivos anticolinérgicos y los medicamentos para el mareo y la incontinencia.

Medicamentos anticolinérgicos: antidepresivos más antiguos y tratamientos para el mareo y la incontinencia

La mayoría de los antidepresivos que se recetan actualmente son seguros y tienen pocos efectos secundarios. Los que sí causan problemas de memoria son los anticolinérgicos. Como indica el prefijo *anti-*, esta categoría de antidepresivos actúa alterando el sistema colinérgico. Esta alteración puede ser útil para tratar los síntomas de la depresión, pero también puede causar alteraciones de la memoria; en ocasiones, estos medicamentos también pueden provocar somnolencia y confusión. Los medicamentos anticolinérgicos también se prescriben a menudo para el tratamiento del mareo y el vértigo. El uso a corto plazo de estos medicamentos para aliviar los síntomas, como los causados por una infección del oído interno o por estar en un barco, suele ser adecuado. Pero tomar estos medicamentos durante más de uno o dos días puede provocar alteraciones de la memoria. Dado que la acetilcolina también actúa activando los músculos, muchos de los medicamentos que tratan la incontinencia de vejiga o los espasmos musculares son anticolinérgicos y pueden tener efectos secundarios sobre la memoria. La incontinencia de vejiga que provoca accidentes urinarios es un problema grave que puede dificultar la vida social de las personas, y si padeces incontinencia y estás tomando un medicamento que funciona para detener o disminuir en gran medida los accidentes, te recomendamos que sigas tomándolo. Sin embargo, muchas personas toman medicamentos para la incontinencia sin que se produzca una reducción notable de los accidentes. Si este es el caso, te recomendamos hablar con el médico para ver si se puede reducir, eliminar o sustituir por otro que funcione igual o mejor con menos efectos secundarios.

El sistema de la histamina

La histamina, al igual que otros neurotransmisores, actúa como una llave en nuestra analogía de la cerradura y la llave, pero las cerraduras que abre a menudo sirven para modular otros sistemas de neurotransmisores. Se podría imaginar que la histamina no solo abre algunas de sus propias cerraduras, sino que también abre parcialmente otras cerraduras, de modo que sean más fáciles de abrir para las llaves de otros neurotransmisores. Esto puede llevar a la histamina a tener efectos generalizados en todo el cerebro, y algunas investigaciones enmarcan el papel de la histamina como un regulador de los niveles generales de actividad cerebral.[1] La histamina también tiene un papel específico en la memoria, con una alta densidad de sus receptores en el hipocampo y la amígdala.[2]

Antihistamínicos para las alergias, los síntomas
del resfriado y la gripe, los somníferos y el vértigo

Dado el papel de la histamina en la regulación de los niveles generales de actividad cerebral, quizá no sorprenda que los medicamentos antihistamínicos, que actúan bloqueando la acción de la histamina, provoquen a menudo somnolencia y confusión. La somnolencia puede afectar a la memoria al reducir la atención. Los antihistamínicos también pueden afectar a la memoria de forma más directa, probablemente a través de sus efectos en el hipocampo y las estructuras vecinas del lóbulo temporal medio. Muchos antialérgicos antiguos, así como los remedios comunes para el resfriado y la gripe, los analgésicos nocturnos y los somníferos de venta libre son antihistamínicos. Los antihistamínicos también suelen recetarse para el mareo y para reducir el vértigo.

El sistema dopaminérgico y los antipsicóticos

La dopamina es otro neurotransmisor esencial para el funcionamiento de vías neuronales importantes para el comportamiento motor, así como para el procesamiento de recompensas y la toma de decisiones. De hecho, la dopamina es fundamental para el correcto funcionamiento tanto del córtex prefrontal como del hipocampo. Los problemas surgen cuando hay muy poca dopamina en el cerebro, lo que provoca enfermedades como el Parkinson, y también cuando hay demasiada: se cree que un sistema dopaminérgico hiperactivo es la causa de las alucinaciones y delirios que se experimentan durante la psicosis. Por ello, para tratar este último tipo de síntomas, muchos antipsicóticos —especialmente los antiguos, los llamados antipsicóticos típicos— trabajan para reducir la transmisión de dopamina. Aunque estos antipsicóticos se desarrollaron para tratar a adultos con esquizofrenia o manía, a menudo se recetan a individuos con demencia con comportamientos difíciles. Debido a que estos medicamentos alteran el sistema dopaminérgico, el deterioro de la memoria en individuos de cualquier edad es común con estos medicamentos. Ten en cuenta que los nuevos antipsicóticos «atípicos» suelen actuar a través de otros sistemas de neurotransmisores y es menos probable que afecten a la memoria.

EL ÁCIDO GAMMA-AMINOBUTÍRICO (GABA)
Y LAS BENZODIACEPINAS

El GABA es un aminoácido, uno de los componentes básicos de las proteínas. También es uno de los neurotransmisores más ampliamente distribuidos en el cerebro. En el sistema nervioso, actúa como neurotransmisor inhibidor, por lo que, en lugar de aumentar la actividad de las células con las que se comunica, la disminuye. La disminución de la acción del GABA se ha asociado con la ansiedad y otros trastornos psiquiátricos. Por lo tanto, a diferencia de los medicamentos de los que hemos hablado anteriormente, que actúan reduciendo la acción de los sistemas neurotransmisores, el objetivo de los medicamentos GABA es *aumentar* la acción del GABA en el cerebro. Desgraciadamente, cuando el GABA se eleva a los niveles necesarios para ser beneficioso para la ansiedad y las afecciones relacionadas, suele ser perjudicial para la memoria. Así, las benzodiacepinas —una clase de medicamentos que aumentan la acción del GABA y se utilizan a menudo para tratar la ansiedad— casi siempre provocan alteraciones de la memoria, somnolencia y confusión. De hecho, cuando los médicos realizan ciertas intervenciones que no quieren que recuerdes (como una colonoscopia), esta es la clase de medicación que te administran. Ten en cuenta que cualquier reducción o suspensión de estos medicamentos debe hacerse siempre bajo la supervisión de tu médico; pueden producirse convulsiones si se retiran bruscamente.

OTROS MEDICAMENTOS CON EFECTOS
SECUNDARIOS EN LA MEMORIA

En el Apéndice se enumeran muchos más medicamentos que pueden afectar a la memoria. Entre ellos se incluyen los anticonvulsivos, los medicamentos para el temblor, los somníferos, los narcóticos utilizados para aliviar el dolor y algunos fármacos para tratar las migrañas.

Ten en cuenta que los remedios naturales no son más que otro tipo de medicamento con sus propios efectos secundarios; no son intrínsecamente más seguros por el hecho de estar elaborados con plantas. Los medicamentos a base de plantas pueden influir en múltiples sistemas neurotransmisores. Muchos provocan alteraciones de la memoria y algunos también nerviosismo, fatiga, mareos o confusión.

Respecto a los medicamentos que ayudan a dormir, sabemos que el sueño es de vital importancia para la memoria por una serie de razones (que repasamos en el capítulo 20) y, por tanto, puede parecer sensato tomar medicamentos para conciliar el sueño. Sin embargo, el problema es que la gran mayoría de los somníferos no ayudan a conciliar un sueño reparador, sino que actúan más bien como sedantes, privándote de muchos de los beneficios de un sueño saludable. Por lo general, se trata de antihistamínicos, benzodiacepinas o sustancias similares a las benzodiacepinas, que pueden dañar la memoria. Si tienes que utilizar medicinas para poder dormir, la melatonina y el paracetamol son las dos mejores opciones. En el capítulo 20 recomendamos tratamientos no farmacológicos para los problemas del sueño.

REGULACIÓN DE LA MEMORIA CON VITAMINAS Y HORMONAS

Existen diversos trastornos médicos que pueden afectar a la memoria. Dos de los más comunes son las deficiencias vitamínicas y los trastornos tiroideos, por lo que todas las personas con problemas de memoria deben asegurarse de no padecer un trastorno relacionado con las vitaminas o la tiroides.

Las deficiencias vitamínicas pueden afectar a la memoria

Los niveles bajos de vitamina B_{12} (cianocobalamina) pueden causar diversos problemas médicos, entre ellos alteraciones de la memoria y el pensamiento. Si has notado problemas de memoria o de pensamiento, te recomendamos que revises tus niveles de B_{12}. Ten en cuenta que, aunque a veces la deficiencia de B_{12} se debe a que no obtienes suficiente vitamina de la dieta, lo más frecuente es que se deba a problemas de absorción de la vitamina. Por eso, aunque estés tomando suplementos de vitamina B_{12}, es importante que compruebes los niveles. Aunque el cuerpo puede producir vitamina D cuando la piel se expone a la luz solar, muchas personas tienen deficiencia de esta vitamina. No se ha demostrado que esta carencia provoque pérdida de memoria, pero se ha encontrado una fuerte correlación entre los niveles bajos de vitamina D y la demencia. Por ello, te recomendamos que compruebes tus niveles de vitamina D o que preguntes a tu médico si tomar diariamente la dosis estándar de 2000 UI de vitamina D_3 (colecalciferol) sería adecuado para ti.

La carencia de tiamina (vitamina B_1) puede causar una forma de pérdida de memoria y confusión potencialmente reversible denominada encefalopatía de Wernicke, así como una pérdida de memoria devastadora y permanente denominada síndrome de Korsakoff (o amnesia de Korsakoff). En los países desarrollados, la carencia de tiamina y estos trastornos suelen asociarse al alcoholismo. Sin embargo, en otras partes del mundo puede estar asociada a una nutrición deficiente. Las píldoras de tiamina pueden adquirirse sin receta médica, y entre los alimentos ricos en tiamina se encuentran los cereales integrales, las legumbres, la carne de cerdo, la fruta y la levadura.

Los trastornos tiroideos pueden afectar a la memoria

Los niveles anormales de hormona tiroidea en el organismo pueden provocar alteraciones de la memoria, así como dificultades de concentración, irritabilidad, inestabilidad del estado de ánimo, inquietud y confusión. Se puede detectar con un simple análisis de sangre, por lo que debes consultar a tu médico si tienes problemas de memoria.

Cambios hormonales durante la menopausia

Muchas mujeres de mediana edad notan un cambio en su memoria aproximadamente en el momento en que empiezan a atravesar la menopausia. Sin embargo, la literatura científica no aclara si los cambios menopáusicos en los estrógenos y la progesterona son la causa de los cambios en la memoria, o si se trata de un efecto relacionado con el envejecimiento que no está específicamente unido a esos cambios hormonales; muchas personas (incluidos los hombres) experimentan cambios en la memoria en la mediana edad. Lo que está claro es que la terapia hormonal sustitutiva en mujeres posmenopáusicas no ayuda a la memoria ni reduce el riesgo de problemas de memoria en el futuro.

El estrés corporal, las infecciones y las enfermedades afectan a la memoria

Hay muchas razones por las que, cuando algo va mal en el organismo, puede tener consecuencias para la memoria. A veces, los efectos son indirectos: por ejemplo, el cuerpo puede liberar hormonas del estrés cuando se lesiona o lucha contra una infección, y esas hormonas pueden desencadenar una cascada de procesos que tienen consecuencias para la función de la memoria. Otras veces, los problemas del organismo pueden tener efectos más directos en el cerebro. Aunque existe una barrera hematoencefálica protectora —que actúa como un muro de defensa para impedir que los patógenos (como virus y bacterias) que pueden infectar el resto del cuerpo entren en el cerebro—, la barrera es imperfecta y, a veces, los patógenos atraviesan el cerebro y provocan una inflamación que puede afectar al pensamiento y la memoria. La conclusión es que las funciones cerebrales están influidas por lo que ocurra en el resto del cuerpo.

Enfermedad de Lyme y otras infecciones crónicas

Hay muchas infecciones crónicas que pueden causar problemas de memoria y pensamiento, entre ellas enfermedades transmitidas por garrapatas como la enfermedad de Lyme y la fiebre maculosa de las Montañas Rocosas. Si vives en una zona donde estas u otras enfermedades son frecuentes y pasas tiempo al aire libre en el bosque o te has encontrado una garrapata, deberías hablar con tu médico para que te haga una prueba de detección de alguna de estas enfermedades tratables.

Estas enfermedades transmitidas por garrapatas son solo dos de las muchas enfermedades infecciosas tratables que pueden interferir con la memoria. Si tienes algún síntoma de infección, como fiebre, tos, sudores nocturnos, escalofríos o dolores musculares, debes acudir al médico de inmediato para averiguar si padeces una infección tratable (¡y no solo por sus efectos en la memoria!). Por último, si crees que es posible que hayas contraído una enfermedad de transmisión sexual, asegúrate de mencionárselo a tu médico lo antes posible. Dos enfermedades de transmisión sexual, la sífilis y el sida pueden notarse primero por dificultades de pensamiento y memoria. Ambos trastornos pueden dañar el cerebro directamente o, en el caso del sida, provocar otras infecciones llamadas oportunistas en el cerebro.

Encefalitis

La encefalitis consiste en una inflamación del cerebro, generalmente causada por una infección del propio tejido cerebral. La causa más común de encefalitis es el virus del herpes simple, el mismo que causa el herpes labial en la boca. Por razones que no comprendemos del todo, en casos raros, el virus viaja a través de los nervios de la boca o la nariz hasta sus orígenes en los lóbulos temporales y comienza a atacar el cerebro. Dado que en el interior del lóbulo temporal se encuentra el hipocampo y en la parte inferior, externa, la memoria semántica, este tipo de encefalitis puede producir un deterioro devastador tanto de la memoria episódica como de la semántica.

Enfermedad de la COVID-19

¿Has oído nombrar el término *niebla cerebral* en relación con la infección de la COVID-19? No se trata de un término médico o científico, sino de un término utilizado por las personas para describir cómo se sienten cuando su pensamiento es lento, confuso y no agudo. Las infecciones por COVID-19 pueden causar niebla cerebral al dañar el cerebro de varias maneras, cada una de las cuales puede provocar alteraciones de la memoria y el pensamiento. En primer lugar, puede infectar el cerebro directamente, causando encefalitis (inflamación del cerebro). En segundo lugar, es un factor de riesgo de accidentes cerebrovasculares. En tercer lugar, dado que con frecuencia infecta los pulmones, la COVID-19 puede privar al cerebro de oxígeno. Además de estos gravísimos problemas, muchos individuos que se creían totalmente recuperados de la infección por COVID-19 presentan un deterioro persistente de la memoria de trabajo,[3] lo que conlleva también dificultades para recordar nueva información episódica y semántica. Por último, un grupo de médicos alemanes y estadounidenses ha especulado con la posibilidad de que la combinación de la infección directa por el virus, la inflamación sistémica, el mayor riesgo de accidentes cerebrovasculares y los daños en los pulmones y otros órganos corporales sitúen a los supervivientes de la COVID-19 en una situación de mayor riesgo de padecer la enfermedad de Alzheimer en el futuro.[4] Es demasiado pronto para saber si esta especulación es correcta, pero esperamos que no.

Diabetes

La diabetes puede provocar alteraciones de la memoria de varias formas diferentes. En primer lugar, la diabetes es un factor de riesgo de accidentes cerebrovasculares, y estos pueden causar problemas de memoria, como se describe más adelante en este capítulo. En segundo lugar, cuando los niveles de azúcar en sangre suben demasiado o bajan demasiado, puede haber periodos de pérdida de memoria y confusión. Por último, el hipocampo y otras partes del cerebro pueden sufrir daños permanentes si el control de la diabetes es demasiado estricto y las concentraciones de azúcar en sangre descienden repetidamente a niveles peligrosamente bajos.

Hospitalizaciones, cirugías mayores y anestesia

Muchas personas pueden sentirse confusas y delirar y experimentar problemas de memoria cuando son hospitalizadas por cualquier problema médico grave o una intervención quirúrgica importante, como una infección potencialmente mortal o una operación de cadera. A veces, los problemas de memoria están relacionados con los potentes medicamentos que se administran en ese momento, como se ha descrito anteriormente en este capítulo y verás en el Apéndice. Otras veces, están relacionados con los efectos del estrés al que está sometido el organismo y las cascadas hormonales desencadenadas por esas respuestas al estrés. A medida que la persona se recupera y desaparecen los efectos de los medicamentos, la memoria debería volver a la normalidad.

A veces, la confusión y los problemas de memoria están relacionados con la anestesia, lo que suscita una pregunta bastante frecuente: ¿causa la anestesia general alteraciones duraderas de la memoria o demencia? Nuestra revisión de la literatura médica disponible sugiere que la anestesia general, administrada correctamente, no causa deterioro permanente de la memoria ni demencia. Sin embargo, puede causar delirio (confusión), haciendo que la hospitalización sea prolongada y desagradable. También puede poner de manifiesto síntomas de pérdida de memoria en un individuo cuando estos síntomas aún no eran evidentes en la vida cotidiana. Por estas dos últimas razones, generalmente recomendamos que se utilice anestesia local o raquídea siempre que el cirujano y el anestesista consideren que es seguro hacerlo. Sin embargo, si existe alguna duda acerca de que el individuo pueda moverse durante una intervención quirúrgica delicada, la anestesia general será el método más seguro.

Insuficiencia orgánica

No es de extrañar que, para que el cerebro funcione correctamente, todos los demás órganos también deban hacerlo. Por lo tanto, si sufres problemas graves en el hígado, los riñones, el corazón o los pulmones, el cerebro no podrá funcionar correctamente y es probable que se produzcan alteraciones de la memoria. Si los órganos corporales se recuperan, el cerebro y la memoria volverán a funcionar con normalidad en la mayoría de los casos.

TRASTORNOS NEUROLÓGICOS

En este apartado describiremos algunos de los trastornos cerebrales más comunes que causan problemas de memoria. En el capítulo 13 ya se han presentado la demencia, el deterioro cognitivo leve, el deterioro cognitivo subjetivo, la enfermedad de Alzheimer, el deterioro cognitivo vascular, la demencia vascular, la demencia frontotemporal, la hidrocefalia de presión normal, la enfermedad de Parkinson, la demencia de la enfermedad de Parkinson, la demencia con cuerpos de Lewy, la afasia primaria progresiva y la demencia semántica, así como los problemas de memoria asociados a cada uno de ellos.

Tumores cerebrales

Los tumores cerebrales suelen causar problemas de memoria de tres formas distintas. En primer lugar, algunos tumores invaden y destruyen directamente uno de los centros de memoria del cerebro, como el hipocampo (para la memoria episódica), el cerebelo (para la memoria procedimental) o sus conexiones. En segundo lugar, algunos tumores, como los que se encuentran en una estructura cerebral situada encima de la nariz llamada *hipófisis*, pueden alterar la hormona tiroidea u otras sustancias químicas cerebrales importantes para la memoria. En tercer lugar, al crecer dentro del espacio reducido del cráneo, muchos tumores —incluso los benignos que no son cancerosos— comprimen uno de los centros de memoria del cerebro o sus conexiones. Dado que los tumores pueden provocar pérdidas de memoria, su detección mediante escáner cerebral forma parte de la evaluación estándar de las alteraciones de la memoria.

Epilepsia y crisis epilépticas

La epilepsia y las convulsiones pueden alterar la memoria de dos formas distintas. En primer lugar, aunque la mayoría de las crisis implican pérdida total de conciencia, sacudidas rítmicas de brazos y piernas e incontinencia urinaria, algunas crisis son sutiles y solo se manifiestan con una ligera alteración de la conciencia. Estas *crisis de alteración focal de la conciencia* (anteriormente denominadas *crisis parciales complejas* o *petit mal*) suelen ser difíciles de detectar. No obstante, cuando están presentes, suelen interferir con la capacidad del cerebro para codificar o almacenar nuevos recuerdos. Estas crisis focales deben tenerse en cuenta cuando los problemas de memoria aparecen de forma intermitente. El escenario típico es que adviertas episodios bastante profundos de pérdida de memoria en un ser querido, pero, cuando se somete a pruebas de memoria extensas como parte de una evaluación neuropsicológica, su memoria aparenta ser completamente normal. Si esto ocurre, puede ser útil obtener un electroencefalograma (EEG).

En segundo lugar, algunas personas con epilepsia crónica pueden sufrir de forma intermitente crisis prolongadas que duran más de unos minutos. Si estas crisis prolongadas son difíciles de detener, a veces se denominan *estado epiléptico*. Estas crisis prolongadas pueden dañar el hipocampo de forma permanente, provocando una cicatrización del hipocampo denominada *esclerosis hipocampal*. No es de extrañar que las personas con esclerosis del hipocampo presenten en general alteraciones de la memoria episódica.

Esclerosis múltiple

La esclerosis múltiple es una enfermedad autoinmune que afecta a partes de la sustancia blanca, el cableado del cerebro. Dado que la mayor parte de la sustancia blanca del cerebro se dirige a los lóbulos frontales o procede de ellos, la función del lóbulo frontal es la más afectada. Esto provoca dificultades similares a las del deterioro cognitivo vascular. La capacidad de la memoria de trabajo disminuye y se reduce la capacidad de adquirir nueva información y recuperar información previamente aprendida de la memoria episódica. Consulta la sección sobre deterioro cognitivo vascular del capítulo 13 para obtener más información sobre los tipos de dificultades de memoria que se observan con los daños en la sustancia blanca del cerebro.

Derrames cerebrales y hemorragias

La mayoría de los accidentes cerebrovasculares se producen cuando una arteria que envía sangre del corazón al cerebro se obstruye por un coágulo y una parte del cerebro no recibe suficiente sangre y muere. También puede haber ictus hemorrágicos cuando una arteria cerebral se rompe y la sangre se acumula de repente en el interior del cerebro. Por último, hay dos tipos de hemorragias entre el cerebro y el cráneo, llamadas *hematomas subdural* y *epidural*. Todos estos accidentes cerebrovasculares y hemorragias pueden causar problemas de memoria, normalmente debido a uno de estos tres mecanismos.

En primer lugar, el ictus o la hemorragia pueden dañar directamente uno de los centros de la memoria, como el hipocampo o sus conexiones. En segundo lugar, el ictus o la hemorragia pueden ejercer presión sobre uno de los centros de memoria o sus conexiones. En tercer lugar, la acumulación de ictus puede causar deterioro cognitivo vascular o demencia vascular, como se describe en el capítulo 13.

Los derrames cerebrales y las hemorragias pueden causar distintos tipos de problemas de memoria dependiendo de dónde se produzca el daño. Si el ictus daña el hipocampo o sus conexiones, normalmente se observarán problemas de memoria episódica. Si el daño se produce en la parte inferior y externa del lóbulo temporal, pueden observarse problemas de memoria semántica. Y si el daño se produce en los ganglios basales o el cerebelo, suelen observarse problemas de memoria procedimental.

Los ictus, ya sean de coagulación o hemorrágicos, se producen de repente y son perceptibles si son lo bastante grandes como para causar problemas de memoria. En cambio, aunque los hematomas subdurales suelen iniciarse tras una caída, pueden crecer lentamente a lo largo de días o semanas y solo entonces adquieren el tamaño suficiente para causar problemas de memoria. La conclusión es que, si experimentas una pérdida de memoria repentina o en los días o semanas posteriores a una caída, debes llamar al médico inmediatamente, ya que puede haberse producido un ictus o una hemorragia.

Daño cerebral traumático, conmociones cerebrales y encefalopatía traumática crónica

Una lesión cerebral traumática se produce cuando hay una lesión en el cerebro causada por una fuerza externa. Cuando las lesiones cerebrales traumáticas son moderadas o graves, se ven afectados muchos tipos de memoria, dependiendo de las partes del cerebro lesionadas. Por ejemplo, una lesión en el cerebelo afectará a la memoria procedimental, mientras que una lesión en el lóbulo temporal izquierdo afectará a la memoria episódica y semántica.

Una conmoción cerebral es una lesión cerebral traumática leve que afecta temporalmente al funcionamiento del cerebro. La pérdida de memoria en el momento de la lesión es uno de los síntomas más comunes de la conmoción cerebral, y la duración de la amnesia se ha utilizado incluso como uno de los criterios para definir la gravedad de la conmoción cerebral. Las personas que se recuperan de una conmoción cerebral suelen tener dificultades para concentrarse, lo que afecta a su memoria de trabajo, así como a su capacidad para adquirir nueva información y recuperar información previamente aprendida de la memoria episódica.

Las personas que sufren repetidamente impactos leves en la cabeza —no solo dos o tres, sino cientos o miles, cumplan o no los criterios de conmoción cerebral— corren el riesgo de desarrollar más adelante una enfermedad degenerativa progresiva conocida como encefalopatía traumática crónica. Las personas que fueron boxeadores, jugadores de fútbol americano o veteranos militares expuestos a lesiones por explosiones son algunas de las que corren el riesgo de padecer encefalopatía traumática crónica, al igual que las que han sufrido violencia de género. Aunque esta enfermedad suele comenzar en regiones microscópicas de los lóbulos frontales, en la fase media de la enfermedad se extiende al hipocampo. Por este motivo, las personas con encefalopatía traumática crónica suelen experimentar primero problemas de concentración, que afectan a su memoria de trabajo. A medida que la enfermedad avanza, sus capacidades de memoria episódica pueden quedar devastadas, y pueden acabar con un rendimiento de memoria similar al de los individuos con enfermedad de Alzheimer.

Amnesia global transitoria

La amnesia global transitoria es un trastorno neurológico inusual en el que las personas desarrollan una incapacidad repentina para formar nuevos recuerdos junto con la pérdida de algunas horas o días de recuerdos anteriores. Se hacen repetidamente preguntas como «¿dónde estoy?, ¿qué está pasando?». Aproximadamente cinco minutos después de darles una respuesta, vuelven a repetir invariablemente las mismas preguntas. Tras descartar otras causas de pérdida repentina de memoria, como accidentes cerebrovasculares, convulsiones, problemas de química sanguínea y casi todo lo expuesto en este capítulo, podemos tranquilizar a la persona y a su familia diciéndoles que este tipo de pérdida de memoria suele ser temporal y que es probable que recupere la memoria en veinticuatro horas (excepto el tiempo en el que no pudo formar ningún recuerdo nuevo). Aunque nadie sabe con certeza cuál es la causa de la amnesia global transitoria, esta es más frecuente en las personas que padecen migrañas y suele precipitarse por los mismos factores que las desencadenan.

Trastornos psiquiátricos

En este apartado describiremos los problemas de memoria que pueden observarse en algunos trastornos psiquiátricos comunes, junto con un tratamiento psiquiátrico, la terapia electroconvulsiva (TEC).

Ansiedad

Hemos hablado de la ansiedad y el estrés en varias partes de este libro (véanse los capítulos 3, 7 y 9) porque pueden afectar a varios tipos de memoria de distintas maneras. En primer lugar, cuando estás ansioso o estresado, es posible que pienses y te preocupes por aquello que te produce ansiedad o estrés. Estos pensamientos recurrentes —y a menudo intrusivos— disminuirán tu capacidad para centrarte en lo que deseas, lo que afectará a tu capacidad de memoria de trabajo para retener información y a tu capacidad de memoria episódica para aprender nueva información y recuperar información aprendida previamente. En segundo lugar, la ansiedad y el estrés provocan la liberación de hormonas en el torrente sanguíneo, como la adrenalina, que desencadenan la respuesta de «lucha o huida». Esta respuesta obliga a tu cerebro a prestar atención a aquellas cosas de tu entorno que podrían representar una amenaza, aunque no tengan absolutamente nada que ver con tus objetivos actuales. Una vez más, tu atención se desvía de lo que estás intentando hacer con tu memoria de trabajo o episódica y se centra en lo que te produce ansiedad. Los niveles elevados de cortisol, la hormona del estrés, pueden ser perjudiciales para la función del hipocampo, lo que dificulta la recuperación de información de la memoria en el momento y, en casos de estrés y ansiedad crónicos, se relaciona con alteraciones más duraderas de la memoria (véase el capítulo 15). Por último, dado que la información debe entrar primero en la memoria episódica antes de generalizarse, consolidarse y formar parte de la memoria semántica a largo plazo, la ansiedad también altera la memoria semántica, lo que dificulta el aprendizaje de esa lista de palabras del vocabulario o de las vías biológicas.

Depresión

Al igual que la ansiedad, la depresión puede afectar a varios tipos de memoria de distintas maneras. Si te sientes triste, es posible que estés pensando en lo que te hace sufrir. Estos pensamientos tristes pueden hacer que te resulte difícil centrarte en lo que estás intentando aprender o recordar, perjudicando tu capacidad para mantener esa información en tu memoria de trabajo, aprenderla con tu memoria episódica o convertirla en parte de tu memoria semántica. Además, la depresión provoca cambios biológicos en la química y los circuitos cerebrales que pueden interferir en el correcto funcionamiento de los lóbulos frontales y el hipocampo, estructuras críticas para la memoria de trabajo, episódica y semántica.

Trastorno por déficit de atención con hiperactividad (TDAH)

El TDAH afecta a entre el 8 y el 12 % de los niños de todo el mundo,[5] lo que lo convierte en el trastorno psiquiátrico más frecuente que afecta a la memoria. El TDAH es un trastorno heterogéneo con muchas causas diferentes. Algunos investigadores y clínicos creen que el TDAH representa simplemente un extremo de un continuo de comportamiento humano normal, y que su sintomatología quizá sea un reflejo de las exigencias sociales de que los niños pequeños permanezcan sentados en un aula durante muchas horas al día. Sin embargo, en ciertos casos parece estar relacionado con un retraso en la madurez de los lóbulos frontales o sus conexiones, y en otros puede estar relacionado con un trastorno cerebral leve que afecta a los lóbulos frontales, sus conexiones o estructuras cerebrales relacionadas.

Independientemente de su causa y de si es normal o anormal, la mayoría de los individuos que cumplen los criterios diagnósticos del TDAH tienen una memoria de trabajo disminuida en comparación con sus compañeros de la misma edad. Esta disminución de la memoria de trabajo conduce a un deterioro de la capacidad para adquirir nueva información con la memoria episódica y, por lo tanto, a un deterioro de la capacidad para generalizar y consolidar esa nueva información en la memoria semántica. Por este motivo, los niños con TDAH tienen dificultades para aprender en la escuela, ya que gran parte del aprendizaje escolar implica la adquisición de nueva información semántica, como palabras de vocabulario, fechas, hechos, fórmulas, reglas, etc.

Enfermedad bipolar

Anteriormente conocido como trastorno maníaco-depresivo, las personas con enfermedad bipolar experimentan estados de ánimo alegres muy elevados que pueden llegar a la manía, así como estados de ánimo tristes y deprimidos. Ya hemos hablado de cómo la depresión puede afectar a la memoria, y la manía también. Aunque un estado de ánimo alegre y enérgico a menudo aumenta la memoria y la productividad —quizá nos permita memorizar nuestro diálogo para la obra de teatro en un tiempo récord—, cuando las personas son verdaderamente maníacas, tienen demasiada energía. Son hiperactivas, no pueden concentrarse y no pueden centrarse en actividades dirigidas a un objetivo. Por lo tanto, la memoria de trabajo, episódica y semántica se ven afectadas.

Esquizofrenia

Además de otros síntomas, los individuos con esquizofrenia experimentan alucinaciones (normalmente escuchan voces), delirios (como paranoia) y desorganización en el pensamiento y el comportamiento. No es sorprendente que la mayoría de estas personas presenten alteraciones de la memoria de trabajo y, por tanto, de la memoria episódica y semántica. El mecanismo exacto de estas alteraciones de la memoria es un área activa de investigación. De hecho, algunos investigadores creen que comprender la naturaleza de sus alteraciones de la memoria también proporcionará una mejor comprensión fundamental del propio trastorno.

No obstante, existe un consenso general en que parte de la alteración de la memoria se debe a la distracción por estímulos internos; es decir, es difícil prestar atención a lo que alguien te dice si, al mismo tiempo, estás oyendo voces en tu cabeza. Y si tu paranoia te hace pensar que todo el mundo te engaña, puedes estar tan preocupado intentando averiguar cómo alguien a quien acabas de conocer está tratando de engañarte que no prestas atención a su nombre.

Además, las investigaciones que utilizan imágenes de resonancia magnética funcional (IRMf) sugieren que los cerebros de las personas con esquizofrenia también presentan anomalías. Se observan activaciones reducidas en el córtex prefrontal, el hipocampo y las estructuras relacionadas en las personas con esquizofrenia en comparación con las personas sanas.[6] Dada la importancia del córtex prefrontal para la memoria de trabajo, tanto del córtex prefrontal como del hipocampo para la memoria episódica, y de la memoria episódica para la creación de nuevos recuerdos semánticos, no es sorprendente que las personas con esquizofrenia muestren alteraciones en la memoria de trabajo, episódica y semántica.

Terapia electroconvulsiva

Un tratamiento muy eficaz para la depresión grave que no responde a otras terapias es la TEC. El objetivo de este tratamiento es provocar una convulsión (utilizando al mismo tiempo un medicamento para prevenir las convulsiones del cuerpo). La TEC suele administrarse dos o tres veces por semana durante varias semanas. Como se ha mencionado anteriormente en este capítulo, las convulsiones provocan pérdida de memoria. Aunque se cree que la TEC, cuando se realiza correctamente, no causa daños permanentes en el cerebro, se observa con frecuencia un deterioro de la memoria autobiográfica, es decir, de los recuerdos que conforman nuestra vida. Por ejemplo, Malin Blomberg, Åsa Hammar y sus colegas de Bergen (Noruega) evaluaron el rendimiento de la memoria en individuos con depresión mayor que recibieron TEC en el hemisferio derecho (el procedimiento estándar). Descubrieron que, aunque el rendimiento en las pruebas neuropsicológicas estándar de la memoria no se veía alterado por la TEC, esta sí afectaba a la recuperación de la memoria autobiográfica seis meses después del tratamiento.[7] No obstante, la TEC funciona bien en el tratamiento de la depresión y otros trastornos, por lo que podría seguir siendo la mejor opción para ti o un ser querido.

Amnesia disociativa y trastorno de identidad disociativo

Ninguna discusión sobre la pérdida de memoria debida a trastornos psiquiátricos estaría completa sin una discusión de los trastornos psicológicos que pueden conducir a la amnesia. Aunque se trata de trastornos muy reales —las personas que los padecen no *fingen* en modo alguno su pérdida de memoria—, su causa suele deberse a un trauma psicológico y no a un cambio directo y conocido en la estructura o la bioquímica del cerebro, como ocurre con la amnesia provocada por una lesión cerebral o por medicación. Antes de entrar en más detalles a continuación, nos sentimos obligados a mencionar que la película típica en la que aparece cualquiera de estas dos afecciones no suele coincidir con los trastornos observados médicamente.

En *la amnesia disociativa* (un trastorno que ahora engloba los términos más antiguos de *amnesia psicógena* y *fuga disociativa*), los individuos experimentan una incapacidad para recordar información personal importante que no se perdería normalmente con el olvido ordinario, como describimos en el capítulo 8. Antes del diagnóstico, deben descartarse problemas cerebrales como accidentes cerebrovasculares, convulsiones y amnesia global transitoria. Una vez eliminadas estas y otras causas neurológicas, la causa más común es un acontecimiento traumático vivido o presenciado, como abusos físicos o sexuales, violación, combate, genocidio, desastres naturales o la muerte de un ser querido. Otras causas pueden ser un conflicto interno importante, como una tremenda culpa o remordimiento tras una conducta delictiva, o dificultades interpersonales aparentemente irresolubles. Por lo general, la amnesia es localizada o selectiva y se limita a la incapacidad de recordar acontecimientos concretos o una serie de acontecimientos. Por ejemplo, el individuo puede no recordar días de lucha en un combate intenso, o minutos presenciando un suceso horrible. Más raramente, la amnesia es generalizada, de forma que el individuo no puede recordar su identidad ni su historia vital. Además de olvidar acontecimientos, las personas con amnesia generalizada también pueden perder el acceso a habilidades y conocimientos bien aprendidos, mostrando así problemas en la memoria episódica, procedimental y semántica. A diferencia de otras causas de amnesia, la mayoría de los casos de amnesia disociativa se resuelven con relativa rapidez (a menudo en cuestión de días) y los recuerdos vuelven a ser accesibles.

En el *trastorno de identidad disociativo* (antes denominado *trastorno de personalidad múltiple*), los individuos presentan dos o más estados de personalidad. Generalmente se desarrolla en la infancia debido a abusos físicos, sexuales o emocionales graves y prolongados. Los recuerdos que se formaron en una identidad pueden o no ser accesibles para la otra identidad, de modo que, desde la perspectiva del individuo, su familia y sus médicos, puede haber lagunas en la memoria que son aparentemente inexplicables. A diferencia de la amnesia disociativa, en el trastorno de identidad disociativo los momentos y acontecimientos olvidados pueden ser ordinarios y no traumáticos.

Alcohol y drogas

¿Qué ocurre con el consumo, o abuso, del alcohol y de las drogas? Son causas tan importantes de pérdida de memoria que les dedicamos un capítulo entero (capítulo 19).

LAS CAUSAS DE LA PÉRDIDA DE MEMORIA SON MÚLTIPLES

Entonces, ¿has descubierto el problema de nuestro hombre de treinta y dos años descrito al principio del capítulo? ¿Ves que no encaja del todo con la amnesia disociativa, a pesar de producirse en un contexto de actividad sexual? Después de considerar todas las condiciones enumeradas a continuación, lo más probable es que este hombre estuviera experimentando amnesia global transitoria, una condición benigna asociada a las migrañas, como se ha descrito anteriormente en este capítulo.

- Efectos secundarios de los medicamentos (especialmente anticolinérgicos, antihistamínicos, antipsicóticos típicos y benzodiacepinas).

217

- Deficiencias vitamínicas (especialmente vitamina B_{12}, B_1 y D).
- Desajustes hormonales (incluidos los trastornos tiroideos).
- Estrés corporal, infecciones y enfermedades (como la enfermedad de Lyme, la COVID-19, la encefalitis, la diabetes, las intervenciones quirúrgicas importantes y la anestesia, los fallos orgánicos y la falta de sueño).
- Trastornos neurológicos (incluidos tumores cerebrales, epilepsia y convulsiones, esclerosis múltiple, accidentes cerebrovasculares, amnesia global transitoria y lesiones cerebrales traumáticas).
- Trastornos psiquiátricos (como ansiedad, depresión, TDAH, enfermedad bipolar, esquizofrenia, terapia electroconvulsiva, amnesia disociativa y consumo de alcohol o drogas).

* * *

Después de analizar los trastornos comunes que pueden provocar el olvido, estamos listos para considerar los trastornos que impiden olvidar con normalidad, como el trastorno de estrés postraumático.

15
TRASTORNO DE ESTRÉS POSTRAUMÁTICO
Cuando no se puede olvidar

En 2001, la psicóloga Margaret McKinnon se sentó junto a su marido en un vuelo nocturno de Air Transat de Toronto a Lisboa (Portugal). Los recién casados se encontraban a medio camino sobre el Atlántico cuando comenzó la ráfaga de anuncios. El piloto tenía dificultades. Los pasajeros debían equiparse con chalecos salvavidas y prepararse para amerizar en el océano. Durante treinta minutos, los pasajeros vieron cómo los sistemas del avión fallaban uno tras otro. Las tremendas turbulencias sacudían a los pasajeros y arrojaban sus pertenencias. La gente gritaba. Rezaba. Algunos se desmayaron. Y entonces, en el último momento, se vislumbró tierra y una pista de aterrizaje. El piloto había localizado una pequeña isla de las Azores con una base militar. Entre gritos de «¡agárrense, agárrense, agárrense!», el avión aterrizó con éxito. Todos sobrevivieron, la mayoría sin lesiones físicas graves.

S e trata de una historia real, con el final más feliz que nadie hubiera podido imaginar. Pero, con el tiempo, quedó claro que no era solo un final. Era también el capítulo inicial de una historia que se desarrollaría de forma diferente para cada pasajero. Con el tiempo, algunos sintieron que habían superado la angustiosa experiencia, dejándola en el pasado. Otros siguieron reviviendo el suceso —en sus pensamientos, recuerdos y pesadillas—, a la vez que modificaban su comportamiento para evitar recordarlo: todos estos son síntomas esenciales del trastorno de estrés postraumático (TEPT).

En este capítulo examinamos lo que ocurre con la memoria de las personas que sufren TEPT, para quienes las experiencias de hoy se ven perturbadas por el eco del trauma de ayer.

La cicatriz de la memoria

En *Principios de psicología*, de 1890, el psicólogo y filósofo William James escribió: «Una impresión puede ser tan excitante emocionalmente que casi deje una cicatriz en los tejidos cerebrales». *Cicatriz* es una palabra muy adecuada. Evoca el daño que un acontecimiento traumático puede causar en el futuro de las personas. En términos más generales, evoca la aparente permanencia de un recuerdo emocional, la sensación de que el suceso ha quedado grabado en nuestra mente para siempre. La curva del olvido es menos pronunciada para los recuerdos emocionales que para las experiencias más mundanas. Y aunque perdemos o distorsionamos algunos detalles de los recuerdos emocionales, al igual que ocurre con los recuerdos de experiencias mundanas, es probable que conservemos al menos lo esencial de lo ocurrido.

Recuerdos del trauma

El Dr. McKinnon, como científico psicológico, pronto se dio cuenta de que el vuelo de Air Transat ofrecía una oportunidad sin parangón para examinar la memoria de un suceso traumático y comparar los patrones de memoria de quienes padecían y de quienes no padecían TEPT. Las experiencias a bordo estaban bien documentadas: se registró el momento en el que se anunciaron los problemas, en el que se apagaron las luces de la cabina y en el que se desplegaron las máscaras de oxígeno. Todo el mundo en ese avión había experimentado esos acontecimientos exactamente en la misma secuencia. Pero ¿cómo recordaría cada pasajero los detalles del suceso?

McKinnon y sus colegas descubrieron que, incluso varios años después, los pasajeros recordaban vívidamente muchos detalles del suceso, muchos más que de otros acontecimientos ocurridos en el mismo periodo. Cuando observaron los patrones de actividad cerebral en un pequeño grupo de pasajeros, descubrieron que la amígdala —esa diminuta estructura cerebral en forma de almendra relacionada con las emociones— se activaba intensamente durante la recuperación de estos recuerdos negativos, junto con las regiones típicamente observadas en la recuperación de la memoria episódica.[1]

EL CONTROL DE LA NARRACIÓN

Esta capacidad de recordar vívidamente los detalles del suceso no distinguía a los individuos que sufrían TEPT de los que no, ni tampoco la exactitud de los recuerdos. Pero había algunos patrones de memoria intrigantemente diferentes. Cuando el Dr. McKinnon les pidió a los supervivientes que describieran lo sucedido en el vuelo, quienes habían desarrollado TEPT proporcionaron más comentarios sobre el suceso y hechos sobre su ocurrencia, y también tuvieron más repeticiones en sus recuerdos episódicos que los que no experimentaban TEPT. Era como si los que padecían TEPT no pudieran refrenar su memoria, proporcionando hechos y comentarios extraños en lugar de centrarse en la experiencia más directa del vuelo.

Las mismas características que hacían que este suceso fuera idóneo para estudiar la memoria del trauma también dificultaban saber si estos resultados se generalizarían a otras formas de trauma. Los pasajeros experimentaron un único acontecimiento traumático, con una amenaza de muerte que duró muchos minutos; lo vivieron colectivamente, a menudo con un ser querido sentado cerca; y los investigadores solo estudiaron a adultos. El Dr. McKinnon y sus colegas reconocieron que los patrones de memoria pueden diferir en el caso de traumas repetidos, de traumas sufridos en la infancia o de traumas de un solo acontecimiento de distinta duración o vividos en contextos sociales diferentes.

A pesar de estas advertencias, los resultados observados en estos pasajeros —al menos en un sentido amplio— coinciden con otras investigaciones que sugieren que el TEPT puede privar a los individuos de su control sobre la recuperación de la memoria. A veces, esta pérdida de control parece dar lugar a un recuerdo fragmentado: desorganizado o sin detalles de los peores momentos del trauma. La persona puede seguir siendo capaz de hacer un relato general de lo sucedido —quizá basándose en una narración que ha ensayado—, pero carece de control sobre la forma en que revive el suceso traumático.[2]

Un recuerdo intruso

Al tener menos control sobre su reexperiencia, las personas con TEPT a menudo experimentan recuerdos intrusivos del trauma. Los recuerdos intrusivos son aquellos que acuden a la mente de forma involuntaria —a menudo con características sensoriales y perceptivas muy ricas— de manera que perturban el funcionamiento cotidiano. Una persona puede volver a experimentar imágenes, sonidos u olores asociados a un acontecimiento traumático, lo que la lleva del presente a un momento del trauma pasado.

Los recuerdos intrusivos no son exclusivos de las personas con TEPT; aparecen en muchos trastornos psiquiátricos,[3] e incluso pueden ser una reacción común a un acontecimiento traumático. Por ejemplo, en un estudio sobre personas que habían sufrido un accidente de tráfico, aproximadamente el 75 % de las personas declararon tener recuerdos intrusivos en las primeras semanas posteriores al accidente.[4] Dado que la mayoría de las personas experimentan o presencian un acontecimiento traumático a lo largo de su vida,[5] esto significa que es probable que la mayoría de nosotros experimentemos en algún momento un recuerdo intrusivo.

En los momentos inmediatamente posteriores a un trauma, la recuperación involuntaria de la experiencia puede ser incluso adaptativa. Dorthe Berntsen, de la Universidad de Aarhus (Dinamarca), ha sugerido que recordar el trauma puede ser beneficioso en un primer momento. Esos recuerdos podrían ayudar a evitar la reexposición al peligro. Pero, con el tiempo, es probable que sus beneficios se disipen y, por tanto, los recuerdos involuntarios deberían remitir.[6]

De hecho, con el alejamiento del acontecimiento traumático, los recuerdos intrusivos suelen disiparse. A los tres meses de un accidente de tráfico, solo el 25 % de las personas seguían teniendo recuerdos intrusivos.[4] Pero, en las personas con TEPT, los recuerdos intrusivos persisten, y su presencia es una característica clínica fundamental del trastorno.

CUANDO EL OLVIDO FALLA

Como se explica en el capítulo 11, la gente puede —con esfuerzo— apartar información de la mente para que no vuelva en momentos no deseados. Michael Anderson y sus colegas lo comparan con la forma en que podemos suprimir una acción muscular: nuestro instinto puede ser alcanzar un objeto que se cae de la encimera de la cocina, pero, si ese objeto es un cuchillo, intentamos suprimir la acción de alcanzarlo y dejamos que el cuchillo caiga. Del mismo modo, cuando se nos recuerda un suceso que preferiríamos no recordar, podemos intentar suprimir el proceso de recuperación.[7] Con el tiempo, estos intentos pueden reducir la accesibilidad de los recuerdos,[8] lo que nos permite evitar la cicatriz metafórica del recuerdo del mismo modo que podríamos evitar la cicatriz física del cuchillo.

Pero, para las personas con TEPT, los intentos de olvidar suelen resultar inútiles. Las personas con TEPT luchan por eliminar la información de su mente, incluso cuando se les dice que es irrelevante o que deben suprimirla.[7,9] Curiosamente, esta incapacidad para mantener los recuerdos fuera de la mente está relacionada con la gravedad de los síntomas del TEPT: cuanto mayor es la incapacidad para suprimir los recuerdos, más graves son los síntomas del TEPT. Aunque los recuerdos intrusivos son un síntoma clave del TEPT, una posibilidad intrigante es que el TEPT pueda ser tanto un trastorno del olvido como un trastorno del recuerdo.

FLASHBACKS DEL COMBATE

Aunque la terminología del TEPT cobró importancia alrededor de 1980, a raíz del conflicto de Vietnam, el estrés psicológico de la guerra ha sido reconocido desde la Antigüedad. El historiador griego Heródoto observó algo parecido al TEPT al describir a un superviviente de la batalla de Maratón en el año 490 a. C., y los efectos psicológicos del combate fueron etiquetados como «síndrome de Da Costa» durante la Guerra Civil, «neurosis de guerra» durante la Primera Guerra Mundial y «fatiga de batalla» durante la Segunda Guerra Mundial.[10] Con el tiempo, hemos llegado a comprender que los síntomas del TEPT no son el resultado de ráfagas de artillería que dañan físicamente el sistema nervioso (literalmente, «neurosis de guerra»), sino más bien el resultado del trauma emocional del combate. (Nótese, sin embargo, que, en algunos casos, las lesiones por explosiones también pueden causar daños en el sistema nervioso que desemboquen en lesiones cerebrales traumáticas relacionadas con las explosiones o, con el tiempo, en encefalopatía traumática crónica, como se analiza en el capítulo 14).

De hecho, el estrés severo experimentado durante el combate tiene una gran capacidad para provocar TEPT. En un momento dado, entre el 10 y el 15 % de los veteranos expuestos al combate están diagnosticados de TEPT, y aproximadamente un tercio de los veteranos de guerra cumplirán en algún momento de su vida los criterios diagnósticos del TEPT.[11] Estas personas, al igual que otras con TEPT, a menudo sufren *flashbacks* y vuelven a experimentar fragmentos de su episodio traumático con detalles sensoriales desgarradores. Pueden oír el disparo de un arma, oler a goma quemada o sentir el sabor del polvo al inhalar. Estas sensaciones pueden catapultarles al momento de su trauma pasado.

Sueño alterado

A muchas personas con TEPT el sueño no les proporciona tregua, sus noches están llenas de pesadillas vívidas y recurrentes.[12] Estas pesadillas pueden ser el resultado del bombardeo del cerebro por la actividad sensorial, incluso mientras duermen. Los patrones de sueño están alterados en los veteranos de combate con TEPT, y algunas de las alteraciones sugieren que el cerebro no consigue controlar eficazmente el flujo de información sensorial.[13] Este fallo puede provocar pesadillas sensoriales intensas mientras se duerme y, dado que el sueño no cumple su función típica de eliminar la intensidad emocional y los detalles sensoriales de un recuerdo (véase el capítulo 20), también puede contribuir a los *flashbacks* experimentados durante el día de vigilia.

Encogerse de estrés

Dado el papel fundamental del hipocampo en la memoria, no es de extrañar que las alteraciones de la estructura y la función de esta región estén implicadas en el TEPT. Por ejemplo, un estudio que examinó múltiples estructuras cerebrales en más de 1800 individuos con o sin TEPT encontró hipocampos significativamente más pequeños en individuos con TEPT.[14] Estos hallazgos pueden reflejar reducciones en el volumen del hipocampo como resultado del factor estresante experimentado. La experiencia de un estrés grave, como el que se produce en combate, puede desencadenar una cascada de procesos que dan lugar a la liberación de niveles muy elevados de sustancias neuroquímicas que pueden alterar el crecimiento y la función celular, especialmente en el hipocampo. Otra posibilidad es que tener un hipocampo más grande en el momento de la exposición al estrés grave proteja a los individuos del desarrollo del TEPT. En estudios que incluyen a gemelos idénticos, no solo los veteranos de guerra sin TEPT tienden a mostrar hipocampos más grandes que los veteranos con TEPT, sino que también se revelan los mismos patrones en sus gemelos idénticos que nunca han servido en combate.[15]

¿ES EL TEPT UN TRASTORNO DE LA MEMORIA?

El TEPT se clasifica como un trastorno de ansiedad pero, en la última década, los científicos se han preguntado si sería más adecuado identificarlo como un trastorno de la memoria. Ciertamente, las alteraciones de la memoria son prominentes en el TEPT, y son necesarias para que se cumplan los criterios diagnósticos. Pero ¿son esas alteraciones de la memoria un mero síntoma del TEPT o podrían ser una causa subyacente?

Algunos modelos de TEPT sugieren que los recuerdos intrusivos pueden impulsar los demás síntomas.[16,17] Las conductas de evitación pueden derivarse del deseo de las personas de minimizar la exposición a las señales que desencadenan los recuerdos. Los recuerdos no deseados pueden provocar alteraciones negativas en la cognición y el estado de ánimo: es difícil centrarse en otras tareas y regular eficazmente las emociones mientras se es bombardeado con recuerdos desagradables en momentos inoportunos.

El «modelo mnemotécnico» del TEPT propuesto por David Rubin y sus colegas de la Universidad de Duke sitúa a la memoria aún más directamente en el punto de mira del tratamiento del TEPT.[18] Tradicionalmente, se ha prestado mucha atención a las *características de los sucesos* que pueden estar relacionadas con la prevalencia del desarrollo del TEPT o con la naturaleza de los síntomas experimentados en el TEPT. El modelo mnemotécnico hace hincapié en que, con sucesos como el vuelo de Air Transat como rara excepción, los clínicos tienen poco conocimiento del suceso traumático real que experimentó una persona. En su lugar, los clínicos tratan la respuesta de la persona a su recuerdo del acontecimiento traumático, un recuerdo que, como hemos visto en la parte II, puede estar influido por diversos factores. Por lo tanto, el objetivo terapéutico en el TEPT es la representación de la memoria en sí.

Por un lado, un modelo del TEPT centrado en la memoria es necesariamente simplificado. El TEPT es un trastorno complejo que puede afectar a muchas facetas del funcionamiento cognitivo, el bienestar emocional y la integración social de una persona. Por otro lado, los tratamientos que se centran en tratar las características de la memoria —reducir la intensidad o la frecuencia de los recuerdos intrusivos mediante terapia conductual o, potencialmente, medicamentos como el prazosín— suelen ser eficaces para restaurar otros dominios del funcionamiento.[2] A medida que comprendemos mejor la maleabilidad de la memoria y obtenemos herramientas para alterar los mecanismos de almacenamiento y recuperación de la memoria, considerar el TEPT un trastorno de la memoria puede sugerir nuevos tratamientos para mejorar la experiencia cotidiana de los supervivientes de traumas. Aunque no sabemos exactamente cómo podrían ser esos nuevos tratamientos, volveremos a analizar las diferentes maneras en las que el cerebro se enfrenta al trauma emocional en el capítulo 20, cuando hablemos del sueño.

LA MEMORIA SE ALTERA EN EL TEPT

- Las personas con TEPT a menudo vuelven a experimentar recuerdos de su trauma. Los recuerdos son intrusivos y persisten mucho tiempo después del suceso.
- Las personas con TEPT suelen tener dificultades generales de concentración o para memorizar información nueva.
- El TEPT se asocia a una alteración del sueño que puede agravar aún más los problemas de memoria.
- Aunque las alteraciones de la memoria se reconocen desde hace tiempo como una característica destacada del TEPT, las investigaciones en curso están examinando si la forma en que se construyen y reensamblan las estructuras de la memoria a lo largo del tiempo puede desempeñar un papel más directo y causal en el TEPT.

16
LOS QUE SE ACUERDAN DE TODO

«Cada vez que veo una fecha aparecer
en la televisión (o en cualquier otro sitio)
automáticamente vuelvo a ese día y recuerdo
dónde estaba, qué estaba haciendo,
qué día de la semana era, y así sucesivamente.
Es un no parar, incontrolable».

Jill Price

Amenos que elijamos una serie de fechas con un significado especial para ti, como un cumpleaños o un aniversario, lo más probable es que seas capaz de responder a preguntas del tipo: ¿qué ocurrió el 10 de marzo de 1983? ¿Qué día de la semana era el 8 de agosto de 2008? ¿Qué tiempo hacía el 31 de enero de 2021? Pero para un pequeño grupo de personas (como Jill Price, citado por el neurobiólogo e investigador de la memoria Jim McGaugh)[1] responder a estas preguntas es casi tan fácil como indicar lo que han desayunado esta mañana. Sin embargo, aunque es posible que nos lleve un buen rato recuperar el contenido, los datos están ahí, esperando a ser traídos a la memoria. En este capítulo analizaremos a personas que tienen una extraordinaria capacidad para recordar, lo intenten o no.

El mito de la memoria fotográfica

En primer lugar, queremos descartar una idea errónea muy extendida: que hay personas con «memoria fotográfica», es decir, con la capacidad de mirar algo (una página de un libro o una fotografía) y recordar con precisión todos sus detalles durante un largo periodo de tiempo. No existen pruebas científicas de la existencia de esta capacidad. El fenómeno de la memoria que más se le aproxima es la *memoria eidética*,[2] que describe una especie de imagen visual que permite a las personas retener detalles en la mente durante segundos o minutos, lo suficiente para volver a contarlos, pero es una representación que se desvanece rápidamente. A diferencia del concepto de memoria fotográfica, la memoria eidética no conduce a un recuento perfecto de los detalles; al igual que ocurre con todos nuestros recuerdos, la memoria eidética carece de algunos datos y puede asumir otros que en realidad no estaban allí. La memoria eidética es algo común en los niños,[3] pero es increíblemente rara en los adultos, lo que lleva a algunos a plantear la hipótesis de que esta capacidad visual puede verse alterada por el desarrollo del lenguaje.

Experiencia y memoria

Cuando los adultos muestran una capacidad para recordar importantes cantidades de información con gran detalle, esta suele estar vinculada a la utilización de estrategias de memoria específicas (véase la parte V) o a ámbitos de especialización. Como se mencionó en el capítulo 8, cuando a un jugador de ajedrez de alto nivel se le mostraba brevemente un tablero con piezas dispuestas de forma lógica, el jugador podía apartar la vista y recrear el tablero de memoria con una precisión casi perfecta en todo momento. Pero, si a ese mismo jugador se le mostraba un tablero con piezas dispuestas al azar, su memoria se resentía.[4] No había nada especialmente destacable en la *memoria* del ajedrecista, pero sí en su *experiencia*, su conocimiento del juego le proporcionaba poderosos principios organizativos que lo ayudaban a agrupar las distintas piezas de ajedrez en conjuntos, reduciendo las exigencias de la memoria.

Autoexperiencia

Afortunadamente, aunque no hayas adquirido experiencia en ningún campo especializado como el ajedrez, sí la has desarrollado al menos en una cosa: ¡en ti mismo! Las personas se giran automáticamente al oír su nombre y piensan de forma natural en cómo la información del mundo se relaciona con ellas. Puedes utilizar esa experiencia para recordar información que consideres relevante para ti. Numerosas investigaciones demuestran que recuerdas mejor la información que se te pide que proceses en relación contigo mismo que en relación con otra persona.[5]

Hagamos un pequeño experimento. Piensa si responderías afirmativa o negativamente a cada una de estas preguntas:

¿Eres honesto? ¿Tu vecino es serio? ¿Eres de fiar?, ¿eres tranquilo? ¿Tu vecino es ambicioso?, ¿extrovertido?, ¿Eres respetuoso?, ¿sabio? ¿Tu vecino es ingenioso? ¿Eres paciente? ¿Tu vecino es leal?, ¿amable? ¿Eres optimista?

Ahora, intenta recordar todos los adjetivos que aparecían en estas preguntas. Normalmente, los individuos recuerdan mejor los adjetivos que se les ha pedido que piensen en relación con ellos mismos (en este ejemplo, honesto, confiable, tranquilo, respetuoso, paciente y optimista) que los que se les ha pedido que piensen en relación con otra persona.

Recordar cada ayer

Un pequeño grupo de individuos no solo muestra una ligera ventaja en la capacidad de recordar información relevante para ellos, sino que recuerdan casi todos los momentos de su pasado. Se trata de una capacidad denominada *memoria autobiográfica altamente superior*.[1] *Autobiográfica* es una parte importante de este término, que matiza que la memoria superior no se extiende a todos los ámbitos. La mayoría de estos individuos muestran un rendimiento variable en las evaluaciones de memoria en laboratorio; algunos son buenos recordando números o caras, otros, no tanto. Muchos olvidan dónde han puesto las gafas. No muestran nada que se aproxime a la mítica «memoria fotográfica». Pero, cuando se trata de recordar cómo se ha desarrollado su pasado, su memoria funciona de un modo fascinantemente distinto a la de la mayoría de nosotros: es como si pudieran rebobinar hasta determinadas fechas y volver a vivir los acontecimientos con una claridad asombrosa.

No cabe duda de que hay algo cualitativamente diferente en los recuerdos de estas personas. Si estos individuos estuvieran simplemente en el extremo de un continuo de capacidad de memoria, esperaríamos encontrar a otros muchos individuos situados en otras partes del continuo. Cabría esperar que hubiera personas que no recordaran casi todos los días de su pasado, pero que aun así recordaran muchos más días pasados que la mayoría de nosotros, es decir, que tuvieran una memoria autobiográfica *superior*, aunque no *muy superior*. Hasta ahora, no ha habido pruebas sólidas de esta gradación 1; parece como si estos individuos pudieran ser miembros de un grupo selecto, capaces de realizar proezas de memoria que la mayoría de nosotros no podemos lograr. Eso, por supuesto, no significa que no podamos acercarnos a las capacidades de estos individuos, esto requeriría de trabajo duro y de la aplicación de estrategias eficaces, como las que se describen en la parte V. Incluso en el caso de estas personas, los principios generales de la memoria que describimos en la parte II parecen seguir siendo aplicables en su mayor parte. Sus recuerdos no son perfectos. También ellos olvidan algunos detalles de hechos pasados. Y, como el resto de nosotros, sus recuerdos pueden ser susceptibles a la desinformación. En un estudio, los experimentadores proporcionaron información errónea sobre un vídeo de un accidente de avión (no existía ningún vídeo).[6] Varios participantes —incluso los que tenían una memoria autobiográfica *muy superior*— recordaron después haber visto el vídeo inexistente. Sin embargo, aunque algunos principios generales de la memoria —como su naturaleza reconstructiva— parecen persistir, no se cuestiona la extraordinaria capacidad de memoria de estas personas, de las que solo se han identificado unas cien en todo el mundo.[1]

SABIOS DEL CALENDARIO

Algunas personas con trastornos del desarrollo u otras causas de lesión cerebral muestran capacidades extraordinarias en un área concreta a pesar de tener importantes deficiencias en muchos ámbitos mentales. A estas personas se las denomina *savants* (sabios). Los más comunes son los autistas, un trastorno del espectro del neurodesarrollo caracterizado por deficiencias sociales y comunicativas, junto con comportamientos repetitivos e intereses restringidos. Aunque algunos *savants* muestran un talento extraordinario para la música, el dibujo o el cálculo, muchos son *savants del calendario*. Estos individuos son capaces de determinar el día de la semana para fechas que caen dentro de un amplio rango de tiempo, y muchos también pueden resolver el problema inverso, proporcionando la fecha para un día concreto del mes (por ejemplo, ¿cuál era la fecha del tercer miércoles de abril de 1987?).

Memoria y matemáticas mentales

No se sabe muy bien cómo resuelven estos problemas sabios los sabios del calendario. Muchos de ellos muestran un gran interés por el sistema del calendario gregoriano y pasan horas estudiándolo. Es probable que puedan utilizar una combinación de memoria y cálculos relativamente sencillos, basados en las regularidades del calendario, para llegar a las respuestas. Todos sabemos que la semana tiene siete días y, por tanto, podemos deducir rápidamente algunos emparejamientos día-fecha (por ejemplo, el 1, el 8, el 15, el 22 y el 29 de cada mes deben coincidir siempre en el mismo día de la semana). Pero hay muchas otras regularidades que se pueden aprovechar. Por ejemplo: abril y julio siempre tienen el mismo día de inicio; en los años no bisiestos, enero y octubre también tienen días de inicio coincidentes, al igual que febrero, marzo y noviembre. Con muy pocas excepciones, la estructura día-fecha del calendario se repite exactamente cada veintiocho años. Este conocimiento puede utilizarse para resolver problemas de fechas. Algunos sabios también pueden confiar en la memoria para emparejamientos día-fecha específicos (por ejemplo, el 3 de marzo de 2019 fue un domingo), utilizando patrones básicos de semana y mes para determinar los acoplamientos día-fecha circundantes.

Calendarios en el cerebro

Los estudios de casos que han examinado la actividad cerebral mientras los sabios del calendario resuelven problemas de fechas han proporcionado pruebas consistentes en el uso de estrategias de memoria, así como cálculos mentales. Un sabio, al que se le pidió que asociara un día de la semana con la fecha correspondiente del calendario, mostró activación en el hipocampo, el lóbulo temporal y el lóbulo frontal, todas ellas regiones relacionadas con la memoria a largo plazo.[7] Otro sabio, al que se le pidió que indicara si una coincidencia día-fecha era verdadera o falsa, mostró un aumento de la actividad en regiones del lóbulo parietal relacionadas con la memoria de trabajo y los cálculos mentales, y estas regiones se activaban más cuando se consultaban fechas más remotas.[8]

Calendarios mentales frente a agendas mentales

Aunque la memoria de trabajo y la memoria episódica y semántica a largo plazo pueden utilizarse para resolver problemas de fechas, los sabios del calendario no precisan una memoria autobiográfica sobresaliente. Las proezas de memoria de los *savants* del calendario son muy distintas de las de quienes tienen una memoria autobiográfica muy superior. Mientras que muchos de nosotros podríamos resolver problemas de fechas basándonos en nuestros recuerdos autobiográficos, no parece que sea así como los sabios del calendario resuelven estos problemas (véase la figura 16.1). De hecho, un sabio del calendario, de veinticinco años, presentaba una memoria episódica gravemente deteriorada, con un rendimiento por debajo del primer percentil en muchas tareas de memoria episódica, y su rendimiento para las experiencias autobiográficas fue clasificado como «definitivamente anormal».[9] Sin embargo, algunos *savants* del calendario también muestran una memoria muy precisa para los acontecimientos personales pasados. En un estudio, uno de los padres proporcionó recibos que documentaban acontecimientos específicos ocurridos a lo largo de un periodo de siete años. Cuando el sabio, de quince años, recibió la fecha del recibo, fue extraordinariamente preciso al recordar el acontecimiento que el recibo corroboraba, a pesar de que muchas de estas experiencias eran acontecimientos bastante mundanos, como una cena familiar en un restaurante.[10]

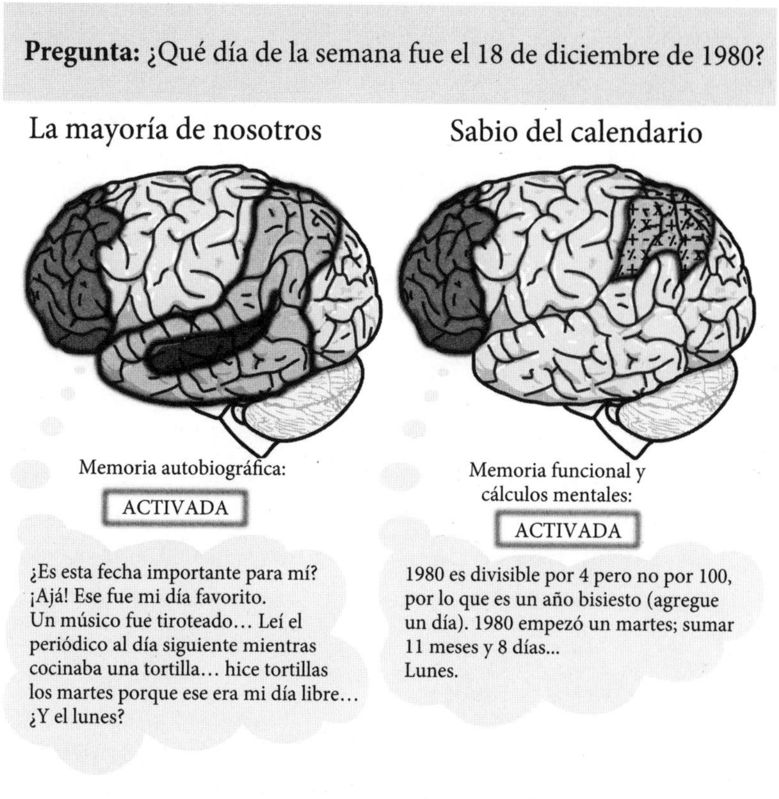

Pregunta: ¿Qué día de la semana fue el 18 de diciembre de 1980?

La mayoría de nosotros

Sabio del calendario

Memoria autobiográfica:

ACTIVADA

¿Es esta fecha importante para mí? ¡Ajá! Ese fue mi día favorito. Un músico fue tiroteado... Leí el periódico al día siguiente mientras cocinaba una tortilla... hice tortillas los martes porque ese era mi día libre... ¿Y el lunes?

Memoria funcional y cálculos mentales:

ACTIVADA

1980 es divisible por 4 pero no por 100, por lo que es un año bisiesto (agregue un día). 1980 empezó un martes; sumar 11 meses y 8 días... Lunes.

Figura 16.1. Muchos sabios del calendario resuelven los problemas de fechas de forma diferente al resto de nosotros.

EL CEREBRO DE LOS RECORDADORES EXTRAORDINARIOS

Cabría esperar que los cerebros de los recordadores extraordinarios tuvieran un aspecto bastante diferente al de los cerebros de los recordadores típicos. Pero, hasta ahora, las diferencias reveladas han sido sutiles, sin diferencias anatómicas aparentes por inspección visual. Aunque hay una serie de diferencias en la estructura y la conectividad cerebrales al comparar a los autistas con sus compañeros de desarrollo típico,[11] todavía no está claro si hay diferencias sistemáticas entre los cerebros de los autistas *savants* y los de los autistas sin habilidades *savants*. Al observar los cerebros de individuos con una memoria autobiográfica muy superior mediante métodos de resonancia magnética (RM), se han observado algunas posibles diferencias. En un individuo se observó un aumento de volumen en la amígdala derecha y pruebas de una mayor conectividad funcional entre la amígdala y el hipocampo.[12] Estos resultados tienen sentido, dado el papel fundamental del hipocampo en la memoria episódica y la capacidad de la amígdala para aumentar la eficacia de la función del hipocampo. En un pequeño grupo de individuos que obtuvieron excelentes resultados en una prueba de memoria autobiográfica personal,[13] se observaron aumentos en la materia gris de la circunvolución parahipocampal (como su nombre indica, se trata del tejido que rodea al hipocampo), y también pruebas de que una vía particular de sustancia blanca que acelera la comunicación entre el lóbulo frontal y el lóbulo temporal (el lóbulo que contiene la circunvolución parahipocampal) era especialmente robusta en los individuos de alto rendimiento. En conjunto, estos resultados pueden sugerir que la memoria autobiográfica altamente superior es posible gracias a cambios relativamente sutiles en la estructura de los circuitos críticos para el recuerdo episódico típico.

CÓMO RECORDAR MEJOR

Es importante tener en cuenta que recordar *todos* los detalles o *todas* las experiencias cotidianas rara vez es un objetivo necesario o incluso útil; como se describe en la parte II, seleccionar algunos de los detalles puede ser útil para ver las conexiones entre las experiencias y para tomar decisiones eficientes. Sin embargo, podemos aprender lecciones importantes de quienes tienen una memoria extraordinaria. Aunque puede resultar fácil lamentarse de todas las formas en que nos diferenciamos de quienes tienen una memoria extraordinaria, en algunos aspectos importantes están sacando provecho de dos amplias capacidades de las que todos podemos beneficiarnos:

- **Adquirir experiencia.** Al igual que los ajedrecistas o los sabios del calendario que adquirieron sus conocimientos tras pasar horas analizando el sistema de calendarios, todos podemos trabajar para adquirir experiencia en campos concretos y utilizarla para recordar mejor.
- **Estar presente.** En su libro *Total Memory Makeover*,[14] Marilu Henner (de la comedia de televisión *Taxi*), una de las aproximadamente cien personas con una memoria autobiográfica muy superior, dice lo siguiente: «Cuando participamos activamente en nuestras vidas y abrimos nuestros sentidos a todos los estímulos que nos rodean, construimos recuerdos que podemos recuperar y disfrutar el resto de nuestra vida». Su argumento es excelente. Todos podemos recordar mejor si nos mantenemos en el momento presente y aceptamos la información que nos llega a través de los sentidos en lugar de distraernos con nuestros teléfonos o listas de tareas.

Para saber más sobre cómo lograr una mejor memoria y aprovechar los consejos de Marilu Henner, te invitamos a continuar con la parte IV («Haz lo correcto») y la parte V («Técnicas para recordar mejor»).

PARTE IV
HACER LAS COSAS BIEN

17
EJERCICIO

El elixir de la vida

¿Y si te dijéramos que existe una poción mágica que puedes tomar a diario para conciliar el sueño, levantar el ánimo y, lo que es más importante, mejorar la memoria? ¿Y si te dijéramos también que esa misma poción puede rejuvenecer fisiológicamente tu cuerpo, alargando literalmente tu vida? Tal vez esta poción brotara de un manantial encantado situado en lo alto de una colina y que tuvieras que caminar durante treinta minutos diarios para llegar hasta allí. ¿Subirías la colina para conseguir un elixir milagroso de vida, juventud, sueño, felicidad y memoria? Por supuesto que sí. Ahora, supongamos que has estado subiendo esta colina y bebiendo del manantial a diario durante el último año. Has confirmado los efectos milagrosos de la poción: te has vuelto más fuerte, más sano y más apto físicamente. Te sientes bien, duermes profundamente cada noche y recuerdas mejor la información. Un día, cuando llegas a la cima de la colina, te estamos esperando.

Te explicamos que el manantial del que bebes solo contiene agua pura y que lo que ha provocado los cambios mágicos en tu cuerpo, tu sueño, tu estado de ánimo y tu memoria es el viaje que haces cada día colina arriba y colina abajo. A continuación, te decimos que, de hecho, cualquier trayecto diario moderadamente agotador de treinta minutos te permitirá seguir cosechando los mismos beneficios. ¿No te alegrarías de oír esta noticia?

Esperamos que te alegres, porque es verdad. El ejercicio es realmente el elixir de la vida, la juventud, el sueño, la felicidad y la memoria. No queremos decir que haga que ninguna de esas cosas sea perfecta, pero sí que rejuvenece fisiológicamente, alarga la vida, ayuda a dormir, levanta el ánimo y mejora la memoria. Por eso hemos decidido empezar por el ejercicio al repasar las cosas que puedes hacer para ayudarte a recordar mejor. A continuación hablaremos de cuánto ejercicio conviene hacer y de qué tipo y explicaremos algunos de los datos que revelan los beneficios del ejercicio. Pero, antes, una advertencia.

CONSULTA A TU MÉDICO

Es importante que consultes a tu médico antes de iniciar un programa de ejercicio completamente nuevo. Es especialmente importante si tienes antecedentes familiares de cardiopatías, eres o has sido fumador, tienes sobrepeso o padeces alguna de las siguientes enfermedades: colesterol alto, hipertensión, diabetes o prediabetes (niveles altos de azúcar en sangre), asma u otra enfermedad pulmonar, artritis o enfermedad renal. Por último, si experimentas algunas de las siguientes señales de alarma mientras haces ejercicio, debes buscar atención médica inmediata marcando el 112: dolor o molestias en el pecho, el cuello, la mandíbula, los brazos o las piernas; mareos o desmayos; dificultad para respirar; hinchazón de los tobillos; taquicardia; dolor en las piernas, u otros síntomas preocupantes.

También conviene que hables con tu médico sobre qué ejercicios son más convenientes si tienes dolores articulares u otras afecciones físicas. Por ejemplo, nadar puede ser mejor que correr si tienes problemas de rodilla o cadera. Y existen máquinas para ejercitar los brazos para quienes no pueden utilizar las piernas.

NUNCA ES DEMASIADO TARDE PARA EMPEZAR A HACER EJERCICIO, NI DEMASIADO PRONTO

¿Te preguntas si eres demasiado mayor para empezar a hacer ejercicio? Los estudios han demostrado que incluso las personas mayores de setenta, ochenta y noventa años se benefician de la práctica regular de ejercicio.[1] Otros estudios demuestran que comenzar un programa de ejercicio intenso en la mediana edad puede retrasar la aparición de la demencia en casi diez años.[2] Por lo tanto, tanto si tienes veintinueve años como noventa y dos, es una edad estupenda para empezar a hacer ejercicio.

¿CUÁNTO EJERCICIO DEBES HACER Y DE QUÉ TIPO?

Ejercicio aeróbico

Las recomendaciones de organizaciones como los Centros para el Control de Enfermedades, el Congreso Americano de Medicina Deportiva y los Institutos Nacionales de Salud coinciden en que la cantidad *mínima* de ejercicio recomendada es de treinta minutos de actividad aeróbica moderada, cinco días a la semana. Por ejercicio aeróbico se entiende cualquier actividad que acelere los latidos del corazón y la respiración. Un paseo a paso ligero durante treinta minutos es un ejemplo de actividad aeróbica moderada, mientras que un trote que cubra más distancia durante el mismo tiempo sería una actividad más extenuante. Si tu corazón, pulmones, huesos, articulaciones y otras partes de tu cuerpo están sanos y fuertes, hacer un ejercicio más vigoroso durante sesenta minutos diarios sería mejor para la salud de tu cerebro.

Otros buenos ejemplos de ejercicio aeróbico son la natación, el ciclismo, el remo, así como el uso de una bicicleta elíptica o un ergómetro para la parte superior del cuerpo (solo brazos). Puedes asistir a clases de aeróbic, zumba, danza o *spinning*. También puedes practicar deportes como baloncesto, tenis, fútbol, hockey, esquí y golf (si caminas en lugar de ir en carrito). ¿No estás seguro de cuál es el mejor ejercicio para ti? Prueba opciones distintas y decide cuál te gusta más. Uno de los aspectos más importantes del ejercicio es que te guste lo suficiente como para hacerlo casi todos los días, o incluso todos. El entrenamiento cruzado —hacer diferentes ejercicios en distintos días— es una buena forma de reducir el desgaste de los huesos y las articulaciones y también te permitirá fortalecer diferentes músculos además de hacer que tu corazón bombee con fuerza.

Ejercicios de fuerza, equilibrio y flexibilidad

También se recomiendan al menos dos horas semanales de actividades que ayuden a mantener la fuerza, el equilibrio y la flexibilidad, como yoga, taichí y pilates. Además de ser buenos para la salud del cuerpo, este tipo de ejercicios son importantes para la salud del cerebro porque ayudan a prevenir las caídas, una de las principales causas de traumatismo craneoencefálico. Las caídas aumentan con la edad, hasta el punto de que uno de cada tres adultos mayores de sesenta y cinco años sufre una caída al año. Aproximadamente una cuarta parte con consecuencias graves, como un traumatismo craneoencefálico, que puede provocar un deterioro cognitivo permanente o incluso la muerte.

REDUCE EL RIESGO DE ICTUS

Los accidentes cerebrovasculares son una de las principales causas de deterioro de la memoria y el pensamiento. El sedentarismo es uno de los principales factores de riesgo. El ejercicio puede ayudar a minimizar muchas de las condiciones que son factores de riesgo de ictus. El ejercicio ayuda a perder peso, lo que puede reducir el riesgo de ictus en las personas obesas o con sobrepeso. En comparación con los adultos que mantienen un peso saludable, los adultos con sobrepeso tienen un 22 % más de probabilidades de sufrir un ictus y los adultos obesos un 64 % más.[3] Este aumento del riesgo era aún mayor en el caso de los adultos jóvenes, que tenían un 36 % y un 81 % más de riesgo de ictus por tener sobrepeso y ser obesos, respectivamente.[4] El ejercicio reduce los niveles de colesterol «malo» de lipoproteínas de baja densidad (LDL) y aumenta los niveles de colesterol «bueno» de lipoproteínas de alta densidad (HDL). El ejercicio reduce la tensión arterial y el riesgo de diabetes. E incluso los diabéticos controlan mejor sus niveles de azúcar en sangre si hacen ejercicio. Por todas estas razones, el ejercicio reduce el riesgo de accidentes cerebrovasculares.

Duerme bien

Como veremos en detalle en el capítulo 20, el sueño es fundamental para el buen funcionamiento de la memoria. Tanto si se es joven como mayor, el ejercicio ayuda a dormir mejor. Las personas que hacen ejercicio con regularidad afirman tener una mejor calidad de sueño, así como una reducción del tiempo que tardan en dormirse y del número de veces que se despiertan por la noche. También afirman necesitar menos medicación, lo cual es importante porque casi no existen medicamentos para dormir que no afecten a la memoria (la excepción es la melatonina; véase el capítulo 20). Haz ejercicio a una hora que te resulte cómoda y que puedas incorporar a tu rutina diaria. Recuerda que el ejercicio puede mantenerte alerta si lo practicas justo antes de acostarse, y que pueden ser necesarios varios meses de ejercicio regular para conseguir el máximo efecto estimulante del sueño.

Sentirse bien

En el capítulo 14 explicamos cómo la ansiedad y la depresión pueden afectar a la memoria y al pensamiento. Por suerte, el ejercicio reduce la ansiedad y la depresión. El ejercicio también puede mejorar tu estado de ánimo incluso si no tienes ansiedad o depresión. Puedes experimentar este efecto de mejora del estado de ánimo a los pocos minutos de hacer ejercicio, pero también descubrirás que sus efectos generalmente persisten durante las siguientes veinticuatro horas. El ejercicio aumenta los niveles cerebrales de serotonina y norepinefrina, las sustancias químicas que elevan el estado de ánimo. El hecho de que el ejercicio aumente estas sustancias químicas también enseña a tu cuerpo a enfrentarse de forma más eficaz al estrés físico y psicológico. En ocasiones, el ejercicio puede producir una sensación de euforia (el subidón del corredor) debido a la liberación de endocannabinoides (sustancias químicas que nuestro cuerpo produce y que son similares a algunas de las que se encuentran en el cannabis).[5] El ejercicio también puede ayudarte a socializar más si te apuntas a clase o a un gimnasio o si sales a dar un paseo al aire libre. El ejercicio puede darte una sensación de logro. Por todas estas razones, el ejercicio no solo puede reducir la ansiedad y la depresión, sino que también puede hacerlo casi tan eficazmente como los medicamentos, y con menos efectos secundarios.[6]

FORTALECE TU CEREBRO

Lo más interesante sobre el ejercicio y la memoria es que el ejercicio libera factores de crecimiento en el cerebro que pueden aumentar el tamaño del hipocampo y mejorar la memoria. Estos efectos, observados en adultos jóvenes, de mediana edad y mayores, pueden observarse tan pronto como a las seis semanas y son persistentes, con ejercicio continuado, durante al menos un año.[7,8] El aumento del volumen del hipocampo es de aproximadamente un 2 %, lo que equivale a invertir el encogimiento relacionado con la edad en uno o dos años. El ejercicio aumenta el nivel de una sustancia química llamada *factor neurotrófico derivado del cerebro* (BDNF), y un estudio descubrió que la cantidad de este factor que se liberaba se correlacionaba con el aumento del volumen del hipocampo, y eso se correlacionaba con la mejora del rendimiento de la memoria.[8]

¿Cómo actúa el BDNF para aumentar el volumen del hipocampo y el rendimiento de la memoria? La mayoría de los investigadores creen que el BDNF actúa aumentando el número de células cerebrales nuevas que se forman en el hipocampo, ya sea promoviendo su desarrollo o protegiendo su supervivencia.[9] Esta frase puede o no sorprenderte, pero a nosotros nos sorprendió al principio, porque, cuando íbamos a la escuela, el dogma era que los humanos adultos no fabricaban células cerebrales nuevas. Pero ahora sabemos que sí, a lo largo de toda la vida. ¿Y adivina qué parte del cerebro produce más células nuevas? Sí, el hipocampo. La conclusión es que, cuando se hace ejercicio, se liberan factores de crecimiento en el cerebro que hacen crecer nuevas células cerebrales y mejoran el rendimiento de la memoria.

Ejercicio de flexibilidad mental

¿Alguna vez te has sentido especialmente ágil mentalmente después de una vigorosa caminata en la que has recorrido una serie de senderos? Si es así, habrás comprobado de primera mano que el ejercicio puede ayudar a tu memoria de trabajo, la capacidad de hacer malabarismos flexibles con la información en mente (véase el capítulo 3). Estos beneficios pueden observarse durante e inmediatamente después de hacer ejercicio.[10] Algunos de estos beneficios pueden ser especialmente importantes cuando el ejercicio incluye tanto un componente aeróbico (al subir la colina) como un componente cognitivo (al orientarte por los senderos).

Ejercicio, enfermedad de Alzheimer y demencia

El ejercicio puede reducir el riesgo de desarrollar la enfermedad de Alzheimer y otras demencias relacionadas. Un estudio analizó el tamaño del hipocampo en individuos con el gen *APOE-e4*, que aumenta el riesgo de padecer la enfermedad de Alzheimer, antes y después de iniciar un programa de ejercicio. Al cabo de un año y medio, los que eran sedentarios experimentaron una reducción del 3 %, mientras que los que hacían ejercicio de forma constante prácticamente no experimentaron ninguna.[11] Y, como hemos mencionado antes, un programa de ejercicio intenso en la mediana edad puede retrasar la aparición de la demencia en casi diez años.[2]

Incluso las personas a las que ya se ha diagnosticado la enfermedad de Alzheimer en las fases de deterioro cognitivo leve o demencia leve pueden beneficiarse del ejercicio, y algunos estudios muestran una mejora de la memoria y el razonamiento, mientras que otros muestran que estas capacidades se conservan y mejora su calidad de vida.[12,13]

ELABORA UN PLAN DE EJERCICIOS

¿A qué esperas? Haz un plan para incluir en tu vida al menos treinta minutos de ejercicio, cinco días a la semana. Recuerda que añadir un poco más de ejercicio intenso, aumentar a sesenta minutos la duración y hacer ejercicio a diario producirá mayores beneficios, siempre que sea saludable para tu cuerpo (consulta la sección «Consulta a tu médico» anterior en este capítulo). Comienza con objetivos pequeños y específicos que pueda alcanzar y vaya aumentando a partir de ahí. Prevea planes de contingencia en caso de mal tiempo. Por ejemplo: «Voy a caminar a paso ligero cinco días esta semana durante treinta minutos cada día, ya sea al aire libre disfrutando del paisaje o dentro de casa escuchando música». Haz que tu compromiso con el ejercicio sea para toda la vida. Sube a esa colina y empieza a beber el elixir de la vida: el ejercicio.

EJERCICIO PARA UNA MEMORIA ÓPTIMA

Fortalece tu mente manteniendo tu cuerpo en forma.

- Consulta con tu médico antes de empezar un nuevo programa de ejercicios, si no estás seguro de cuál es el mejor ejercicio para ti, o experimentas alguna molestia al hacer ejercicio.
- Realiza ejercicio aeróbico de 5 a 7 días a la semana durante 30 a 60 minutos cada día.
- Haz ejercicio de fuerza, equilibrio y flexibilidad al menos dos horas a la semana.

18

NUTRICIÓN

Somos lo que comemos

Abres el frigorífico y coges la botella de dos litros de cola light, las hamburguesas de carne magra y los perritos calientes bajos en grasa. Abres la despensa, sacas los panecillos blancos bajos en calorías para las hamburguesas y los perritos, y las patatas fritas extrafinas. Después de cenar, tomas unas galletas rellenas de nata baja en grasas. Haces una leve mueca mientras acaricias tu estómago revuelto y piensas: «Bueno, los anuncios dicen que estos alimentos son sanos, ¡pero me siento un poco mal!».

El viejo dicho «somos lo que comemos» es bastante cierto. Los alimentos que consumimos sirven para formar los aminoácidos, proteínas, lípidos, ácidos nucleicos y otras moléculas que componen nuestro organismo y le permiten funcionar. No es de extrañar que algunos alimentos sean mejores que otros para formar estos componentes básicos de la vida, sobre todo cuando se trata de la salud cerebral. Por lo tanto, es importante comer alimentos sanos. Es fácil decirlo, pero ¿qué alimentos son sanos y cuáles no? ¿Los cereales como la quinoa y el trigo integral son buenos para la salud o provocan demencia? ¿Es cierto que comer carne roja no es saludable? ¿Son las bayas tan beneficiosas como se dice? ¿Y qué hay de las vitaminas y los suplementos? En este capítulo trataremos estas cuestiones y algunas más.

Principios generales

El primer principio general es que la salud del cerebro está directamente relacionada con la salud del resto del cuerpo. Por eso es tan importante comer alimentos buenos para la salud del corazón, los vasos sanguíneos y otros órganos.

En segundo lugar, es importante que mantengas un peso saludable para tu estatura, lo que significa un índice de masa corporal de 18,5 a 24,9. ¿No sabes cómo calcular tu índice de masa corporal? En la web de los Institutos Nacionales de Salud puedes encontrar una calculadora.[1]

En tercer lugar, lo mejor son los alimentos integrales, no procesados y con menos ingredientes.

En cuarto lugar, las vitaminas, los antioxidantes y otros nutrientes se obtienen mejor de los alimentos que de las pastillas, con la excepción de la vitamina D y las vitaminas del grupo B.

En quinto lugar, no existe un único «superalimento»: lo mejor es comer con moderación un menú equilibrado de estilo mediterráneo.

Dieta mediterránea

Se han publicado más de 7500 artículos que demuestran los beneficios de seguir una dieta de estilo mediterráneo para reducir el riesgo de cáncer, diabetes, hipertensión, hipercolesterolemia y cardiopatías, además de la salud cerebral. Los estudios han demostrado que los adultos de mediana edad que siguen una dieta mediterránea son capaces de reducir el riesgo de padecer la enfermedad de Alzheimer.[2] Esta dieta ha demostrado ralentizar el deterioro cognitivo y reducir la incidencia de la enfermedad de Alzheimer.[3,4] Otros estudios han demostrado que la dieta mediterránea es beneficiosa para la cognición en general, y que el consumo de pescado, en particular, es clave.[5] Un estudio demostró que los cerebros de quienes seguían una dieta mediterránea parecían cinco años más jóvenes en los escáneres de resonancia magnética (RM).[4] Los alimentos incluidos son:

- Pescado.
- Aceite de oliva.
- Aguacates.
- Verduras.
- Frutas.
- Frutos secos.
- Legumbres.
- Granos enteros (incluidos bulgur, cebada y arroz integral).

Por tanto, si sigues una dieta mediterránea, deberías consumir:

- Aceite de oliva a diario.
- Verduras de hoja verde a diario.
- Otras verduras a diario.
- Granos enteros a diario.
- Frutos secos y legumbres en días alternos.
- Frutas dos veces por semana.
- Aves de corral dos veces por semana.
- Pescado una vez a la semana.

Tal vez te preguntes: ¿qué pasa con el vino tinto, que tradicionalmente forma parte de la dieta mediterránea? Hablaremos del vino y de otras bebidas alcohólicas en el capítulo 19.

¿QUÉ PESCADO ES MEJOR?

Acabamos de recomendar comer pescado con regularidad. Tal vez te preguntes qué pescado deberías comer y cuál debes evitar por sus altos niveles de mercurio. Algunos de los pescados buenos para comer con bajos niveles de mercurio son la caballa del Atlántico, la lubina negra, el bagre, las almejas, el bacalao, el cangrejo, la langosta, la platija, el eglefino, la langosta, el salmón, las sardinas, las vieiras, las gambas, la raya, el lenguado, el calamar, la tilapia, la trucha y el atún claro en conserva. Entre los pescados que pueden contener niveles de mercurio especialmente elevados se encuentran el pez espada y el patudo, por lo que solo conviene consumir estos pescados ocasionalmente. La Administración de Alimentos y Medicamentos de EE. UU. (FDA) tiene una buena guía para ayudarte a saber qué pescados son más saludables.[6]

LOS CEREALES INTEGRALES CON MODERACIÓN NO SON PERJUDICIALES

Los cereales integrales forman parte de la dieta mediterránea. Sin embargo, algunas personas creen que comer cualquier tipo de cereales, incluso integrales, es malo para el cerebro. Esta idea proviene de dos verdades.

En primer lugar, el consumo de cereales refinados es perjudicial para la salud. Cuando se refinan los cereales, se elimina el salvado y el germen, y el cereal pierde valor nutritivo y fibra. La harina blanca o el arroz blanco son hidratos de carbono prácticamente puros: azúcares complejos que el intestino transforma rápidamente en azúcares simples. Cuando estos azúcares simples se absorben, provocan un pico de azúcar en sangre y de insulina que no es bueno para el cerebro. Por lo tanto, el pan blanco, el arroz blanco, la mayoría de las pastas y muchos cereales de desayuno, pasteles, galletas y bollería no son buenos para la salud del cerebro.

En segundo lugar, los celíacos son alérgicos al gluten, que forma parte del trigo. Varios estudios han descubierto que los celíacos pueden mostrar problemas de memoria y cognición si, a pesar de su alergia o sin saberlo, consumen gluten. Algunos individuos sin enfermedad celíaca también han notado que no recuerdan tan bien o piensan con tanta claridad cuando consumen gluten. Desde luego, estamos de acuerdo en que las personas celíacas o con sensibilidad al gluten no deben consumir cereales con gluten.

Por otro lado, los cereales integrales y los alimentos elaborados con ellos, como el pan de trigo y centeno, la avena, la cebada, el arroz integral y la quinoa, son ricos en nutrientes, se convierten en azúcar lentamente y no provocan picos perjudiciales de azúcar en sangre. No hay pruebas de que el consumo moderado de cereales integrales como parte de una dieta equilibrada de estilo mediterráneo deteriore la memoria o conlleve un mayor riesgo de padecer la enfermedad de Alzheimer u otra causa de demencia.

ÁCIDOS GRASOS OMEGA-3

Una de las razones por las que el pescado, las nueces y las verduras de hoja verde son buenos para la salud cerebral es que contienen ácidos grasos omega-3. Aunque el organismo puede producir muchas de las grasas que necesita, no puede fabricar omega-3, por lo que debe obtenerlo de los alimentos. Existen tres tipos principales de omega-3, que mencionaremos brevemente (a pesar de sus largos nombres).

1. El ácido docosahexaenoico (DHA) se ha asociado con la salud cerebral y la función cognitiva, el control de la inflamación y la salud cardíaca.
2. El ácido eicosapentaenoico (EPA) se ha asociado con la salud del corazón y el control de la inflamación.
3. El ácido alfa-linoleico (ALA) es una fuente de energía y también un componente básico para el DHA y el EPA.

¿Deberías tomar suplementos de omega-3? Un estudio reveló que los adultos de entre 18 y 45 años que tomaron alrededor de un gramo de DHA al día durante seis meses mostraron mejoras en la memoria episódica y de trabajo,[7] pero un editorial que lo acompañaba encontró serios problemas con el estudio.[8] Aunque los estudios han sugerido que los niveles bajos de DHA pueden aumentar el riesgo de sufrir deterioro cognitivo leve o enfermedad de Alzheimer,[9] un estudio bien realizado descubrió que las personas con enfermedad de Alzheimer de leve a moderada no mostraban ningún beneficio al tomar dos gramos de DHA al día.[10]

Basándonos en estos estudios, nuestra recomendación es que no tomes suplementos, sino que te asegures de que tu dieta incluye algunos alimentos que contengan ácidos grasos omega-3.

Como ya se ha mencionado, las fuentes más comunes de omega-3 incluyen el pescado (en particular, los pescados grasos como el salmón y el atún), las nueces, las verduras de hoja verde (como la col rizada), así como las semillas de lino y el aceite de linaza.

Vitamina D

La vitamina D es esencial para la salud del cerebro. Durante la infancia, la deficiencia de vitamina D puede causar raquitismo, una enfermedad que suele afectar a los huesos y al cerebro. Los adultos con niveles bajos de vitamina D tienen aproximadamente el doble de probabilidades de desarrollar la enfermedad de Alzheimer en comparación con aquellos cuyos niveles son normales.[11] Muchas personas no tienen suficiente vitamina D. Aunque en realidad se puede producir esta vitamina a través de la piel, es necesario pasar suficiente tiempo al aire libre sin protector solar, algo que no recomendamos. Debido a lo grave que es su deficiencia, la vitamina D es uno de los pocos nutrientes que recomendamos tomar como suplemento en forma de píldora. Una dosis diaria de 2000 UI de vitamina D_3 es la cantidad adecuada para la mayoría de las personas. También puedes obtener vitamina D de pescados grasos (como el salmón), champiñones portobello cultivados bajo una luz ultravioleta y alimentos enriquecidos con vitamina D, como la leche, los cereales y el zumo de naranja. Ten en cuenta que existen algunas interacciones importantes entre la vitamina D y ciertos medicamentos con receta, por lo que debes hablar con tu médico antes de tomar suplementos de vitamina D.

Vitamina B

Las vitaminas del grupo B son otro grupo en el que a veces son útiles los suplementos. Como mencionamos en el capítulo 14, unos niveles bajos de vitamina B_{12} (cianocobalamina) pueden causar depresión, ansiedad y psicosis, además de alteraciones de la memoria y el pensamiento. El hígado y las almejas son los alimentos que contienen más vitamina B_{12}, aunque el pescado y otros mariscos, las carnes, la leche y el yogur también contienen un poco. Muchas personas tienen problemas para absorber suficiente B_{12} de los alimentos a medida que envejecen, pero tomando un suplemento (como 250 o 500 microgramos diarios) suelen poder superar este problema y obtener suficiente en su organismo. Sin embargo, algunas personas no pueden absorber la vitamina en absoluto y necesitan inyecciones. La mejor forma de determinar si necesitas suplementos de vitamina B_{12} en pastillas o inyecciones es consultar a tu médico para que compruebe los niveles. La carencia de tiamina (vitamina B_1) puede causar una forma de pérdida de memoria y confusión potencialmente reversible denominada encefalopatía de Wernicke, así como una pérdida de memoria devastadora y permanente denominada síndrome de Korsakoff (o amnesia de Korsakoff), que suele asociarse al alcoholismo. Entre los alimentos ricos en tiamina se encuentran los cereales integrales, las legumbres, la fruta y la levadura. Sin embargo, si se padece alcoholismo, se recomienda tomar cien miligramos de tiamina al día.

Aunque las deficiencias de B_6 y folato (vitamina B_9) son poco frecuentes, pueden causar confusión y deterioro de la memoria, y a veces se observan en ancianos y personas con problemas renales, trastornos autoinmunes y alcoholismo. Los niveles bajos de B_6 y folato también se han asociado a un mayor riesgo de desarrollar la enfermedad de Alzheimer. Los alimentos ricos en B_6 son los garbanzos, el atún, el salmón, las patatas, los plátanos, el pavo, la salsa marinera, la ternera, los pistachos y el chocolate negro. Los alimentos ricos en folato son las verduras de hoja verde oscura, las frutas, los frutos secos, las judías, los guisantes, el marisco, los huevos, los productos lácteos, la carne, las aves y los cereales. También puedes obtener B_6 y folato de una vitamina del complejo B o de pastillas por separado. Ten en cuenta, sin embargo, que demasiada B_6 es muy tóxica (puede causar una neuropatía grave), por lo que no recomendamos más de cincuenta miligramos diarios. Para el folato no recomendamos más de mil microgramos diarios, a menos que estés embarazada o quieras quedarte embarazada (en este caso deberías hablar con tu médico).

Ahora que ya sabes cuáles son los alimentos buenos para ti siguiendo una dieta mediterránea, quizá te preguntes qué alimentos no son tan buenos para ti. ¿Cuáles son? Bueno... son casi todos los demás. Los siguientes alimentos deben consumirse con poca frecuencia:

- Carnes rojas.
- Mantequilla y margarina.
- Fritos.
- Comida rápida.
- Alimentos muy procesados.
- Pasteles y dulces.
- Pan blanco, harina blanca y arroz blanco.
- La mayoría de la pasta.
- Refrescos y zumos, así como refrescos y zumos dietéticos con edulcorantes artificiales.

¿Te preguntas qué tienen de malo los refrescos y zumos light? Resulta que los edulcorantes artificiales imitan tan bien al azúcar que provocan un aumento de la insulina en el organismo. Esto es perjudicial por dos razones. La primera es que estos picos elevados de insulina no son buenos para el cerebro. La segunda es que el pico de insulina provoca hambre y se acaba comiendo más que si se bebiera agua sin edulcorante artificial.

¿Qué bebidas puedes tomar?

Hablando de agua, el agua sola es una de las mejores bebidas para tomar con la comida. Si prefieres las burbujas, también puedes tomar agua con gas. El café y el té —con moderación debido a la cafeína— también son buenas bebidas. El café y el té descafeinados y las infusiones son una buena forma de disfrutar de estas bebidas sin cafeína. El agua fría aromatizada con menta, otras hierbas, infusiones, un poco de fruta o incluso verduras puede ser deliciosa y beneficiosa. (Hablaremos de las bebidas alcohólicas en el capítulo 19).

¿Y DE POSTRE?

Algunos lectores estarán pensando que, a la vista de las pruebas, no deberían volver a comer postre. No es cierto. En primer lugar, las bayas y otras frutas son nutritivas y constituyen un postre estupendo. En segundo lugar, se ha demostrado que el chocolate, en pequeñas cantidades, es beneficioso para la inteligencia, la memoria y el estado de ánimo. Recuerda que los beneficios provienen del cacao crudo, así que, cuanto más oscuro sea el chocolate, mejor.

En Estados Unidos, el chocolate negro tiene un mínimo del 35 % de cacao, el chocolate dulce un mínimo del 15 % y el chocolate con leche un mínimo del 10 %, lo que significa que incluso el chocolate negro puede no contener mucho cacao. Fíjate en la cantidad que figura en el envase; algunos chocolates negros tienen entre un 60 y un 90 % de cacao. La cantidad diaria recomendada de chocolate oscila entre 10 y 45 gramos, lo que equivale aproximadamente a un tercio de una tableta de chocolate normal. Recuerda que no debes excederte: el chocolate tiene muchas calorías, grasas y azúcares, por lo que consumirlo en exceso puede ser perjudicial para la salud.

NUTRIENTES SIN PRUEBAS

Queríamos mencionar algunas de las dietas, alimentos y especias que algunos defienden pero que nosotros no recomendamos. Puesto que el pescado y otros mariscos son tan buenos, podrías pensar que el *aceite de pescado* también lo será. Por desgracia, no hay estudios que respalden la suplementación con aceite de pescado. Del mismo modo, aunque algunos han afirmado que el *aceite de coco* mejora la memoria, la salud cerebral y el riesgo de padecer Alzheimer, no existen estudios científicos que respalden tales afirmaciones. También se creía que el *ginkgo biloba* era útil, pero estudios posteriores no demostraron ningún beneficio sobre la cognición ni sobre la reducción del riesgo de deterioro cognitivo, enfermedad de Alzheimer u otras demencias.[12,13]

Resveratrol

El resveratrol se encuentra en los arándanos y el vino tinto, y se formuló la hipótesis de que era el factor protector del cerebro en esos alimentos. Por ello, en un estudio de un año de duración cuidadosamente realizado se administraron 2.000 miligramos diarios a personas con enfermedad de Alzheimer de leve a moderada, la cantidad de resveratrol que contienen 60 toneladas de arándanos o 186 botellas de vino tinto. Aunque el resveratrol fue seguro y bien tolerado, no se observaron efectos beneficiosos claros.[14] Así que, aunque no te hará daño, no recomendamos el resveratrol.

Curcumina

Nos encanta el curri picante y siempre esperamos abrir nuestras revistas clínicas y científicas para leer sobre un estudio amplio y bien realizado que demuestre que la curcumina —uno de los componentes de la especia del curri, la cúrcuma— beneficia de algún modo a la memoria, la cognición o la salud cerebral. Desgraciadamente, aún faltan estudios de este tipo. Así pues, si te gustan los platos con curri picante, disfrútalos. Pero no te recomendamos añadir más curri a tu menú semanal para mejorar tu memoria, dadas las pruebas disponibles en este momento.

Dieta cetogénica

La dieta cetogénica es una dieta rica en grasas, baja en carbohidratos y adecuada en proteínas que se ha utilizado con éxito para controlar las convulsiones en algunos niños cuya epilepsia no podía controlarse de otro modo. Dos pequeños estudios con veinte o menos sujetos han sugerido que la dieta cetogénica puede mejorar la memoria o el flujo sanguíneo al cerebro en individuos con enfermedad de Alzheimer. Sin embargo, se necesitan estudios más amplios antes de recomendar esta dieta. Aunque puede favorecer la pérdida de peso, lo que puede ser beneficioso para algunas personas, también tiene efectos secundarios graves, como estreñimiento, hipoglucemia (bajo nivel de azúcar en sangre), colesterol elevado y cálculos renales.

Prevagen

Prevagen es un suplemento de venta libre que contiene una proteína de las medusas llamada apoaequorina. Su publicidad presume de ser «el principal suplemento de apoyo a la memoria y la salud cerebral de Estados Unidos», lo que sin duda puede ser cierto dado lo mucho que se vende. Pero ¿funciona? En absoluto. De hecho, la Comisión Federal de Comercio de EE. UU. acusó a sus fabricantes de publicidad falsa y engañosa.[15] No malgastes tu dinero.

NUNCA ES TARDE PARA EMPEZAR A COMER SANO

Quizá ya te hayamos convencido de que comer un menú de estilo mediterráneo compuesto por alimentos integrales y mínimamente procesados es bueno para ti y tu memoria. ¿Te preocupa ser demasiado mayor para que un cambio de alimentación mejore tu salud cerebral? La buena noticia es que no es demasiado tarde. Un estudio reveló que incluso los adultos de entre cincuenta y cinco y ochenta años obtuvieron beneficios al adoptar una dieta mediterránea.[16]

NO HACE FALTA SER PERFECTO

No te preocupes por intentar ser perfecto. Existen numerosas pruebas de que el mero hecho de tomar algunas decisiones saludables con respecto a lo que comes será beneficiosa para tus funciones cognitivas y reducirá el riesgo de padecer la enfermedad de Alzheimer. Por ejemplo, aunque los que siguieron la dieta mediterránea (descrita en este capítulo) «rigurosamente» mostraron una reducción del 53 % en el riesgo de desarrollar la enfermedad de Alzheimer, los que siguieron la dieta «moderadamente bien» aún mostraron una reducción del 35 % en el riesgo, un porcentaje bastante elevado.[4]

COMER SANO SIN SALIRSE DEL PRESUPUESTO

¿Quieres comer sano sin gastar dinero en exceso? Aquí tienes algunos consejos:

- Compra las frutas y las verduras frescas de temporada; serán más baratas y es más probable que sean de producción local.
- Compra pescado local (si está disponible); probablemente será más barato y más fresco.
- Compra marcas blancas.
- Para evitar compras impulsivas caras y poco saludables, haz la compra utilizando una lista y no vayas al supermercado con hambre.
- Compra suficientes ingredientes para cocinar más de una comida y congela las raciones adicionales para otra noche.

COMER PARA LA SALUD CEREBRAL

Mantén tu memoria fuerte proporcionando a tu cuerpo una buena nutrición.

- Mantén un peso saludable en el rango normal para tu estatura, lo que significa un índice de masa corporal de 18,5 a 24,9.
- Adopta una dieta mediterránea: pescado, aceite de oliva, aguacates, verduras, frutas, bayas, frutos secos, legumbres, cereales integrales y aves de corral.
- Los alimentos que deben consumirse raramente incluyen las carnes rojas, la mantequilla, la margarina, los fritos, la comida rápida, los alimentos muy procesados, la bollería, los dulces, el pan blanco, la harina blanca, el arroz blanco, la mayoría de la pasta, los refrescos normales, los refrescos light y los zumos.

19
ASÍ ES TU CEREBRO BAJO LOS EFECTOS DEL ALCOHOL, EL CANNABIS Y LAS DROGAS

Abres los ojos lentamente y miras a tu alrededor en la penumbra, hay botellas vacías de cerveza, vino y licor tiradas por el suelo. Tu mirada se detiene en la mesilla de noche llena de todo tipo de drogas, bolsas vacías y papeles arrugados. Mientras sigues mirando a tu alrededor, te das cuenta de que no tienes ni idea de dónde estás, ni de cómo has llegado allí, ni de nada de lo que pasó anoche.

Recuerdas haberte preparado para la fiesta, pero después todo es una nebulosa. Te preguntas qué habrás bebido, fumado, esnifado, ingerido o inyectado para que tengas semejante agujero en la memoria.

Esperamos que nunca hayas tenido una experiencia como esta, un periodo de «apagón» en el que no podías recordar nada. Como veremos más adelante, el alcohol, el cannabis y las drogas (tanto legales como ilegales) pueden afectar a la memoria. Sus efectos suelen ser más sutiles que el vacío total de nuestra historia, pero son igual de reales. En este capítulo revisaremos los datos para responder a preguntas como: ¿deberías beber vino tinto o abstenerte del alcohol? ¿El cannabis ayuda a la memoria o la perjudica? ¿Son las drogas ilegales tan malas como advierten los mensajes en televisión («Este es tu cerebro drogado») o se trata solo de exageraciones?

Alcohol

¿Has tenido dificultades para recordar información, quizá el nombre de alguien, después de una o dos copas? Aunque hay diferencias entre una persona y otra, se sabe que el alcohol interfiere tanto en la memoria procedimental como en la episódica.

Memoria procedimental

Aunque lo primero en lo que pienses al considerar cómo interfiere el alcohol en la memoria procedimental (capítulo 2) sea en juegos de fiesta como el *beer pong*, probablemente el ejemplo más importante —y terrible— sea el hecho de que los conductores ebrios están implicados en una cuarta parte de todas las muertes por accidente de tráfico. La memoria procedimental es fundamental para el tiempo de reacción, las acciones rutinarias al volante, como los giros y los cambios de carril, y las respuestas automáticas a situaciones como que el coche que nos precede reduzca repentinamente la velocidad. El alcohol altera varias regiones cerebrales fundamentales para la memoria procedimental, incluido el cerebelo (el «pequeño cerebro» situado en la parte posterior e inferior de la cabeza). De hecho, cuando se consume habitualmente, el alcohol puede dañar el cerebelo, lo que afecta permanentemente a la memoria procedimental.

Memoria episódica

Los efectos del alcohol sobre la memoria episódica son especialmente notables durante el proceso de codificación (aprendizaje). Las personas que beben demasiado alcohol por la noche pueden sufrir desmayos alcohólicos en los que se despiertan a la mañana siguiente sin recordar lo ocurrido la noche anterior. Pero un menor consumo de alcohol también puede interferir en el aprendizaje y la memoria.

Para saber más sobre cómo interfiere el alcohol en el aprendizaje, un grupo de investigadores de Toronto introdujo a adultos jóvenes sanos en un escáner de resonancia magnética (RM) tras consumir zumo de naranja con una gran cantidad de alcohol (el «grupo del alcohol») o con el alcohol suficiente para saborearlo (el «grupo placebo»). Mientras escaneaban sus cerebros, ambos grupos tuvieron que aprender pares de objetos y nombres de personas. Los investigadores descubrieron que, después de consumir alcohol, algunas partes del córtex prefrontal (tu *ejecutivo central*, véanse los capítulos 3 y 4) estaban menos activas, al igual que las regiones vecinas del hipocampo, todas ellas zonas cerebrales que suelen estar activas cuando se construyen los recuerdos (véase la parte II). Tal vez no resulte sorprendente que, cuando se les sometió a pruebas veinticuatro horas más tarde fuera del escáner, la memoria tanto para los pares de objetos como para los nombres de personas se viera afectada en el grupo del alcohol en comparación con el grupo placebo.[1]

En otro estudio, estudiantes universitarios aprendieron cierta información el primer día con un 90 % de precisión. A continuación, se dividió a los participantes en tres grupos. Al grupo de control se le hizo una prueba de memoria el séptimo día; seguían teniendo un 90 % de precisión. A los miembros del segundo grupo se les dio suficiente alcohol para que se emborracharan un poco justo antes de acostarse el día 1; el día 7, la precisión de su memoria cayó por debajo del 50 %. A los miembros del tercer grupo se les dio suficiente alcohol para que se emborracharan un poco justo antes de acostarse el día 3; el día 7, la precisión de su memoria cayó a cerca del 60 %. Este sorprendente resultado significa que el alcohol no solo interfiere en la memoria en estado de embriaguez, sino también en la retención de la información aprendida a primera hora del día o de la semana. ¿Por qué ocurre esto? Porque el alcohol interfiere en el sueño, y el sueño (como veremos en el capítulo 20) desempeña un papel fundamental en la memoria.

¿Beber con moderación es bueno o malo?

El alcohol interfiere en el funcionamiento de la memoria, eso ya lo sabías, ¿verdad? Pero ¿es bueno para el cerebro beber con moderación? Al fin y al cabo, el vino tinto forma parte de la dieta mediterránea tradicional. De hecho, algunos estudios han descubierto que una bebida alcohólica diaria puede reducir el riesgo de demencia.[2] Sin embargo, otros trabajos han cuestionado este hallazgo, sugiriendo que algunos de los estudios previos que mostraban un beneficio del consumo de alcohol sobre el riesgo de demencia eran erróneos.[3] Una amplia revisión de los datos disponibles sobre el consumo de alcohol concluyó que este es el principal factor de riesgo de enfermedad en todo el mundo, y señaló que «el nivel más seguro de consumo de alcohol es ninguno».[4] Algunos investigadores han sugerido que las pequeñas correlaciones observadas entre el consumo moderado de alcohol y la salud se atribuyen al hecho de que, cuando las personas enferman, suelen dejar de beber, argumentando que no es que beber mantenga la salud, sino que las personas que no están sanas no beben.

Nuestras recomendaciones

En primer lugar, no te engañes. Ya sea una jarra de cerveza, una copa de vino o un cóctel, incluso una sola bebida alcohólica mermará en cierta medida tu memoria episódica y procedimental. Eso no significa que no debas tomarte una, pero, si estás intentando aprenderte los nombres de una docena de personas con las que has quedado en una fiesta, será más probable que los recuerdes si no bebes. También será más probable que recuerdes la información que aprendiste durante la semana si no te emborrachas el fin de semana. Y no tomes más de una copa y conduzcas o realices otras tareas de memoria procedimental en las que la seguridad sea un problema, como montar en bicicleta o esquiar. (Nadie debería tomar más de una copa en estas circunstancias, pero ten en cuenta que la tolerancia al alcohol de cada persona es diferente. Conócete a ti mismo. Algunas personas conducirán de forma deficiente tras una sola copa).

En segundo lugar, nuestra lectura de la literatura clínica y científica es que una sola bebida alcohólica al día ni ayuda ni perjudica al cerebro. Por lo tanto, si te gusta tomar una copa de vino con la cena o una cerveza viendo el partido, adelante. Sin embargo, te recomendamos encarecidamente que no consumas más de dos copas al día y siete a la semana.

En tercer lugar, nunca te recomendaríamos que empezaras a beber por salud. Si actualmente no tomas alcohol, no hay pruebas de que empezar a beber sea beneficioso para tu cerebro.

Por último, si tienes antecedentes de problemas con la bebida, no bebas.

CANNABIS

El cannabis (también conocido como marihuana) es ahora legal para uso recreativo en más de una docena de estados de EE. UU. y es legal de alguna forma para uso médico en todos menos dos. También es legal para uso recreativo en Canadá y otros países, y está despenalizado o tolerado en casi otros cincuenta países. ¿Significa esto que la ciencia ha demostrado que no perjudica la función cerebral? Por desgracia, no. Como aprendimos con el alcohol (y la comida basura), la legalidad de una sustancia no significa que sea buena para la salud.

Memoria procedimental

¿El consumo de cannabis afecta a la memoria procedimental? Como hemos comentado antes, la tarea de memoria procedimental más importante que se realiza es conducir. Aunque varios de los primeros estudios sugirieron que los consumidores de cannabis pueden compensar funcionalmente su intoxicación y conducir con más precaución,[5] estudios más recientes han descubierto que la proporción de conductores positivos en cannabis implicados en accidentes mortales ha aumentado drásticamente con la legalización. Por ejemplo, en el estado de Washington, el porcentaje de conductores implicados en accidentes mortales que dieron positivo en cannabis aumentó del 9 al 18 %.[6] Sin embargo, esta estadística debe considerarse con cautela, ya que los consumidores de cannabis no intoxicados pueden dar positivo durante varias semanas. No obstante, la intoxicación aguda por cannabis se asocia con un mayor número de colisiones, un aumento de los movimientos laterales, como salirse del carril, una mayor latencia de frenado y un tiempo de reacción más lento.[7] En resumen, el cannabis afecta a la memoria procedimental.

Memoria episódica

Algunas de las investigaciones anteriores sobre el consumo de cannabis habían mostrado resultados confusos por el hecho de que suele haber una serie de diferencias entre los individuos que toman cannabis de manera habitual y los que no lo consumen. Por lo tanto, resulta difícil comparar directamente esas poblaciones. Sin embargo, los investigadores del Hospital General de Massachusetts, en Boston, llevaron a cabo un ingenioso experimento para sortear este problema. Invitaron a 88 consumidores de cannabis de entre 16 y 25 años a participar en un estudio, evaluaron su atención y su memoria episódica y, a continuación, asignaron aleatoriamente a dos tercios de ellos dejar de consumir cannabis durante un mes, mientras que el otro tercio siguió consumiéndolo. El consumo y la abstinencia se controlaron mediante análisis de orina. Los resultados fueron claros: el cese del consumo de cannabis no afectó a la atención, pero sí tuvo un efecto beneficioso significativo sobre la memoria episódica, especialmente durante la codificación (aprendizaje) de material.[8] Dado que los jóvenes de 16 a 25 años suelen ir a la escuela y necesitan aprender material nuevo, se trata de un hallazgo importante. Se observó un aumento similar de la memoria episódica en consumidores de 30 a 55 años cuando dejaron de consumir cannabis durante 28 días.[9] Además, un metaanálisis que combinó seis estudios descubrió que, en comparación con los no consumidores, los consumidores de cannabis presentaban un deterioro de la memoria prospectiva, es decir, de la capacidad de recordar para llevar a cabo acciones previstas en el futuro.[10] Por lo tanto, está claro que el cannabis deteriora la memoria episódica, pero la función de la memoria parece volver a la normalidad cuando se deja de consumir cannabis.

THC frente a CBD

Dos de los muchos compuestos del cannabis son el Δ9-tetrahidrocannabinol y el cannabidiol, más conocidos como THC y CBD, respectivamente. Es principalmente la intoxicación con THC la que produce la sensación subjetiva de estar «colocado» y deteriora la memoria.[11] Varios estudios (aunque no todos) han descubierto que el CBD puede ser capaz de mejorar la memoria episódica en individuos con intoxicación aguda por THC.[11,12] Así que, en teoría, el CBD del cannabis podría ser capaz de revertir los efectos de deterioro de la memoria inducidos por el THC. Desafortunadamente, mientras que eso podría haber sido cierto en la década de los noventa, cuando la proporción de las concentraciones medias de THC y CBD en el cannabis era de aproximadamente 15 a 1, la proporción en el cannabis actual puede superar 80 a 1.[13] Esto significa que no hay suficiente CBD en la mayoría de las variedades actuales de cannabis para contrarrestar sus efectos perjudiciales para la memoria.

Para arrojar luz sobre esta cuestión, la investigadora Carrie Cuttler y sus colegas de la Universidad Estatal de Washington pidieron a los participantes que consumieran una de varias variedades de cannabis con distintos porcentajes de THC, con o sin CBD. Descubrieron que todas las variedades de cannabis afectaban a algún aspecto de la memoria que se utiliza habitualmente en la vida cotidiana, como recordar una lista de memoria o recordar dónde se aprendió una información. Curiosamente, la capacidad de distinguir los recuerdos verdaderos de los falsos también se vio afectada por todas las variedades.[14]

¿Puede el CBD mejorar la memoria en individuos que no están intoxicados por THC? Investigadores de la Universidad de Basilea (Suiza) se propusieron responder a esta pregunta pidiendo a 34 adultos jóvenes sanos que participaran en dos condiciones. En cada una de ellas, aprendieron una lista de 15 sustantivos no relacionados entre sí y, a continuación, fumaron 12,5 mg de CBD o un placebo de sabor similar. Los participantes recordaron algunas palabras más en el caso del CBD (7,7 palabras) que en el del placebo (7,0 palabras).[15] No se trata de un efecto demasiado grande ni de un estudio de gran envergadura, pero sin duda es interesante y merece la pena seguir investigando. Dado que el CBD puede ser capaz de mejorar la memoria en adultos jóvenes sanos, algunas personas se han preguntado si el CBD puede ayudar al deterioro de la memoria en afecciones como la enfermedad de Alzheimer. Aunque los investigadores están estudiando esta posibilidad, hasta la fecha ningún estudio ha descubierto que el CBD produzca una mejora de la memoria o de cualquier otra función cognitiva en individuos con Alzheimer. Y, por si sirve de algo, cuando los pacientes de Andrew con Alzheimer o sus familiares le han preguntado si deberían probar el CBD, él siempre les anima a que lo hagan y le comuniquen si les ayuda. Hasta ahora, ninguno ha informado de efectos beneficiosos en la memoria, el estado de ánimo o la ansiedad. Pero tampoco ninguno ha informado de efectos adversos del CBD sobre la memoria, en consonancia con los estudios publicados.

Algunas reflexiones sobre el consumo de cannabis

Nuestro trabajo consiste en interpretar los datos que conforman la ciencia de la memoria y presentártelos. Depende de ti, por supuesto, determinar cómo encajan dichos hallazgos en tu vida. El cannabis tiene muchos usos médicos documentados. De hecho, se añadió a la farmacopea de EE. UU. en 1850 y permaneció allí hasta 1942, cuando se retiró por razones políticas y no científicas. Consideramos el cannabis como cualquier otro medicamento, con efectos beneficiosos y efectos secundarios. Creemos que los datos son claros en cuanto a que el THC en el cannabis interfiere con la memoria episódica y procedimental, al igual que el alcohol y los más de cien medicamentos aprobados que discutimos en el capítulo 14 y enumeramos en el Apéndice. Al igual que estos otros medicamentos, el cannabis puede ser la mejor opción para tu dolor crónico u otro problema médico, a pesar de sus efectos sobre la memoria. (De hecho, un estudio demostró que algunos aspectos cognitivos mejoraron después de iniciar el consumo de cannabis medicinal, lo que, según algunos investigadores, puede ser atribuido a la disminución del consumo de medicamentos recetados que se sabe que perjudican a la memoria y al pensamiento, como opioides, benzodiacepinas, antidepresivos anticolinérgicos y estabilizadores del estado de ánimo como el ácido valproico; véase el Apéndice)[16] Si lo utilizas con fines recreativos o médicos, ahora sabes que el cannabis probablemente perjudicará tu conducción, tu memoria para la información nueva y tu capacidad para recordar lo que debes hacer en el futuro. Por tanto, si consumes cannabis, al igual que con el alcohol, simplemente te recomendamos que lo hagas de forma responsable.

DROGAS

Cocaína

Aunque se podría decir mucho sobre el efecto de la cocaína en la memoria, aquí nos gustaría destacar que la cocaína predispone a sufrir accidentes cerebrovasculares. Eleva la presión arterial, provoca la constricción de los vasos sanguíneos y altera el funcionamiento normal del corazón. Hay muchas personas con deterioro de la memoria —y demencia vascular en toda regla— a causa de accidentes cerebrovasculares inducidos por la cocaína. Muchas de estas personas tenían entre veinte y treinta años cuando sufrieron el accidente cerebrovascular. Consulta los capítulos 13 y 14 para obtener más información sobre los accidentes cerebrovasculares y la demencia vascular.

Éxtasis

El éxtasis (MDMA o 3,4-metilendioximetanfetamina, también conocido como Molly) es una droga recreativa que ha ido ganando popularidad. Los consumidores de éxtasis presentan alteraciones de la memoria de trabajo y episódica en comparación con los no consumidores. Curiosamente, su memoria episódica para la información verbal estaba especialmente alterada, al igual que su memoria prospectiva.[10,17] Estas alteraciones de la memoria episódica pueden estar relacionadas con la menor activación del hipocampo observada en los consumidores de éxtasis.[18]

Metanfetamina

Cuando se utilizan correctamente como medicación, los fármacos estimulantes como el metilfenidato (marca Ritalin y otras) y la anfetamina/dextroanfetamina (marca Adderall y otras) pueden mejorar tanto la memoria de trabajo como la episódica en personas con trastorno por déficit de atención con hiperactividad (TDAH). La metanfetamina (marcas comerciales Desoxyn y Methedrine) también puede utilizarse para tratar el TDAH y la obesidad, pero su uso es más frecuente como droga recreativa. A pesar de su capacidad para potenciar la memoria cuando se utiliza adecuadamente, los consumidores recreativos de metanfetamina muestran alteraciones en su memoria episódica, incluida la memoria prospectiva, en comparación con los no consumidores.[10,19]

Opiáceos

El consumo de fentanilo, heroína, Percocet, oxicodona u otros opiáceos —ya sea para el tratamiento del dolor, con fines recreativos o debido a la adicción— también provoca alteraciones de la memoria y confusión. La buena noticia es que la memoria no solo mejorará con la abstinencia, sino también con el tratamiento de mantenimiento con el opioide menos nocivo, la metadona.[20] Por lo tanto, si tienes problemas de memoria debido al consumo de opioides, te recomendamos que busques tratamiento hoy mismo. Mejorarás tu memoria... y tu vida.

Psicodélicos

Las drogas psicodélicas clásicas incluyen la dietilamida del ácido lisérgico (LSD), la mescalina (la sustancia química activa del peyote), la psilocibina (el ingrediente activo de las setas psicodélicas) y la N,N-dimetiltriptamina (DMT, la principal sustancia química alucinógena de la infusión amazónica ayahuasca o yagé). Estas drogas han sido utilizadas en el pasado por los médicos para facilitar la capacidad de los individuos para recordar experiencias de la infancia. Por tanto, es razonable considerar si dichas drogas pueden ser beneficiosas para la memoria.

Los estudios científicos, sin embargo, muestran claramente un deterioro dependiente de la dosis en la memoria de trabajo, la memoria semántica y la memoria episódica no autobiográfica, de forma que dosis bajas causan cierto deterioro y dosis más altas causan un deterioro mayor.[21] La recuperación de la memoria episódica autobiográfica puede verse facilitada, pero generalmente solo se observa en individuos que tienen recuerdos reprimidos o desagradables, de forma que se piensa que el mecanismo de esta facilitación es la alteración de los procesos de control inhibitorio. Por último, cabe señalar que los individuos pueden ser más propensos a experimentar falsos recuerdos bajo la influencia de psicodélicos, ya que los recuerdos de extraterrestres, ángeles y elfos no son infrecuentes. Por lo tanto, incluso cuando la recuperación de recuerdos episódicos autobiográficos se ve facilitada por los psicodélicos, la exactitud de estos recuerdos puede ser poco fiable.

TU CEREBRO CON ALCOHOL, CANNABIS Y DROGAS

Estos son los efectos de estas sustancias en tu memoria:

- Incluso una sola bebida alcohólica interferirá en la memoria procedimental (por ejemplo, conducir) y la memoria episódica (por ejemplo, recordar nuevos hechos y acontecimientos de tu vida).

- — El consumo de alcohol interferirá en la retención de la información que aprendiste a primera hora del día y a primera hora de la semana.
- — Como adulto, consumir una bebida alcohólica al día no debería dañar permanentemente tu cerebro, pero tampoco hay motivos para beber con el objetivo mejorar la salud cerebral.
- El consumo de cannabis afecta a la memoria procedimental y episódica.
  - — El CBD por sí solo no deteriora la memoria, e incluso puede ayudarla.
  - — No se ha demostrado que el cannabis dañe la memoria de forma permanente.
- La cocaína, el éxtasis, la metanfetamina, los opiáceos y los psicodélicos alteran la memoria.
  - — La cocaína puede causar accidentes cerebrovasculares, incluso en personas jóvenes, y puede provocar demencia vascular con consecuencias de por vida para la memoria.

20

DORMIR BIEN

Siempre se te han dado bien los idiomas, así que, al entrar en la universidad, decides que vas a aprender alemán y árabe. Eres muy organizado y has planificado tus estudios para todo el semestre. Asignas el mismo tiempo de estudio a cada idioma. Para el árabe, además de las clases, tienes previsto estudiar una hora los lunes, martes, miércoles y jueves durante las diez semanas del semestre, lo que suma un total de cuarenta horas.

El parcial y el final de alemán, sin embargo, están programados justo cuando vuelves de vacaciones. Sabes que el material estará más fresco en tu mente si estudias justo antes de los exámenes, así que, además de las clases, planeas estudiar diez horas al día los dos días anteriores al parcial, y lo mismo para el final, también un total de cuarenta horas. Empieza el semestre y sigues tu plan. Para tu satisfacción, obtienes sobresalientes en los dos exámenes parciales y en los dos finales. Cuando vuelves a la universidad en tu segundo año, descubres que has retenido un idioma bastante bien, mientras que el otro ha desaparecido casi por completo de tu mente.

Cuando leas este capítulo sabrás cuál de estos dos idiomas conservó este estudiante en la memoria y por qué. La respuesta, como imaginas, está relacionada con el sueño. El descanso es clave para el funcionamiento normal de la memoria.

Te será difícil prestar atención si estás cansado

La primera razón por la que el sueño es importante para la memoria es obvia. Como aprendiste en las partes I y II, para aprender información nueva y poder recordarla, tienes que prestar atención a la información. Y todos sabemos que es difícil prestar atención cuando se está cansado. Esta es una de las muchas razones por las que no es beneficioso pasarse la noche estudiando, porque un cerebro cansado no codificará bien la información que intentas aprender.

Dos unidades para dormir

¿Por qué nos cansamos? El sueño está determinado por dos elementos.

La *presión del sueño* (también llamada deuda de sueño) se acumula mientras estás despierto; cuanto más tiempo estés despierto, mayor será la presión que sientas para dormir. La presión del sueño está relacionada con la acumulación de ciertas sustancias químicas en el cerebro, cuyos niveles vuelven a la normalidad cuando duermes.

El *ritmo circadiano* rige los patrones diarios normales de sueño y vigilia; es la razón por la que puedes despertarte antes de que suene el despertador y por la que sufres *jet lag*. El ritmo circadiano viene determinado principalmente por la luz del día, que provoca la liberación de *melatonina* horas más tarde. La melatonina es una hormona que le indica al cerebro que es hora de iniciar el proceso para conciliar el sueño.

Uno se cansa cuando la presión del sueño alcanza niveles suficientes o cuando el ritmo circadiano ha desencadenado la liberación de melatonina, lo que indica que es hora de dormir. Cuando tu rutina de sueño es coherente, estos dos impulsos están sincronizados, de modo que, cuando llega el momento de irse a dormir, la presión del sueño está al máximo y los niveles de melatonina aumentan rápidamente. Si, por el contrario, estos impulsos son divergentes, seguirás sintiéndote cansado y tendrás dificultades para aprender información nueva.

Por ejemplo, supongamos que viajas de Boston a Londres. Coges un vuelo que sale a las ocho y media de la tarde y, debido al ajetreo del día preparando el viaje, te quedas dormido incluso antes de que despegue el avión. Te despiertas cuando aterriza el avión, seis horas y media más tarde. Aunque son las ocho de la mañana, hora de Londres, y seis horas y media es tiempo suficiente para aliviar la presión del sueño, te das cuenta de que estás muerto de cansancio. ¿Por qué? Porque según tu ritmo circadiano son las tres de la madrugada, hora de Boston, y deberías estar profundamente dormido.

En otra ocasión, estás en casa, pero te has pasado toda la noche trabajando. Son las ocho de la mañana y tu ritmo circadiano está preparado para que te despiertes un día más, pero te sientes agotado porque la presión del sueño se ha acumulado durante más de veinticuatro horas.

¿Ayuda la cafeína?

Supongamos que estás cansado debido a la presión del sueño por haberte acostado demasiado tarde o porque tu ritmo circadiano está alterado por haber dormido hasta el mediodía todos los días de tu semana de vacaciones y ahora tienes que volver al trabajo el lunes a las ocho de la mañana. ¿Te ayudará tomar una taza de café, té o una bebida energética con una dosis de cafeína?

La respuesta, como quizá sepas por experiencia propia, es sí y no. La cafeína bloquea temporalmente los efectos de la presión del sueño y puede restablecer el nivel de alerta necesario para prestar la atención adecuada y poder recordar la información. Sin embargo, la cafeína no puede hacer mucho frente a la creciente presión del sueño. La conclusión es que la cafeína puede ayudar a estar más alerta durante un tiempo, pero no sustituye al mantenimiento de un ritmo circadiano constante y a dormir bien por la noche. Lo que nos lleva a la siguiente razón por la que el sueño es importante para la memoria.

Dormir para prepararse para el nuevo aprendizaje

¿Recuerdas el hipocampo, la zona de tu cerebro con forma de caballito de mar que interviene en el almacenamiento, la retención y la recuperación de los recuerdos de la que hablamos en las partes I y II? Tiene un número limitado de células que deben utilizarse para almacenar nuevos recuerdos. Si sobrepasa ese límite, es posible que no pueda mantener la información nueva diferenciada de la ya aprendida, o que sobrescriba un recuerdo con otro. ¿Alguna vez has estado estudiando el mismo tipo de material durante horas y horas y te has dado cuenta de que los detalles de algunos hechos empiezan a confundirse con los de otros hasta que gran parte de lo que estás intentando aprender parece fundirse? Eso puede ser una señal de que has alcanzado tu capacidad para recordar ese tipo de información... hasta que duermes.

Como aprendiste en el capítulo 4, cuando duermes, eres capaz de trasladar las principales responsabilidades de la recuperación de tus recuerdos recién adquiridos del hipocampo a la corteza (las capas externas del cerebro), donde esos recuerdos pueden tener un almacenamiento más permanente y a largo plazo. Si el recuerdo tiene que ver contigo, es probable que siga vinculado al hipocampo. Si, por el contrario, el recuerdo se relaciona con hechos (como quién era Rosa Parks), la conexión con el hipocampo puede interrumpirse sin que disminuya la precisión de este recuerdo semántico (véase el capítulo 5). En cualquier caso, el sueño consigue liberar la capacidad del hipocampo, por lo que te despiertas con una capacidad renovada para adquirir nuevos aprendizajes (figura 20.1).

El cerebro menguante

¿Cómo liberar capacidad cerebral? Está demostrado que alrededor del 80 % de las sinapsis del cerebro —las conexiones entre neuronas— se reducen mientras dormimos. Unas conexiones más pequeñas indican que la fuerza de las trazas de memoria se reduce o se elimina por completo. Este encogimiento es selectivo, de modo que los rastros de memoria más estables (presumiblemente importantes) no se ven afectados, mientras que la mayoría de las demás conexiones se reducen para prepararse para el nuevo aprendizaje. Se cree que este es uno de los mecanismos por los que, con el tiempo, olvidamos cosas sin importancia que nos sucedieron el día anterior y, sin embargo, recordamos las cosas importantes.[1] Sin embargo, este modelo de selectividad de la memoria no es el único. La reactivación de los recuerdos importantes durante el sueño también es fundamental, como veremos más adelante.

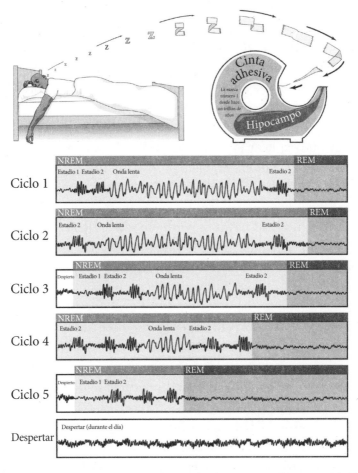

Figura 20.1. El sueño repone la capacidad de unión del hipocampo (arriba). Formas de onda EEG de ciclos de sueño típicos a lo largo de una noche de sueño (abajo).

Etapas del sueño

Matt Walker, de la Universidad de California en Berkeley, contribuyó a demostrar la importancia del sueño en el aprendizaje de nuevos conocimientos y a describir una parte de su mecanismo. Invitó a un grupo de estudiantes universitarios a su laboratorio y, al mediodía, les hizo estudiar cien caras, cada una de ellas emparejada con un nombre único. A continuación, la mitad de los estudiantes fueron elegidos al azar para dormir la siesta, mientras que la otra mitad permaneció despierta. A las seis de la tarde, todos intentaron aprender otros cien pares de cara-nombre. A pesar de tener la misma capacidad de atención, el grupo que durmió la siesta aprendió un 20 % más de pares que el grupo que permaneció despierto. Además, esta mayor capacidad de aprendizaje se correlacionaba con una etapa específica del sueño. ¿Qué fase es la más importante? Para responder a esta pregunta, primero tenemos que explicar las distintas etapas del sueño.[2]

Como sabrás por experiencia propia, cuando un ruido o la necesidad de ir al servicio te despierta por la noche, suele coincidir con un sueño ligero y solo en raras ocasiones con el sueño «profundo». Tal vez solo hayas experimentado el hecho de despertar de un sueño profundo cuando tienes *jet lag*. En cualquier caso, probablemente sepas que el sueño se produce en diferentes etapas. De hecho, solemos pasar por diferentes fases del sueño unas cinco veces cada noche.

Las fases se denominan así en función de si los ojos se mueven con rapidez o no, y también de lo que puede verse en un electroencefalograma (EEG) si se colocan electrodos en la cabeza para registrar la actividad cerebral mientras se duerme. El sueño con movimientos oculares rápidos (MOR) es la fase en la que se producen los sueños más intensos y, a menudo, extraños. El sueño no REM (NREM) se divide en las fases 1, 2, 3 y 4. Las fases 3 y 4 se suelen agrupar en tres grupos. Las fases 3 y 4 suelen agruparse y denominarse «sueño de ondas lentas», porque durante esas fases las células cerebrales se disparan en ondas sincrónicas, creando «ondas lentas» en el electroencefalograma. El sueño de ondas lentas es un sueño «profundo» en el que es difícil despertarse, la fase 2 de la fase NREM es «más ligera» porque es más fácil despertarse, y la fase 1 es aún más ligera, tanto, que es posible que ni siquiera te des cuenta de que estabas dormido si te despiertas.

La figura 20.1 muestra algunos ciclos de sueño típicos de una noche de sueño normal. Puedes ver cómo varía la proporción de tiempo dedicada a los distintos ciclos a lo largo de la noche. Observa también que es normal despertarse brevemente un par de veces cada noche, aunque es posible que no recuerdes estos despertares.

Volviendo al experimento de Matt Walker con estudiantes universitarios que aprendían pares de caras y nombres, descubrió que, cuando los estudiantes dormían la siesta, la cantidad de tiempo que pasaban en la fase 2 del sueño NREM era beneficiosa para aprender más pares. La fase 2 del sueño NREM contiene ráfagas de actividad denominadas *husos* del sueño por su aspecto en el electroencefalograma. De hecho, el número de husos de sueño se correlacionaba con la capacidad de los estudiantes para aprender más pares de caras y nombres. Este hallazgo y otros similares sugieren que estos husos pueden ayudar a procesar los recuerdos para evitar que se olviden.

Consolida recuerdos mientras duerme

Ahora entiendes otra razón por la que el sueño es tan importante para la memoria: te permite consolidar los recuerdos, transfiriéndolos de recuerdos accesibles de forma transitoria a recuerdos que pueden recuperarse días o incluso años después. Como ya hemos visto en los capítulos 4 y 5, muchos recuerdos episódicos que representan acontecimientos de la vida seguirán conectados al hipocampo, mientras que la mayoría de los recuerdos semánticos de hechos e información se almacenarán únicamente en el córtex.

Este proceso de consolidación dependiente del sueño no solo libera el hipocampo para nuevos aprendizajes, sino que también ayuda a consolidar en la memoria la información aprendida. Por ejemplo, si aprendes una lista de hechos por la noche y luego duermes ocho horas, puedes recordar entre un 20 y un 40 % más que si aprendieras esa lista por la mañana y estuvieras despierto ocho horas. Además, el número de hechos que recordarás durante la noche está correlacionado con el tiempo total de sueño NREM.[3] Repasar la información que esperas memorizar por la noche, poco antes de dormir, puede ser una herramienta poderosa para ayudarte a retener la información recién aprendida.

La memoria procedimental —la memoria de las habilidades aprendidas, como el baloncesto o el esquí— también se consolida cuando duermes. Mientras duermes, tu cerebro ensaya la secuencia de órdenes motoras necesarias para realizar una acción. A veces, esto significa que puedes despertarte siendo mejor en una habilidad motora de lo que eras cuando te fuiste a dormir. Como ya hemos comentado en el capítulo 2, aunque este aprendizaje desconectado puede producirse mientras estás despierto, es más intenso cuando duermes y, en particular, cuando estás en la fase 2 del sueño NREM. Dado que la fase 2 del sueño NREM es más frecuente al final del sueño, es posible que los deportistas no se estén ayudando a sí mismos cuando se levantan temprano para entrenar si para hacerlo reducen su sueño en una hora o más. El jugador de baloncesto LeBron James, por ejemplo, es consciente de la importancia del sueño para su rendimiento: duerme de ocho a nueve horas por la noche y a lo largo del día puede echarse una siesta de algunas horas más.

DORMIR PARA RECORDAR LO IMPORTANTE

El sueño no retiene indiscriminadamente todos los recuerdos: el sueño REM potencia preferentemente los recuerdos a largo plazo que el cerebro ha etiquetado como importantes de alguna manera. Los recuerdos que no son importantes —como lo que has desayunado esta mañana— no se reforzarán y, tras unas cuantas noches de sueño, es probable que se olviden por completo. Repasa las partes I y II para saber por qué algunos recuerdos se etiquetan como importantes y otros no.

¿SE PUEDE UTILIZAR EL SUEÑO PARA MEJORAR DETERMINADOS RECUERDOS?

Si el sueño NREM es tan beneficioso para la memoria, quizá te preguntes si hay alguna forma de mejorar algunos de los contenidos concretos que has aprendido ese día mientras duermes.

Ken Paller y sus colegas de la Universidad Northwestern pusieron a prueba esta idea enseñando a los participantes a asociar cincuenta imágenes únicas de objetos con cincuenta lugares concretos de una pantalla de ordenador. Cada imagen se emparejaba con su sonido correspondiente, como *miau* con gato. A continuación, los participantes dormían la siesta mientras escuchaban veinticinco de los sonidos emparejados durante el sueño NREM. Los sonidos se reproducían en voz muy baja para no despertar a los participantes. Después de la siesta, se pidió a los participantes que utilizaran el ratón del ordenador para mover cada imagen de objeto a su ubicación específica en la pantalla del ordenador que habían aprendido antes de la siesta. Diez de los doce participantes mostraron una colocación más precisa para los objetos cuyo sonido se reprodujo mientras dormían. Obsérvese que los participantes no eran conscientes de que se habían reproducido sonidos mientras dormían la siesta y, de hecho, se les pidió que adivinaran qué sonidos habían escuchado mientras dormían.[4] En la actualidad se han realizado más de noventa experimentos con más de dos mil sujetos que confirman que la reproducción de audio durante la fase 2 del sueño NREM y del sueño de ondas lentas funciona para mejorar la memoria del material al que se refiere la pista, incluidos olores, sonidos y palabras de vocabulario.[5]

Entonces, ¿deberías empezar a grabar la información que quieres recordar mejor y reproducirla mientras duermes? ¿O deberías intentar mejorar el recuerdo de la información que aprendiste mientras escuchabas una música determinada poniendo esa música cuando duermes? Tal vez. Actualmente se están llevando a cabo experimentos sobre la aplicación práctica de este tipo de técnicas, que pueden dar lugar a nuevas formas de mejorar la memoria.

Recuerdos interconectados: sueño REM

Habrás observado que, hasta ahora, hemos hablado sobre todo del papel del sueño NREM en la memoria. Pero el sueño REM también es importante. Una hipótesis intrigante sugiere que es durante el sueño REM cuando los recuerdos recién consolidados se interconectan con todos los recuerdos anteriores, incluida la historia autobiográfica de la vida y el acervo de hechos y conocimientos.

Si te pedimos que pienses en la primera palabra que te viene a la mente cuando decimos *sueño*, es posible que pienses en *dormir*, y si decimos *médico*, es posible que pienses en *enfermera*, ya que dormir y enfermera son asociaciones fuertes para sueño y médico, respectivamente. Pero, cuando Robert Stickgold y sus colegas de la Universidad de Harvard despertaron a los participantes del sueño REM, descubrieron que, a juzgar por la rapidez con la que los participantes respondían a distintos pares de palabras, las asociaciones débiles eran en realidad más accesibles que las fuertes. Los participantes que se despertaron en la fase REM eran más propensos a relacionar palabras con asociaciones débiles —como *sueño* con *dulce* y *médico* con *consulta*— que a relacionar palabras con asociaciones fuertes. Es como si, durante la fase REM, el cerebro tuviera la oportunidad de probar diferentes asociaciones y ver si alguna de ellas proporciona nuevas ideas útiles. A menudo, no sucede, aunque estas asocieaciones pueden dar lugar a sueños extraños. Pero, como ya hemos comentado en el capítulo 10, la capacidad de darse cuenta de las asociaciones entre distintos recuerdos es fundamental para hacer nuevas inferencias, por lo que, a veces, estas conexiones débiles puestas de manifiesto en el sueño REM proporcionan una nueva perspectiva importante sobre un problema.

Siguiendo estas ideas, Kristin Sanders y sus colegas de la Universidad de Northwestern descubrieron que, cuando se presentaban rompecabezas a los participantes por la noche, el 20 % de los rompecabezas sin resolver podían resolverse a la mañana siguiente. Aunque consideramos que este porcentaje por sí solo es una muestra impresionante del poder del sueño, los participantes fueron capaces de resolver un 10 % adicional de los rompecabezas si se les indicaba mediante la exposición a un sonido relacionado con el rompecabezas mientras dormían.[6] Este experimento demuestra no solo la capacidad del sueño para ayudar a resolver problemas, sino también la importancia de la reactivación de la memoria para encontrar la solución.

El ejemplo histórico más citado de este tipo de trabajo creativo de resolución de problemas mientras se duerme es el de Dmitri Mendeléyev, que soñó el 17 de febrero de 1869 dónde debían colocarse todos los elementos atómicos en la tabla periódica, algo que fue incapaz de hacer durante meses mientras estaba despierto. Al escribirlos nada más despertarse, solo tuvo que hacer una corrección a la solución que le había proporcionado su sueño. Tal vez también hayas estado dándole vueltas a un problema que tu cerebro despierto se ha esforzado en resolver. Mientras estás tumbado con los ojos cerrados preparándote para dormir, dedica uno o dos minutos a pensar en tu problema. Puede que a la mañana siguiente te despiertes con la respuesta.

TE SENTIRÁS MEJOR POR LA MAÑANA

¿Has vivido la experiencia de estar disgustado y que alguien te diga: «No te preocupes, te sentirás mejor por la mañana»? Cuando te despertaste al día siguiente, ¿te sentías mejor? Seguro que sí. De hecho, suponemos que te sentías un poco mejor cada mañana. Tu experiencia de «sentirte mejor» está relacionada con algunas funciones del sueño. Una es la que acabamos de describir: el sueño puede ayudarte a adquirir una nueva perspectiva sobre un problema. Puede que te duermas temiendo una conversación que tienes que mantener con un compañero de trabajo al día siguiente. Pero, por la mañana, tal vez adviertas que puedes utilizar una

283

experiencia anterior (cuando recibiste una crítica por parte de un jefe) para orientar la conversación de forma constructiva.

Otra función importante del sueño es eliminar las emociones relacionadas con los recuerdos dolorosos y perturbadores, pero manteniendo el contenido de la memoria. De este modo, sigues recordando con claridad lo que te disgustó, pero, con el sueño, no vuelves a experimentar toda la intensidad emocional del suceso cada vez que lo recuperas de la memoria.

Volvemos a recurrir a un estudio de Matt Walker que nos ayuda a comprender cómo se produce este despojamiento de las emociones mientras se duerme. Hizo que los individuos vieran fotos emotivas mientras estaban en un escáner de resonancia magnética para monitorizar su actividad cerebral. Como era de esperar, se produjo una fuerte activación en la amígdala, una estructura en forma de almendra situada justo delante del hipocampo que genera las emociones. Todos los participantes volvieron al escáner doce horas más tarde, pero la mitad de los sujetos se sometieron inicialmente a la prueba por la noche y, por tanto, durmieron una noche entre las sesiones, mientras que la otra mitad se sometió inicialmente a la prueba por la mañana y, por tanto, estuvo despierta entre las sesiones. Los investigadores descubrieron que los que dormían presentaban reducciones significativas de sus sensaciones emocionales, así como de la reactivación de la amígdala. Además, estas importantes reducciones se correlacionaban con la cantidad de tiempo pasado en sueño REM, lo que sugiere que se trata de otra función importante de esta fase del sueño.[3]

Un estudio relacionado realizado por Rick Wassing y sus colegas en Ámsterdam descubrió que no solo el sueño REM es importante para esta adaptación de la amígdala, sino que el sueño REM debe ser relativamente continuo, con pocas interrupciones, para que la adaptación tenga éxito. Los participantes cuyo sueño REM era muy fragmentado no mostraban los efectos beneficiosos del sueño para reducir las emociones.[7]

Otra investigadora, Rosalind Cartwright, de la Universidad Rush, descubrió que era fundamental que el propio sueño se relacionara con la experiencia dolorosa para que los individuos con depresión pudieran despojarse de las emociones dolorosas y superar esas experiencias. Los individuos que no soñaban con su experiencia dolorosa y traumática no podían eliminar las emociones del suceso y no experimentaban una remisión de su depresión.[8]

Es posible que recuerdes circunstancias en las que soñaste —quizá durante varias noches— con un suceso perturbador, para sentirte algo mejor al respecto en los días y semanas siguientes. Andrew ha tenido esta experiencia relacionada con la vivencia más dolorosa y traumática de su vida, la de su hijo Danny, al que diagnosticaron autismo grave antes de cumplir los dos años. Danny nunca aprendió a hablar. Por eso, los sueños que Andrew tuvo, con variaciones durante semanas y meses, implicaban a Danny hablando. Andrew todavía se siente triste en ocasiones al pensar en lo que podría haber sido sin el autismo. Pero, probablemente gracias a esos sueños, Andrew ha podido superar el dolor de las limitaciones de Danny y disfrutar de las virtudes de Danny y del tiempo que pasan juntos.

DORMIR PARA REDUCIR EL RIESGO DE ALZHEIMER

En el capítulo 13 mencionamos cómo la enfermedad de Alzheimer está causada por las placas amiloides y los ovillos neurofibrilares, conjuntos de proteínas que pueden observarse al microscopio. La mayoría de los investigadores creen que la enfermedad comienza con las placas amiloides. Luego, cuando las placas crecen lo suficiente, empiezan a dañar las células cerebrales vecinas, que forman ovillos que matan a las células.

Resulta que todos producimos algo de esta proteína amiloide durante el día. La función normal del amiloide no está clara; algunos investigadores (entre ellos Andrew) creen que participa en la defensa del cerebro contra las infecciones. Por tanto, aunque una parte del amiloide puede ser beneficiosa, se cree que un exceso provoca directamente la enfermedad de Alzheimer. ¿Cómo elimina nuestro cuerpo el exceso de amiloide para que no desarrollemos Alzheimer? Durmiendo, por supuesto.

Maiken Nedergaard, de la Universidad de Rochester, ha realizado trabajos pioneros sobre el mecanismo de drenaje del cerebro, llamado «sistema glinfático». Aunque este sistema está activo durante el día, es entre diez y veinte veces más activo por la noche. Por tanto, necesitamos dormir para eliminar el exceso de proteína amiloide.

Como era de esperar, hay estudios que demuestran que el riesgo de padecer demencia y Alzheimer aumenta si se duerme mal.[9,10] Pero también hay estudios que demuestran que se puede reducir el riesgo de padecer Alzheimer mejorando la calidad del sueño.[11]

DORMIR PARA REDUCIR EL RIESGO DE ICTUS Y DE DEMENCIA VASCULAR

Después de la enfermedad de Alzheimer, los accidentes cerebrovasculares son la causa más común de pérdida de memoria y demencia. Dormir poco aumenta el riesgo de aumento de peso, hipertensión, diabetes y cardiopatías, todo lo cual incrementa el riesgo de accidentes cerebrovasculares, pérdida de memoria y demencia, como se explica con más detalle en los capítulos 13 y 14.

NO TRASNOCHES

A estas alturas debería ser obvio que el sueño es tan importante para la memoria y el cerebro que solo conseguirás reducir tu rendimiento en el examen del día siguiente si «trasnochas» o te quedas despierto toda la noche. Además de estar cansado al día siguiente y tener dificultades para prestar atención, si no duermes bien, retendrás peor la información que aprendiste el día anterior y serás mucho menos capaz de aprender nuevos datos que si duermes bien por la noche.

¿Puedes recuperar horas de sueño el fin de semana? No. El sueño no es como un banco del que puedas sacar un préstamo y devolverlo más tarde. Por supuesto, si las circunstancias de la vida te impiden dormir lo suficiente durante la semana (tal vez seas padre primerizo o trabajes en turnos diferentes), échate una siesta de vez en cuando e intenta acostarse un poco antes las noches que puedas. Está demostrado que dormir un poco más el día antes de acostarse tarde puede ayudar a que el cerebro funcione mejor. Pero, para que la memoria funcione de forma óptima, es importante dar prioridad a dormir a pierna suelta cada noche.[12]

SUEÑO Y ESCUELA

Ahora bien, hay algunas personas que se saltan sistemáticamente las pautas del sueño saludable: se acuestan tarde, se levantan temprano e intentan recuperar el sueño durante los fines de semana. ¿Quiénes son estos peligrosos infractores de las normas? Los estudiantes, por supuesto, sobre todo los adolescentes.

Aunque hemos introducido este tema con humor, el sueño de los estudiantes no es cosa de risa. Se ha estudiado el sueño en estudiantes de primaria, secundaria, bachillerato y universidad. En todos y cada uno de los casos, los estudiantes que dormían mejor obtenían mejores resultados académicos.[13,14]

Es importante destacar que un estudio realizado por investigadores del Instituto Tecnológico de Massachusetts midió el sueño y el rendimiento en los exámenes de los estudiantes universitarios durante el mes, la semana y la noche anterior al examen. Curiosamente, aunque no encontraron ninguna relación entre el rendimiento en los exámenes y el sueño la noche anterior a un examen, sí encontraron una fuerte relación entre la calidad del sueño y el rendimiento en los exámenes durante el mes y las semanas anteriores. Este efecto beneficioso del sueño era tan fuerte que explicaba casi una cuarta parte de las diferencias observadas entre las notas de la clase.[15] Este y otros estudios similares demuestran que unos buenos hábitos de sueño a lo largo del tiempo realmente marcan la diferencia en el aprendizaje.

Hablando de la escuela, los estudiantes rinden notablemente más cuando la hora de inicio de las clases se retrasa de las siete y media a las ocho y media de la mañana o más tarde. La adolescencia es un periodo de desarrollo asociado a un cambio circadiano hacia horas de sueño más tardías y despertares más tardíos, por lo que cambiar la hora de inicio de las clases puede alinearla mejor con los ritmos circadianos naturales de los adolescentes. En un ejemplo de Edina (Minesota), tras pasar de las 7:25 a las 8:30, los resultados en las pruebas de aptitud verbal y matemática (SAT) aumentaron de 605 y 683 a 761 y 739, respectivamente.[3] Solicita hoy mismo a tu escuela horarios de inicio más naturales.

¿TIENES ALGÚN TRASTORNO DEL SUEÑO?

Los trastornos del sueño son muy frecuentes. A veces no están relacionados con otros problemas, pero a menudo están causados por efectos secundarios de medicamentos u otros trastornos médicos. Los trastornos del sueño suelen asociarse a uno o varios de los siguientes síntomas: ronquidos muy fuertes, despertarse jadeando, necesidad de mover las piernas cuando se intenta dormir, movimiento excesivo mientras se duerme y sensación de cansancio al día siguiente. Si sospechas que puedes padecer un trastorno del sueño, asegúrate de comentarlo con tu médico. Si estos trastornos alteran tu sueño, pueden, a su vez, alterar tu memoria.

¿DEBERÍAS TOMAR SOMNÍFEROS?

Si tienes problemas para conciliar el sueño, ¿debes tomar somníferos? Sí y no. Hay dos «somníferos» que suelen ser seguros y no comprometen la memoria ni aumentan el riesgo de demencia: la *melatonina* y el *paracetamol*.

Melatonina

Como hemos descrito anteriormente en este capítulo, la melatonina es una hormona que el cuerpo produce para ayudar a regular el ciclo del sueño. Cuando los niveles de melatonina aumentan, el cuerpo se prepara para dormir. Si tienes dificultades para regular tu ciclo de sueño por cualquier motivo —incluido el *jet lag*— puedes beneficiarte de tomar melatonina. Informa a tu médico si estás interesado en tomar este medicamento, ya que puede interactuar con otros fármacos.

Pero, antes de coger ese frasco, comprueba si puedes producir tu propia melatonina pasando al menos treinta minutos al aire libre o cerca de una ventana iluminada por el sol entre la una y las tres de la tarde. Esa exposición al sol te ayudará a generar tu propia melatonina aproximadamente ocho horas después, entre las nueve y las once de la noche. El problema se agrava en invierno, cuando las bajas temperaturas pueden disuadirte de aventurarte al aire libre.

Por este motivo, puede ser beneficioso regular tu ciclo de sueño con pastillas de melatonina, al menos durante un tiempo hasta que tu cuerpo adquiera un buen ritmo. Entonces podrás dejar de tomar las pastillas porque habrás entrenado a tu cuerpo para seguir un buen ciclo. Empieza con 0,5 miligramos una hora antes de acostarte, y aumenta en las siguientes dosis cada dos o tres semanas hasta que duermas mejor o hayas alcanzado la dosis más alta: 1, 3, 6, 9, 12, 15 mg. Después de probar varias dosis, reduce la dosis a la más baja que funcione igual de bien. En otras palabras, si pruebas todas las dosis hasta 15 mg pero descubres que la dosis de 3 mg funciona tan bien como la de 15 mg, reduce la dosis a 3 mg.

Recuerda que la melatonina regula el ciclo del sueño pero no hace que te duermas instantáneamente, por lo que NUNCA tomes melatonina en mitad de la noche o puedes impedir que el sueño te alcance a una hora normal.

Paracetamol

¿Alguna vez te has desvelado por sentir dolores articulares, de espalda, musculares o cervicales? Mucha gente sí. Por eso el paracetamol, un analgésico suave, puede ayudarte a conciliar el sueño.

Como siempre, informa a tu médico si deseas probar este método. Te recomendamos que tomes una sola pastilla de 325 mg unos treinta minutos antes de acostarte.

No tomes otros somníferos con o sin receta médica

¿Y todos los demás somníferos, con o sin receta, que existen? Te recomendamos encarecidamente que no los tomes. Los somníferos no producen un sueño natural. Te sedan. Deterioran la memoria episódica y procedimental, no solo de la información y las habilidades aprendidas ese mismo día, sino también de la información y las habilidades que quieres aprender al día siguiente. Muchos también provocan dependencia, de forma que es más difícil conciliar el sueño sin ellos. Un amplio metaanálisis que revisó los datos de unas 4500 personas descubrió que los somníferos solo producían «ligeras mejoras», de una media de veintidós minutos, en la velocidad a la que se conciliaba el sueño en comparación con los placebos.[16]

Nuestra firme recomendación —apoyada por el Colegio Americano de Médicos— es que no tomes somníferos (salvo melatonina y paracetamol) si quieres optimizar tu memoria. Dormirse veintidós minutos antes es un resultado insignificante comparado con el deterioro de la memoria que provocan estos somníferos. Pocas personas se quedan dormidas en el momento en que su cabeza toca la almohada. No hay nada malo en acomodarse en la cama entre diez y veinte minutos antes de dormirse.

Entonces, ¿qué debes hacer en lugar de tomar pastillas si tienes problemas para conciliar el sueño? Utiliza técnicas no farmacológicas para conciliar el sueño, tal como se describe al final de este capítulo, o consulta a tu médico para que te derive a una terapia cognitivo-conductual.

¿Estás pensando en consumir alcohol para conciliar el sueño? En realidad, el alcohol interrumpe y fragmenta el sueño, bloqueando las propiedades beneficiosas del sueño, además de interferir con el aprendizaje y la memoria, como se analizó en el capítulo 19.

No te metas un atracón: estudia, duerme, repasa

Volvamos a la historia del principio de este capítulo. Al entrar en la universidad, estudiaste dos idiomas nuevos. Aunque le dedicaste el mismo tiempo a cada uno, para el árabe estudiaste una hora diaria, cuatro días a la semana, durante diez semanas, con un total de cuarenta horas. Para el alemán estudiaste diez horas al día durante los dos días anteriores al parcial y los dos días anteriores al final, también un total de cuarenta horas. En ambas asignaturas sacaste sobresaliente. Pero, al volver a clase al año siguiente, te diste cuenta de que retenías bastante bien uno de los idiomas, mientras que el otro había desaparecido casi por completo. A estas alturas del capítulo, deberías saber qué idioma conservaste, cuál desapareció y por qué.

Estudiando árabe una hora al día —y luego durmiendo con esa información— no sobrecargabas tu hipocampo, y había tiempo para que la información almacenada en tu hipocampo cada día se consolidara cada noche, formando memorias episódicas y semánticas nuevas y duraderas. Así, no solo podías recordar el árabe para los exámenes, sino que también eras capaz de retener la información durante el año siguiente.

Por el contrario, cuando estudias alemán durante diez horas al día en solo cuatro días, tu hipocampo es incapaz de transferir toda la información aprendida a tu córtex en solo unas pocas noches de sueño. Esta es una de las principales razones por las que debes espaciar tu aprendizaje y no empollar para los exámenes.

Dormir para recordar

He aquí algunos consejos para mejorar el sueño y optimizar la memoria.[17]

- Revisa el material que deseas recordar poco antes de acostarse. Así se reducen las interferencias de otra información y se aumenta la probabilidad de que la información se refuerce en la memoria durante la noche.

- Si escuchas música tranquila y relajante mientras estudias, intenta escuchar la misma música mientras te preparas para dormir. Esto puede aumentar la probabilidad de que la información que estudiaste se reactive durante la noche.

- No empolles. Espacia tu aprendizaje. Recuerda: estudia, duerme, repasa.

- No te pases la noche en vela; recordarás más información si te das tiempo para dormir.

- Asegúrate de dormir lo suficiente cada noche.

- Recuerda que es probable que necesites pasar entre siete y nueve horas en la cama para conseguir la cantidad de sueño necesaria. Empieza con ocho horas en la cama si no estás seguro de lo que es adecuado para ti y date más tiempo si lo necesitas (o menos si necesitas menos tiempo).

- ¿Cómo sabes si duermes lo suficiente cada noche? Hazte las siguientes preguntas. Si has respondido «no» a una o más de ellas, prueba a darte más tiempo para dormir y comprueba si te sientes mejor.

  — ¿Te despertarías cerca de la hora que marca tu despertador aunque te olvidaras de ponerlo?

  — ¿Te sientes descansado y sin sueño a última hora de la mañana?

  — ¿Puedes funcionar óptimamente sin cafeína antes del mediodía?

  — ¿Puedes asistir a una aburrida conferencia o película con las luces apagadas sin luchar por mantenerte despierto?

- ¿Y si tienes insomnio, problemas para conciliar el sueño? ¿O te despierta en mitad de la noche?

  — Cuando te levantas por la mañana, ¿te sientes bien descansado? ¿Estás despierto y alerta a lo largo del día? ¿Puedes responder «sí» a todas las preguntas anteriores sobre cómo saber si duermes lo suficiente cada noche? Si es así, puede que simplemente no necesites estar en la cama tanto tiempo. Intenta acortar el tiempo que pasas en la cama quince minutos cada semana hasta que descubras que puedes dormirte más rápidamente o que has alcanzado un mínimo de siete horas de sueño.

— Recuerda que es normal que muchas personas pasen de quince a veinte minutos en la cama antes de conciliar el sueño; no debes considerarlo un problema.

— Recuerda también que durante el sueño normal se producen varios despertares breves durante la noche; si puedea volver a dormirte en diez o quince minutos (quizá después de ir al baño), esto no suele ser un problema.

— Estimula tu propia liberación de melatonina exponiéndote a la luz solar a primera hora de la mañana y durante al menos treinta minutos cada día a primera hora de la tarde (normalmente de trece a quince horas es lo mejor).

— **Acuéstate y levántate a la misma hora todos los días: los fines de semana igual que entre semana.** Esto es tan importante que hemos tenido que ponerlo en negrita. Si necesitas acostumbrarse, primero fija una hora estándar para despertarte. Después de hacerlo durante un par de semanas, probablemente te darás cuenta de que empiezas a sentirte cansado a la misma hora cada noche. Escucha a tu cuerpo y utiliza esa hora como hora estándar para acostarte.

— Si duermes la siesta, no debe ser después de las tres de la tarde ni durante más de veinte o treinta minutos. (Si duermes la siesta durante más tiempo, es probable que te despiertes durante el sueño profundo —lo que hará que te sientas perezoso durante bastante tiempo— y puede que te resulte difícil conciliar el sueño por la noche).

— Utiliza un colchón y una almohada cómodos.

— Las habitaciones deben estar libres de aparatos (sin pitidos ni luces), oscuras y frescas (generalmente entre 18 y 20 grados centígrados).

— Si miras el reloj intentando conciliar el sueño o volver a dormirte, dale la vuelta o quítalo.

— No mires pantallas LED azules (como las de ordenadores, tabletas y teléfonos inteligentes) antes de acostarte o mientras lo haces. Incluso con los filtros de luz azul puestos, el tiempo de pantalla antes de acostarse puede perjudicar un sueño reparador.

— No mires el correo electrónico ni realices otras actividades no relajantes mientras te acuestas.

— Reduce la ansiedad y las preocupaciones antes de meterte en la cama. Lee un libro, escucha música, practica la meditación o toma un baño caliente. Intenta establecer una rutina nocturna que ayude a tu cuerpo a saber que es hora de dormir.

— Haz ejercicio durante el día; esto te ayudará a conciliar el sueño y a dormir profundamente por la noche. (Nota: Hacer ejercicio por la tarde o por la noche puede quitarte el sueño).

— Las bebidas con cafeína (como el café, el té, los refrescos de cola y las bebidas energéticas) pueden mantenerte despierto, así que asegúrate de tomarlas a primera hora del día, quizá solo por la mañana. La cantidad también importa. Puede que te vaya mejor sin ninguna bebida con cafeína. Recuerda que el café «descafeinado» sigue conteniendo cafeína, por lo que es posible que debas suprimirlo, sobre todo por la tarde o por la noche. El chocolate (incluido el chocolate caliente) contiene una sustancia similar a la cafeína y también puede mantenerte despierto.

— No consumas nicotina. También es un estimulante y puede mantenerte despierto.

— Reduce el consumo de alcohol, sobre todo por la tarde y por la noche. Aunque pueda parecer que el alcohol ayuda a dormir, no es así. El alcohol fragmenta el sueño y provoca muchos despertares breves no recordados. También suprime el sueño REM, por lo que las alucinaciones son uno de los síntomas de la abstinencia del alcohol. Las alucinaciones pueden ser en realidad el rebote del sueño REM y la irrupción en la conciencia despierta.

— Evita las comidas copiosas y las bebidas a altas horas de la noche. La fruta, aunque saludable, contiene mucha agua y puede obligarte a ir al baño en mitad de la noche.

— Algunos medicamentos que pueden tomarse a cualquier hora del día alteran el sueño si se toman por la noche. Pregunta a tu médico si es seguro trasladar algunos de tus medicamentos nocturnos a la tarde o a la mañana.

— Si llevas treinta minutos tumbado en la cama y te entra ansiedad por dormirte o te siente activo, levántate y haz algo tranquilo y relajante en otra habitación poco iluminada hasta que te sientas más tranquilo.

— Si llevas treinta minutos tumbado en la cama y no te sientes ansioso ni activo, sino que simplemente te relajas y dormitas, puede que no necesites salir de la cama. Adormecerse, relajarse y soñar despierto en la cama con los ojos cerrados puede tener un valor reconstituyente siempre que sea durante su hora habitual de sueño.

— Si sigues teniendo problemas para conciliar el sueño, intenta llevar un registro del sueño durante al menos dos semanas. Registra a qué hora te acuestas, a qué hora intentas dormir, a qué hora te levantas, lo descansado (o no) que te sientes, cuántas veces recuerdas haberte levantado por la noche (y durante cuánto tiempo aproximadamente), cuántas bebidas con cafeína consumes durante el día y a qué hora, cuánto ejercicio haces y a qué horas, las horas y los alimentos que tomas en las comidas y otra información que consideres importante. Compara tu registro con la información que has aprendido en este capítulo. Probablemente encontrarás muchas formas de mejorar el sueño.

— Por último, es completamente normal tener problemas para dormir un par de veces al mes. Eso no es señal de que algo vaya mal ni de que tengas que cambiar tus hábitos de sueño.

ACTIVIDAD, ACTITUD, MÚSICA, ATENCIÓN PLENA Y ENTRENAMIENTO CEREBRAL

Miras por la ventana el hermoso día que hace fuera. La gente pasea, los niños juegan, pero tú estás dentro sentado frente al ordenador. Suena el teléfono y contestas. «No, lo siento, hoy no puedo salir a pasear contigo, tengo que trabajar en este programa informático de entrenamiento cerebral... ¿Vas a ir a bailar más tarde? Vaya, suena divertido, pero probablemente debería hacer otro de estos módulos informáticos», respondes. Cuelgas, suspiras, apartas los ojos de la ventana y vuelves al programa informático.

En este capítulo responderemos a preguntas del tipo: ¿son los programas informáticos de entrenamiento cerebral la mejor manera de mantener la memoria fuerte y el cerebro sano, o es mejor pasear y bailar con los amigos? ¿Es beneficioso escuchar música, o es solo una distracción agradable? ¿Hay algo de cierto en eso de la meditación de atención plena? ¿Hasta qué punto es importante tener una actitud positiva?

PARTICIPAR EN ACTIVIDADES SOCIALES

Somos animales sociales

El cerebro humano no evolucionó para resolver crucigramas o sudokus. Los humanos somos animales sociales y, en parte, nuestro cerebro evolucionó para comprender y facilitar interacciones sociales complejas.[1] Si necesitábamos un recordatorio sobre la importancia de las actividades sociales para nuestra salud cognitiva y emocional, la pandemia de la COVID-19 nos lo proporcionó. El aislamiento social provocado por la pandemia y la consiguiente soledad y desconexión que tal vez experimentaste no solo pusieron en peligro tu salud emocional, sino también tu salud cognitiva.

Compromiso social y deterioro cognitivo

Si estás en la mediana edad o eres una personas mayor, debes saber que se ha demostrado que participar en actividades sociales reduce el riesgo de deterioro cognitivo y el posterior desarrollo de deterioro cognitivo leve y demencia.[2] Estos efectos no son poca cosa: un grupo de investigadores de la Universidad Rush de Chicago realizó un seguimiento de más de mil adultos mayores durante cinco años y descubrió que los individuos que eran más activos socialmente mostraban un 70 % menos de deterioro cognitivo en comparación con los que tenían los índices más bajos de actividad social.[3] (No obstante, hay que tener en cuenta que estas reducciones del riesgo suelen basarse en correlaciones, lo que significa que también es posible que lo que algunos de estos estudios nos estén diciendo realmente es que quienes empiezan a desarrollar deterioro cognitivo dejan de participar en actividades sociales).

Buscar interacciones sociales positivas

No es sorprendente que las interacciones sociales beneficiosas para la salud cognitiva sean las descritas como «positivas» y «agradables». Las interacciones sociales negativas pueden ponerte en riesgo de deterioro cognitivo.[4] Así que, sea cual sea tu edad, te recomendamos que busques y cultives interacciones sociales positivas. No olvides que, además de la escuela, el trabajo y tu red actual de amigos y familiares, puedes considerar la posibilidad de participar activamente en un centro comunitario, club o asociación cultural.

Las mezquitas, las sinagogas o las iglesias también organizan muchas actividades sociales. También puedes socializar apuntándote a una clase para aprender un nuevo deporte, afición, idioma o juego. Hay muchas oportunidades de participar socialmente, así que elige una hoy mismo y ¡mejora tu salud mental!

Escuchar música

La música enciende el cerebro

Después de las actividades sociales, probablemente no haya nada que active tantas partes del cerebro como escuchar música. La música puede sincronizar la actividad de muchas regiones cerebrales, como el córtex auditivo que procesa el sonido, el córtex visual que procesa la visión y el córtex prefrontal que coordina la actividad cerebral. En este contexto, la música puede describirse mejor como el «director» de la orquesta cerebral.[5] La música también activa el sistema motor del cerebro que interviene en el movimiento, incluidas algunas de las mismas regiones que intervienen en la memoria procedimental: el córtex premotor y el cerebelo (el pequeño cerebro). Se cree que estas conexiones con el sistema motor permiten seguir el ritmo de la música.[6] Por último, la música también activa las regiones de la memoria emocional y episódica, incluidas las que se encuentran junto al hipocampo.[7]

La música te hace sentir bien

Tal vez por los sentimientos positivos que puede generar, la gente asocia la música con diversos aspectos beneficiosos de la salud emocional y la función cognitiva. La AARP (antigua Asociación Americana de Jubilados) encuestó a más de tres mil adultos mayores de dieciocho años y descubrió que la música se relacionaba con niveles reducidos de ansiedad y depresión, una salud mental muy buena o excelente, una buena calidad de vida, felicidad y bienestar emocional, además de la capacidad de aprender cosas nuevas.[8]

La musicoterapia y la danza benefician
a las personas mayores

La musicoterapia se ha utilizado con éxito para mejorar el estado de ánimo y la memoria en individuos con demencia leve o moderada por enfermedad de Alzheimer. M. Gómez Gallego y J. Gómez García, investigadores de Murcia (España), descubrieron que doce sesiones de musicoterapia mejoraron la función cognitiva general de los pacientes en el Mini-Mental State Examination (más conocido como MMSE) de 15,0 a 19,6 puntos sobre 30 posibles, lo que equivale a retrasar el reloj de esta enfermedad casi dos años.[9] También se ha demostrado que la música afecta positivamente a los recuerdos antiguos conservados en personas con demencia moderada o grave, y convierte a personas retraídas y sedentarias en personas animadas y activas.[10]

De hecho, al combinar la música con el ejercicio y la interacción social, el baile ha demostrado ser especialmente beneficioso para las personas mayores sanas. Un metaanálisis reveló que tomar clases de baile de diez semanas a dieciocho meses mantenía o mejoraba el rendimiento cognitivo.[11]

Estudiar con las melodías adecuadas

¿Conviene estudiar con música? ¿Ayudará, perjudicará o no tendrá ningún efecto en tu memoria? Distintos investigadores han obtenido resultados diferentes. Sin embargo, Claudia Echaide, David del Río y sus colegas de Madrid (España) podrían tener una explicación para estos resultados divergentes. Descubrieron que escuchar música instrumental de fondo no afectaba a la memoria inmediatamente ni cuarenta y ocho horas después para recordar una lista de palabras no relacionadas, pero sí lo hacía para la información visoespacial.[12] Los autores interpretaron que sus hallazgos estaban relacionados con que la música instrumental competía en el cerebro con la información visual del hemisferio derecho, pero no con la información verbal del hemisferio izquierdo. Si los autores están en lo cierto, escuchar canciones con letra puede que te impida estudiar para el examen de vocabulario, mientras que la música instrumental podría perjudicarte para el examen final de historia del arte.

La música también puede motivarte a alargar tus sesiones de estudio y a perseverar más tiempo en tus intentos de comprender nuevos datos. Es posible que permanezcas más tiempo en la biblioteca (alejado de las tentaciones de las redes sociales) si estudias acompañado de una banda sonora que te guste. El estado de ánimo positivo evocado por la música también puede ayudarte a contrarrestar el estrés que sientes por un examen próximo, estrés que de otro modo podría perturbar tu capacidad para comprender y aprender la información.

Por lo tanto, escucha la música que te gusta cuando estudies, pero no dejes que compita con la información que estás intentando memorizar.

Baila toda la noche

Tanto si eres joven como mayor, nuestra recomendación es que escuches la música que te gusta. Mejor aún, muévete con la música, ya sea balanceándote en tu dormitorio al ritmo de jazz, saltando en el salón al son del hip hop o bailando toda la noche al ritmo de la música disco.

ENTRENA TU CEREBRO: PRACTICA LA ATENCIÓN PLENA

No olvides prestar atención

Prestar atención es el primer paso para recordar información, como dónde aparcaste el coche, los temas expuestos en tu discurso de ventas o el nombre de la mujer que te acaban de presentar. Prestar atención es un concepto aparentemente sencillo, pero, como se explica en las partes I y II, no siempre resulta fácil de conseguir. Todos nos distraemos con facilidad. Puede que estés pensando en los recados que tienes que hacer en el centro comercial y no en dónde has dejado el coche. Puede que estés tan nervioso por el discurso de ventas que tienes que dar por la mañana que no puedas concentrarte en los temas que debes memorizar. Puede que los aperitivos te parezcan tan tentadores que no prestes atención a la mujer que te acaban de presentar. Como no estabas prestando atención, no es de extrañar que no puedas recordar dónde aparcaste, los temas de tu charla o el nombre de esa mujer.

Mejora tu atención practicando mindfulness

Una forma de mejorar tu atención —y, por tanto, tu memoria— es practicar la meditación. Ejercitar la atención plena puede enseñarte a estar presente y a prestar atención a lo que estás haciendo. Muchos estudios han demostrado que la práctica de la atención plena puede mejorar la capacidad de prestar atención y recordar.[13,14]

¿Cómo mejora la atención el entrenamiento en *mindfulness*? Ben Isbel, Mathew Summers y sus colegas de la Universidad de Sunshine Coast (Australia) realizaron un interesante experimento para intentar responder a esta pregunta. Examinaron los cambios en la actividad eléctrica del cerebro detectados mediante un electroencefalograma (más conocido como EEG) en adultos mayores sanos que realizaron un entrenamiento de atención plena durante seis meses. El entrenamiento consistía en pedir a los participantes que tomaran conciencia de las sensaciones que acompañan a la respiración. Además de mejorar significativamente el rendimiento en una tarea que medía la atención, los investigadores observaron cambios en el EEG que sugerían que se habían mejorado dos procesos cerebrales diferentes. El entrenamiento en atención plena aumentó la eficiencia de las vías cerebrales que procesan la información entrante procedente de los sentidos, y también potenció la capacidad del ejecutivo central del cerebro para dirigir la atención hacia la información de interés. Así pues, el entrenamiento en *mindfulness* mejoró tanto los procesos «ascendentes» como los «descendentes» que facilitan la atención, tal y como se describe en el capítulo 3.[15]

Comienza con un minuto

Aunque practicar *mindfulness* no es para todo el mundo, puede ser adecuado para ti. Si quieres intentarlo, hay muchas formas de aprender a hacerlo. Además de clases virtuales y presenciales, también hay libros impresos y en audio, vídeos en línea y aplicaciones para teléfonos inteligentes que pueden ayudarte a empezar. Andrew dedica una docena de minutos cada mañana a la atención plena. Elizabeth también practica *mindfulness*. Ambos te recomendamos que encuentres un momento en el que puedas integrar la atención plena en tu rutina diaria, por ejemplo, cuando te despiertes por la mañana, como parte de tu rutina antes de acostarte o quizás cuando te estés relajando después de hacer ejercicio. También te recomendamos empezar poco a poco —quizá solo un minuto al día— y aumentar un minuto cada semana hasta alcanzar tu objetivo. Una vez que domines las nociones básicas para concentrarte en la respiración, podrás incorporar la atención plena a otras actividades, como caminar del coche a la oficina.

TENER UNA ACTITUD POSITIVA

¿Puede una actitud positiva marcar realmente la diferencia? La respuesta es sí, puede marcar la diferencia. Una actitud positiva puede mantener tu memoria —y tu cerebro— en forma. Por el contrario, una actitud negativa puede ser perjudicial para tu memoria. Veamos un par de razones.

Actitud y comportamiento

Becca Levy y sus colegas de la Universidad de Yale llevaron a cabo varios estudios para analizar los efectos a largo plazo de la actitud sobre la memoria en adultos mayores. Después de recopilar datos durante treinta y ocho años en el Estudio Longitudinal de Baltimore sobre el Envejecimiento, esta investigadora descubrió que los adultos mayores con opiniones más positivas sobre el envejecimiento (con afirmaciones como «Con la edad llega la sabiduría») mostraban un 30 % menos de deterioro de la memoria en comparación con los que tenían opiniones más negativas (como «Los viejos son despistados»).[16]

¿Cómo es posible? Es probable que la respuesta esté relacionada con otro estudio que Levy y sus colegas llevaron a cabo sobre las autopercepciones de 241 personas mayores que participaron en el Estudio Longitudinal de Ohio sobre el Envejecimiento y la Jubilación. Levy descubrió que las personas con actitudes más positivas tendían a adoptar más conductas preventivas, como hacer ejercicio con regularidad, seguir una dieta equilibrada y tomar los medicamentos según las prescripciones.[17] Así pues, una de las razones por las que la actitud influye tanto en la memoria y la salud cerebral es que una actitud positiva puede generar conductas positivas.

Una profecía autocumplida

La actitud también puede tener efectos más inmediatos. El rendimiento de la memoria puede verse alterado en cuestión de minutos si se muestra a las personas palabras o afirmaciones relacionadas con un estereotipo que les resulte amenazador. Por ejemplo, los adultos mayores obtienen peores resultados en pruebas de memoria cuando se les muestran palabras negativas sobre el envejecimiento como *decrépito* y *senil*, en comparación con cuando se les muestran palabras positivas como *sabio* y *experto*. Estos efectos pueden manifestarse incluso accidentalmente en la consulta del médico si te insinúan que, ahora que eres mayor, es de esperar que tu memoria se resienta.[18]

¿No tienes una actitud positiva? ¡Cámbiala!

Aunque se está investigando cómo afectan exactamente estos estereotipos amenazadores a la memoria y otras capacidades, hay dos cosas claras. En primer lugar, aunque estos efectos son pequeños, también son muy reales y se han reproducido en docenas de estudios. En segundo lugar, hay muchas formas de reducir, eliminar o incluso invertir estos efectos de los estereotipos. Por ejemplo, aunque los estudiantes negros obtuvieron malos resultados en una prueba verbal cuando se les dijo que era «diagnóstica» de sus capacidades verbales, su rendimiento mejoró drásticamente simplemente describiendo la prueba como «no diagnóstica» de sus capacidades verbales, eliminando así la amenaza de que un mal rendimiento pudiera confirmar un estereotipo negativo.[19] Y ya hemos mencionado que los adultos mayores obtienen mejores resultados en las pruebas de memoria cuando se les muestran palabras positivas sobre el envejecimiento.

La conclusión es que, aunque pueda parecer pseudociencia o mera «psicología pop», la actitud realmente marca la diferencia. Así que, si no tienes una actitud positiva, trabaja para cambiarla hoy mismo.

PARTICIPA EN ACTIVIDADES NOVEDOSAS QUE ESTIMULEN TU MENTE

Investigadores de la Clínica Mayo de Rochester (Minesota) realizaron un seguimiento de dos mil adultos sanos de setenta años o más durante cinco años, con el fin de determinar qué factores les protegían de la pérdida de memoria y el deterioro cognitivo leve (véase el capítulo 13). Descubrieron que participar en dos, tres, cuatro o cinco actividades mentalmente estimulantes en la tercera edad se correlacionaba con un menor riesgo de desarrollar pérdida de memoria, con una tendencia que sugería que, cuantas más actividades, menor era el riesgo. Algunas de las actividades beneficiosas tanto en la mediana edad como en la tercera edad fueron las actividades sociales, el uso del ordenador y los juegos de mesa. Las manualidades también resultaron beneficiosas en la tercera edad.[20] Entre las actividades que han demostrado ser beneficiosas en otros estudios se incluyen tocar instrumentos musicales y bailar.

Busca la novedad

Aún más impresionantes son los beneficios que se observan cuando las personas participan en una actividad novedosa, como aprender una nueva habilidad, dedicarse a una nueva afición o visitar un lugar nuevo. De hecho, un grupo de investigadores de la Universidad Case Western Reserve de Ohio observó que el menor riesgo de desarrollar la enfermedad de Alzheimer se daba en las personas que participaban con más frecuencia en actividades nuevas.[21]

¿Pueden los adultos mayores mejorar su capacidad de pensamiento y memoria entrenándose en actividades diferentes y mentalmente estimulantes? Esta fue la pregunta que se plantearon Lesley Tranter y Wilma Koutstaal, psicólogas de la Universidad de Reading (Inglaterra). Descubrieron que tras diez o doce semanas de entrenamiento en actividades novedosas y mentalmente estimulantes, las medidas de resolución de problemas y pensamiento flexible aumentaban significativamente.[22]

Reducir al mínimo la televisión y las redes sociales

Si las actividades novedosas y mentalmente estimulantes son útiles, cabe preguntarse si hay otro tipo de actividades que podrían ser malas para el cerebro. La respuesta es sí. En un estudio, Heather Lindstrom y sus colegas de la Universidad Case Western Reserve utilizaron cuestionarios recogidos de 135 individuos con enfermedad de Alzheimer y 331 adultos mayores sanos para examinar el número de horas dedicadas a 26 actividades de ocio cuando tenían entre 40 y 59 años. Tras registrar el año de nacimiento, el sexo, los ingresos y la educación, descubrieron que cada hora diaria adicional dedicada a ver la televisión en la mediana edad aumentaba 1,3 veces el riesgo de padecer Alzheimer en la tercera edad. Por el contrario, participar en actividades intelectualmente estimulantes y en actividades sociales reducía el riesgo de desarrollar la enfermedad.[23] Otros estudios sugieren que niveles elevados de uso de los medios sociales pueden asociarse de forma similar a un aumento de los fallos de memoria. Curiosamente, algunos de los efectos de las redes sociales parecen estar relacionados con su tendencia a aumentar las emociones negativas, lo que va en contra de los intentos de mantener una actitud positiva.[24] Así pues, apaga el televisor, deje de revisar los mensajes en línea y utiliza ese tiempo para realizar actividades más estimulantes para la mente, ya que pueden mejorar tanto tu estado de ánimo como tu memoria.

Encuentra actividades estimulantes en tu vida diaria

Si juntamos todos estos datos, el mensaje es claro. Tanto si se es joven como de mediana edad o se está en la tercera edad, lo mejor es participar en actividades novedosas y mentalmente estimulantes. Entre ellas se incluyen las actividades sociales, pero también el aprendizaje de nuevas habilidades y aficiones y visitar nuevos lugares. Si estás estudiando, es una etapa maravillosa para realizar actividades novedosas y mentalmente estimulantes de todo tipo, incluidos los deberes. Si trabajas en un empleo que te proporciona este tipo de estímulos, también es estupendo. Sin embargo, si estás jubilado o tu trabajo no te proporciona el tipo de estimulación adecuado, te recomendamos que busques aficiones, deportes u otras actividades que sí lo hagan.

¿Y LOS JUEGOS DE ORDENADOR DE ENTRENAMIENTO CEREBRAL?

Cuidado con las afirmaciones exageradas

Si las actividades novedosas y mentalmente estimulantes son beneficiosas, ¿qué hay de todos esos juegos para el móvil o el ordenador de entrenamiento cerebral? ¿Son beneficiosos? A las empresas que los fabrican les gustaría que pensaras que sí. Por desgracia, estas empresas suelen hacer afirmaciones exageradas, hasta el punto de que, en 2015 y 2016, la Comisión Federal de Comercio de Estados Unidos impuso multas y ordenó retirar las afirmaciones infundadas de los materiales publicitarios de estos productos.[25,26]

¿Funcionan algunos programas informáticos de entrenamiento cerebral?

De acuerdo, algunos productos exageran sus beneficios. Pero ¿merecen la pena otros productos? Es una pregunta complicada, en parte porque existen cientos de programas de entrenamiento cerebral (y cada día se añaden más), y en parte porque rara vez se realizan los estudios adecuados con los controles apropiados. Cuando se realizan los controles adecuados, los resultados suelen ser negativos.

Por ejemplo, un grupo de investigadores de la Escuela de Medicina Icahn de Mount Sinai, en Nueva York, examinó la eficacia de un programa comercial informático de entrenamiento cognitivo en adultos de ochenta años o más. Y lo que es más importante, compararon el programa de entrenamiento con un control activo consistente en jugar a juegos de ordenador que mantenían el interés de los participantes pero no estaban diseñados para mejorar su cognición. Los resultados mostraron que ninguno de los dos grupos mejoró su pensamiento y memoria y no hubo diferencias entre los grupos al final del estudio.[27]

Algunos estudios han demostrado efectos positivos. Investigadores de la Universidad de Iowa examinaron si un grupo de adultos mayores se beneficiaría del entrenamiento cognitivo en comparación con un grupo de control activo que participaba en juegos informáticos casuales. Al cabo de diez semanas, el grupo de entrenamiento cognitivo mostró mayores mejoras en la velocidad a la que era capaz de procesar la información y en su memoria de trabajo, es decir, su capacidad para retener la información en la mente y manipularla (véase el capítulo 3).[28]

Si te gusta, hazlo

¿Cómo conciliamos estos resultados y docenas de pares similares que discrepan entre sí? Estamos de acuerdo con los comentarios de un grupo de científicos de Estados Unidos y el Reino Unido que también se enfrentaron a esta cuestión. Llegaron a la conclusión de que, cuando los individuos participan en programas informáticos de entrenamiento cerebral, existen pruebas fehacientes de que los participantes mejoran en las tareas específicas que entrena el programa, menos pruebas de que los participantes mejoren su rendimiento en tareas similares y muy pocas pruebas de que mejoren su rendimiento cognitivo en actividades de la vida diaria.[29]

Por tanto, si has adquirido un programa de entrenamiento cerebral y lo estás disfrutando, es maravilloso. Te recomendamos que lo consideres un pasatiempo, algo que haces para divertirte, más que algo de vital importancia para tu cerebro. Del mismo modo, si te gusta resolver crucigramas o sudokus, sigue haciéndolo, pero comprende que estas actividades, aunque mucho mejores que la televisión, no son tan buenas como las otras actividades mencionadas en este capítulo, las actividades sociales o las actividades novedosas y mentalmente estimulantes.

CÓMO PUEDES MANTENER LA MEMORIA FUERTE Y EL CEREBRO SANO

Además de realizar ejercicio aeróbico con regularidad, adoptar una dieta mediterránea, limitar el alcohol y el cannabis, no consumir drogas ilegales y dormir bien, las siguientes actividades que acabamos de repasar te ayudarán a mantener sana tu memoria:

- Participar en actividades sociales.
- Escuchar música.
  - — Seguramente porque combina ejercicio, actividades sociales y música, bailar puede ser una de las mejores actividades para mantener fuerte la memoria.
- Practica la atención plena.
  - — El *mindfulness* puede mejorar tu capacidad para centrar tu atención, lo que, a su vez, te ayudará a recordar.
- Mantén una actitud mental positiva.
- Participa en actividades novedosas y estimulantes desde el punto de vista cognitivo.

Pero ¿y si quieres mejorar tu capacidad para recordar algo concreto, como nombres de personas, fórmulas matemáticas o palabras de vocabulario? Para lograr estas proezas de la memoria pasamos a la parte V, donde te mostraremos cómo utilizar estrategias de memoria, herramientas y mnemotecnia.

Parte V
Técnicas para recordar mejor

AYUDAS PARA LA MEMORIA

«Ahora, ¿qué tengo que comprar?», te preguntas mientras estás de pie en el pasillo del supermercado. «Creo que era leche de almendras, aceite de oliva, yogur natural, fresas, arándanos, soja y pipas de girasol… ¿a no ser que fuera leche de soja, aceite de girasol, yogur de fresas y arándanos, judías verdes y almendras?».

Suspiras y miras el reloj, preguntándote si habrá alguien en casa al que puedas llamar para comprobar lo que tenías que comprar. Al mirar la hora, te das una palmada en la frente y exclamas: «¡Oh, no! He olvidado tomar el antibiótico».

A lo largo de este libro, te hemos proporcionado ideas que pueden ayudarte a mejorar tu memoria, basadas en cientos de estudios científicos, así como en nuestra experiencia educativa y clínica. Nuestros objetivos en el capítulo 22 y en el resto de la parte V son recopilar esta información dispersa por todo el libro en un solo lugar y describir estrategias y herramientas adicionales que pueden ayudarte a recordar casi cualquier cosa, incluida la lista de la compra y los medicamentos, como en nuestra pequeña historia anterior. Si acabas de saltar a la parte V sin leer los capítulos de la parte IV, repasa al menos el resumen del final de cada capítulo, ya que el ejercicio, la alimentación, el sueño, las actividades sociales, la actitud, la limitación del alcohol/cannabis/drogas y los demás temas tratados en esa parte del libro son de vital importancia para la memoria.

El contenido de la parte V procede de muchas fuentes. Además de las que hemos enumerado en los capítulos anteriores de este libro, también hemos incorporado información de *Make It Stick: The Science of Successful Learning*, de Peter C. Brown, Henry L. Roediger III y Mark A. McDaniel;[1] *Ageless Memory: The Memory Expert's Prescription for a Razor-Sharp Mind*, de Harry Lorayne;[2] y *Moonwalking with Einstein: The Art and Science of Remembering Everything*, de Joshua Foer,[3] además del libro anterior de Andrew y Maureen K. O'Connor, *Seven Steps to Managing Your Memory: What's Normal, What's Not, and What to Do About It*.[4]

UTILIZA AYUDAS PARA LA MEMORIA

Seas joven o mayor, estudies o trabajes, o creas que tienes buena o mala memoria, puedes utilizar ayudas externas para la memoria —dispositivos físicos, programas informáticos o aplicaciones para el teléfono— que te ayuden a recordar información. ¿Por qué memorizar la lista de la compra cuando puedes escribirla? ¿Por qué guardar las citas en la cabeza cuando puedes hacerlo en un calendario o en el teléfono? Por supuesto, estos consejos presuponen que tendrás a mano el dispositivo de ayuda a la memoria en el momento oportuno; si es muy probable que no lo tengas (tal vez necesites utilizar una contraseña cuando no estés junto al ordenador que contiene el gestor de contraseñas), entonces te convendrá complementar el uso de los dispositivos de ayuda a la memoria con las estrategias que analizaremos en capítulos posteriores.

A algunas personas les preocupa que su memoria se debilite si utilizan ayudas para mejorarla. Nosotros diríamos que hay suficientes cosas en la vida que realmente necesitas memorizar, de modo que, si una ayuda externa para la memoria puede ayudarte, deberías aprovecharla. O, si estás decidido a memorizar toda la información (y te felicito por ello), siempre puedes memorizar esa lista y utilizar un herramienta externa solo para comprobar que lo has recordado todo correctamente.

Cinco principios generales

Hay cinco principios generales que te ayudarán a utilizar las ayudas para la memoria de la forma más eficaz.

1. *Organízate*. Utiliza un sistema para saber qué ayuda vas a utilizar para recordar cada dato.
2. *Prepárate*. Tanto si utilizas un cuaderno de lápiz y papel como tu teléfono, prepárate para utilizar tu ayuda de memoria externa siempre que sea necesario.
3. *No te demores*. Anota las citas inmediatamente en tu agenda de papel, teléfono u ordenador. Cuando aparezca un recordatorio para avisarte, ocúpate de él de inmediato.
4. *No te compliques*. Utiliza la ayuda para la memoria más sencilla. No utilices un complicado sistema de notas cuando basta con una agenda. No hace falta comprar una aplicación de lujo para el teléfono si con una simple aplicación se puede hacer el trabajo.
5. *Desarrolla rutinas*. Las primeras veces que utilices nuevas ayudas para la memoria puede que te cueste un poco más de trabajo o esfuerzo. Pero, una vez que te acostumbres, formarán parte de tu memoria procedimental y te resultará fácil utilizarlas aunque estés distraído, tengas prisa o estés cansado.

Lugares especiales

A Benjamin Franklin le gustaba decir: «Un lugar para cada cosa y cada cosa en su lugar». Es un buen consejo. En este libro hemos puesto el ejemplo de por qué puedes olvidar dónde pones las llaves y cómo puedes recordar mejor dónde las pones. Pero la mejor solución es ponerlas siempre en el mismo sitio, así nunca tendrás que buscarlas. Haz lo mismo con la cartera, el teléfono, los anillos, las gafas y todo lo que utilizas a diario.

¿Qué puedes hacer si no tienes un lugar especial para estos objetos? Es el momento perfecto para crear uno. Algunos buenos lugares potenciales son:

- En una mesa, bandeja o cuenco cerca de la puerta de casa, o quizá en la mesa de la cocina.
- En una pequeña cesta que utiliza imanes para la nevera.
- En una bandeja o cuenco sobre la cómoda o mesilla de noche del dormitorio.
- Encima o en un cajón de tu escritorio.
- En tu maletín, bolso o bolsa de viaje.

El lugar más adecuado para ti dependerá, en parte, de dónde sueles utilizar estos objetos. Por ejemplo, puedes guardar las gafas y los auriculares en el maletín o el bolso, y las llaves, la cartera y los anillos en el dormitorio. Otros factores que debes considerar son la probabilidad de que entren a robar en tu casa: si es probable, querrás ocultar los objetos de valor (quizá en un cajón) en lugar de colocarlos junto a la puerta.

CALENDARIOS Y AGENDAS

La mayoría de la gente utiliza un calendario o una agenda, pero no todo el mundo le saca el máximo partido. Algunos prefieren las agendas físicas de papel, aunque hoy en día la mayoría de la gente utiliza calendarios para el móvil. Sea cual sea el que utilices, asegúrate de incluir las cinco cuestiones clave de cada cita: *con quién, para qué, qué necesito, cuándo* y *dónde*.

- ¿Con *quién* es la cita?
- ¿*Para qué* es la cita?
- ¿*Qué necesito* llevar o preparar para la reunión?
- ¿*Cuándo* es la cita?
- ¿*Dónde* es el encuentro?

Asegúrate de incluir la dirección de la sala de reuniones física o virtual en Internet. Te sugerimos que incluyas también un número de teléfono o una dirección de correo electrónico por si tienes problemas para encontrar la ubicación física o virtual.

Te recomendamos que lleves el calendario siempre contigo para poder añadir citas a medida que vayan surgiendo. Sea cual sea el tipo de calendario que utilices, es bueno crear periódicamente una copia de seguridad por si acaso se pierde. La mayoría de los calendarios electrónicos tienen copias de seguridad incorporadas, y puede que quieras hacer copias (quizá sacar fotos con el móvil) de los calendarios en papel.

LISTAS DE TAREAS

Las listas de tareas pendientes pueden variar desde una simple lista en papel hasta sistemas de gestión de proyectos de cuatro cuadrantes a través de aplicaciones. Recomendamos adaptar la complejidad de la lista a la tarea.

Listas sencillas

Si vas al supermercado, no hay nada malo en hacer una lista con papel y bolígrafo para tenerla a mano mientras recorres los pasillos. Este tipo de listas sencillas también funcionan muy bien para listas de recados, recados, ropa para las vacaciones, etc.

El sistema de los cuatro cuadrantes

Dwight D. Eisenhower dijo: «Tengo dos tipos de problemas: los urgentes y los importantes. Los urgentes no son importantes, y los importantes nunca son urgentes».[5] Basándonos en el reconocimiento de esta diferencia crítica entre importancia y urgencia, te recomendamos que utilices lo que a menudo se denomina el sistema de gestión del tiempo de los cuatro cuadrantes o el método Eisenhower cuando hagas listas para el trabajo, la escuela u otros proyectos.

Este método tiene la ventaja de permitirte recordar lo que es importante, aunque no sea urgente. También te permite ver lo que debes hacer primero y lo que no debes molestarte en hacer. Te recomendamos que utilices una cuadrícula de papel, *app* o web como esta para cada área de tu vida (trabajo, escuela, personal), asignatura (historia, matemáticas, ciencias) o gran proyecto de trabajo (diferentes empresas o clientes, etc.).

Importante/Urgente	Importante/No urgente
Cuestiones que debes atender en primer lugar.	Proyectos a largo plazo que debes recordar.
No importante/Urgente	No importante/No urgente
Tareas que, aunque no sean importantes, debes realizar.	Pérdidas de tiempo que deberías evitar por completo.

RECORDATORIOS

Ya sean notas adhesivas de papel o alarmas electrónicas, todo el mundo puede beneficiarse de los recordatorios de medicamentos, reuniones, citas, proyectos y plazos. No olvides que puedes personalizarlos si lo deseas, para que te recuerden una reunión con cinco minutos de antelación en lugar de quince si eso es lo que prefieres. Si utilizas notas adhesivas, asegúrate de ponerlas en un lugar donde las veas (como el espejo del baño o la puerta de entrada) y retíralas cuando las hayas utilizado.

PASTILLEROS

Los medicamentos son importantes y omitir una dosis o doblarla puede tener consecuencias graves. ¿Por qué confiar en tu memoria para saber si has tomado tu medicación cuando un pastillero puede hacerlo por ti? Incluso cuando solo hay que tomar uno o dos medicamentos, muchas personas tienen un breve lapsus de atención o un falsa recuerdo (véase el capítulo 12) y acaban saltándose la medicación o tomándola dos veces por accidente. No dejes que eso te ocurra.

Existen muchos tipos de pastilleros. El pastillero básico tiene un compartimento para cada día de la semana y está disponible para una, dos y cuatro semanas. También hay pastilleros de dos compartimentos para la medicación de la mañana y de la noche, y de tres compartimentos para la medicación de la mañana, de la tarde y de la noche. Si tienes que tomar medicamentos por la tarde, quizá te interese un pastillero de bolsillo que puedas llevar contigo cuando salgas.

Algunos pastilleros incorporan alarmas, pantallas de visualización e incluso dispositivos de comunicación que avisan a los familiares si se te olvidan los medicamentos. Por último, muchas farmacias prepararán diariamente tus medicamentos en blísteres de plástico, gratis o por un módico precio. Habla con tu médico si no estás seguro de cuál es el pastillero más adecuado para ti.

LAS AYUDAS PARA LA MEMORIA PUEDEN AYUDAR

Nuestra recomendación es que siempre consideres la posibilidad de utilizar una ayuda para recordar información si es importante o fácil hacerlo.

- Cinco principios generales para utilizar eficazmente las ayudas a la memoria: *Organizarse. Prepararse. No demorarse. No complicarse. Desarrollar rutinas.*
- Un lugar para cada cosa y cada cosa en su lugar.
- Incluye las cinco *preguntas clave* en tu calendario o agenda: *Quién, Para qué, Qué necesitas, Cuándo* y *Dónde*.
- Utiliza listas sencillas para tareas sencillas.
- Utiliza el sistema de los cuatro cuadrantes para los proyectos: *importante/urgente, importante/no urgente, no importante/urgente, no importante/no urgente*.
- Utiliza recordatorios.
- Usa un pastillero.

23
ESTRATEGIAS BÁSICAS

Lees el capítulo del libro de texto y subrayas los puntos clave. Luego lo relees varias veces. Cada vez que lo lees te parece más fácil, de modo que, en la última lectura, estás completamente seguro de que dominas el contenido. Sin embargo, ahora tienes dificultades para responder a las preguntas del examen. Sabes que has estudiado el contenido, pero no puedes recordarlo.

En este capítulo describiremos cómo aprender cualquier contenido que desees recordar para que puedas comprar rápidamente en el supermercado, aprobar el examen de matemáticas, nombrar correctamente a tus pacientes, conseguir un ascenso y mucho más. ¿Te gustaría conocer las mejores técnicas de estudio y evitar aquellas que te dan una falsa sensación de dominio y no te permiten aprender? ¿Necesitas recordar la lista de la compra, las citas del día, fórmulas matemáticas, términos anatómicos o el plan estratégico de tu empresa?

ESTRATEGIAS A LA HORA DE ADQUIRIR RECUERDOS

Motivación

La capacidad de recordar empieza por el deseo de recordar. Si alguien está hablando y no estás interesado en escucharle, es poco probable que recuerdes lo que está diciendo, ya se trate de un colega que se está presentando o de un profesor en el estrado. Por tanto, si más tarde quieres recordar lo que alguien está diciendo, es importante que tengas en cuenta los objetivos que te motivan a recordar sus palabras. Este colega podría ser un magnífico colaborador en un proyecto futuro, y no querrás pasar vergüenza y olvidar su nombre en la próxima reunión. Y, sí, lo que está diciendo el profesor puede ser importante no solo para que apruebes el examen, sino también para el resto de tu carrera. Este principio de motivación es clave en todas las formas de memoria intencional. Por ejemplo, si quieres ser capaz de encontrar tu coche después del concierto, debes estar motivado para prestar atención al lugar en el que aparcas.

Alinear los objetivos del momento con los de la memoria

¿Cuántas veces habrías deseado prestar más atención cuando más tarde intentas recordar la información, como la combinación temporal de tu taquilla o dónde dejaste las llaves? Estar motivado en teoría no es suficiente; si más tarde quieres ser capaz de abrir tu taquilla o localizar tus llaves, tienes que alinear tu objetivo en el momento en que se está formando el recuerdo con tu objetivo posterior de recordar. Así que, antes de cerrar tu taquilla, tómate un minuto para almacenar en tu memoria el número de la taquilla y su combinación. Del mismo modo, concéntrate en dónde dejas las llaves. Las técnicas que se describen más adelante en este capítulo y en los dos siguientes te ayudarán a formar y almacenar estos recuerdos.

Ajustando tus objetivos, también puedes cambiar lo que recuerdas de un acontecimiento. Por ejemplo, si vas a una fiesta para divertirte y pasarlo bien, probablemente recordarás los juegos, las sonrisas y las bromas de las que formaste parte. Si vas a la misma fiesta para establecer contactos con personas que podrían ayudarte en tu carrera profesional, es probable que recuerdes a las pocas personas que encajan en ese papel. Y si estás buscando un nuevo estilo que refleje mejor tu personalidad, es probable que recuerdes muchas de las prendas, cortes de pelo, gestos y formas de hablar de las personas que te causaron una buena impresión. En cada una de estas situaciones puede que no estuvieras intentando recordar conscientemente. Pero prestaste mucha atención mientras jugabas, hablabas con personas que podrían ayudarte en tu carrera y buscabas elementos de estilo, lo que te llevó a recordar esos aspectos de la fiesta.

¡Relájate! No permitas que la ansiedad te domine

La ansiedad puede ser una fuente de distracción, sobre todo si te hace rumiar fallos de memoria del pasado u otros pensamientos desagradables en lugar de centrar tu atención en el presente. Hay varias cosas que puedes hacer para reducir tu ansiedad. Por ejemplo, puede ser útil practicar regularmente la respiración profunda o la meditación de atención plena (véase el capítulo 21).

A veces, replantear los objetivos puede reducir la ansiedad. Por ejemplo, si crees que se te da mal recordar los nombres de las personas y vas a conocer a alguien nuevo en este momento, tener como objetivo motivador «recordar su nombre» solo puede servir para aumentar tu ansiedad. Un objetivo más específico y menos intimidatorio como «voy a formar una imagen visual que me ayude a recordar su nombre» puede ayudarte a sentirte menos ansioso y a recordar mejor el nombre. Del mismo modo, si te angustia tener que preparar y memorizar cinco capítulos de lectura o 25 diapositivas, intenta centrarte en un solo capítulo o una sola diapositiva, algo que no te resulte demasiado intimidatorio. Cuando hayas terminado un capítulo o una diapositiva, pasa al siguiente. Normalmente, una vez que empiezas, verás que tus niveles de estrés vuelven a la normalidad.

Esfuérzate en hacer cuatro cosas

Si solo tuviéramos espacio para hablar de una estrategia en este libro, sería la del esfuerzo. Nada te ayudará más a recordar la información que el esfuerzo. Intentar recordar conscientemente puede ser una forma poderosa de alinear tus esfuerzos con tus objetivos de retener la información. De hecho, si estudiar te parece demasiado fácil, a veces eso significa que la técnica de estudio que estás utilizando no va a ser muy eficaz para aprender el material. Tendrás éxito cuando tus objetivos te lleven a esforzarte para procesar la información.

Te recomendamos que te esfuerces en *cuatro* cosas: centrar tu atención; organizar, agrupar y fragmentar la información; comprender el material, y relacionar la nueva información con cosas que ya sabes.

Centra tu atención

Una parte fundamental del esfuerzo es estar presente y prestar atención a cualquier actividad, acontecimiento o información que estés intentando recordar. Trabaja para centrarte en lo que quieres recordar e intenta ignorar todo lo demás. Centrar la atención requiere esfuerzo pero, como acabamos de decir, el esfuerzo te ayudará a recordar. Siéntate derecho en la silla. Si notas que tu atención se desvía, vuelve a centrarla en el material, la experiencia, la conferencia o la reunión que quieres recordar. Si estabas ensimismado cuando dejaste las llaves, es poco probable que recuerdes dónde las pusiste; haz una pausa en tus pensamientos y presta atención mientras dejas las llaves. Si no quieres contar dos veces la misma historia a la misma persona, presta mucha atención a quién está contigo mientras la cuentas; fíjate en sus expresiones faciales y reacciones mientras cuentas tu historia. ¿Te interesa mejorar tu capacidad de atención? Prueba a practicar la atención plena, como describimos en el capítulo 21.

- *Evita las distracciones, no hagas varias cosas a la vez.* Puesto que prestar atención es tan importante para formar recuerdos, esperamos que te resulte obvio que no recordarás bien la información si te distraes porque tu atención se centra en otra cosa al mismo tiempo. Los estudios demuestran que, aunque muchas personas creen que se les da bien la multitarea, ¡en realidad se equivocan! Nadie es capaz de hacer dos cosas a la vez tan bien como si solo se concentrara en una tarea. Así que apaga la televisión, cierra las pestañas del navegador, deja de mirar los mensajes, pon el teléfono en *no molestar* y luego escóndelo. El mero hecho de tenerlo cerca puede distraerte.

- *Tómate descansos.* Si te sientes mentalmente fatigado cuando estudias y no puedes concentrarte, tómate un breve descanso. Da un paseo. Charla con un amigo. Toma un tentempié. Haz lo que necesites para recargar las pilas y prepararte para seguir estudiando.
- *Considera la posibilidad de tomar una taza de café (o té).* Es importante estar alerta y atento —no somnoliento ni aburrido— cuando intentas aprender información nueva. A veces, una taza de café o té puede ayudarte a estar más alerta y prestar más atención. Sin embargo, como se describe detalladamente en el capítulo 20, el café y el té no son sustitutos del sueño reparador.
- *Utiliza tus sentidos.* Una estrategia beneficiosa para ayudarte a recordar casi cualquier tipo de experiencia o información es utilizar tus sentidos. Para recordar dónde has puesto las llaves, escucha el sonido que hacen cuando las metes en el cuenco metálico. Si intentas recordar las palabras de una página, dales nuevas dimensiones. No te limites a leer de dónde vienen las piezas de un coche: visualiza los diversos componentes que viajan desde distintas partes del mundo, convergen en Detroit y se ensamblan en un automóvil. Si quieres recordar un día en la playa, huele la brisa del mar. Siente la arena bajo tus pies al caminar por la playa y el viento al mover los pelitos de tus antebrazos. Observa los cubos de plástico de colores y las palas llenas de arena y agua salada. Escucha los gritos y las risas de tus nietos por encima del sonido del oleaje cuando las olas intentan llevarse sus castillos de arena.
- *Crea mnemotecnias de sensaciones.* También puedes utilizar tus sensaciones de forma creativa para ayudarte a recordar información. Por ejemplo, ¿acabas de conocer a Bárbara con un vestido rosa brillante? Imagina su nombre escrito en letras rosa chillón a juego con el vestido. También puedes utilizar imágenes para recordar información; por ejemplo: «Como sabía lo que tenía que hacer,

aparqué el coche en el nivel dos», o «Si quiero una rosa bonita, debo acordarme de regarla con la manguera».

Organizar, agrupar y trocear

El material organizado o agrupado de forma lógica es más fácil de recordar que la información aleatoria u ordenada de forma poco útil. Por poner un ejemplo obvio, te resultará más difícil recordar la compra si está ordenada así:

- Manzanas.
- Panecillos de hamburguesa.
- Maíz (en conserva).
- Hilo dental.
- Huevos.
- Guisantes congelados.
- Tomates verdes.
- Melón.
- Helados.
- Queso.
- Donuts.
- Alubias (en conserva).
- Enjuague bucal.
- Coliflor.

que si agrupas los elementos en categorías:

- Manzanas.
- Melón.
- Tomates verdes.
- Coliflor.
- Huevos.
- Queso.
- Panecillos de hamburguesa.
- Donuts.
- Maíz (en conserva).

- Alubias (en conserva).
- Guisantes congelados.
- Helados.
- Hilo dental.
- Enjuague bucal.

Del mismo modo, si estás repasando los nombres de tus antiguos amigos del instituto para tu próxima reunión, intenta recordarlos por los distintos grupos o círculos sociales en los que los conociste, en lugar de por el orden en el que aparecen en el anuario.

También se puede organizar el material fragmentándolo. Pocas personas pueden recordar largas listas ininterrumpidas de números o letras, como el número de la tarjeta de crédito 1350246791181012. Pero si divides los números o las letras en fragmentos, puedes encontrar patrones útiles, como impares (1 3 5), pares (0 2 4 6), impares (7 9 11), pares (8 10 12). También puedes convertir los números en otra información que te resulte significativa o más fácil de recordar. Por ejemplo, este número también podría recordarse como: 1/3/50 (1 de marzo de 1950); 2/4/67 (2 de abril de 1967); 9/1/1810 (9 de enero de 1810), y 12 (diciembre). Incluso convirtiéndolo en números de dos cifras te resultará más fácil, ya que ocho números son más fáciles de recordar que 16: 13 50 24 67 91 18 10 12. También puedes relacionar los números de dos cifras troceados con aquellos con los que estés más familiarizado, como los resultados de baloncesto o quizá los números de las camisetas de los jugadores de béisbol. De este modo, puedes imaginarte los ocho números de dos cifras de tu tarjeta de crédito asignados a ocho jugadores de béisbol diferentes en el campo interior y exterior. En el capítulo 25 describiremos otras formas de recordar números.

Comprender

Es casi imposible recordar detalles, acontecimientos o experiencias si no los entiendes. Por eso, si estás aprendiendo algo nuevo, asegúrate de que lo entiendes bien. Extrae las ideas clave, constrúyelas en un modelo mental y conéctalo a tus conocimientos previos. Hacer una presentación sobre el material (o simplemente prepararse para hacerla) es una forma de asegurarte de que realmente lo dominas. Si estás viviendo una experiencia que quieres recordar para siempre, piensa en el significado de lo que está ocurriendo a tu alrededor, ya sea una celebración especial, una noche de elecciones o el nacimiento de un hijo.

- *Construye desde los cimientos.* Recuerda que para comprender la nueva información que estás aprendiendo, primero debes comprender el material anterior de base. Hay que gatear antes de andar, dominar la aritmética antes que el álgebra y comprender la fisiología normal antes que las enfermedades que la afectan. Asegúrate de que dominas los conceptos básicos. Una vez que lo hayas hecho, trabaja para comprender cómo los nuevos conocimientos que estás aprendiendo encajan con tus conocimientos previos. Reflexiona sobre las ideas clave que estás aprendiendo. Piensa en distintos ejemplos. Observa cómo estas ideas y ejemplos se relacionan con lo que ya sabes. Continúa el proceso de comparar y contrastar los nuevos conocimientos con los que ya tienes a medida que crezca tu dominio de un tema, estableciendo asociaciones sobre la marcha.
- *Recita el contenido.* Una forma de utilizar el esfuerzo para facilitar la comprensión cuando se aprende información nueva es obligarse a reproducir el contenido con tus propias palabras. Extrae los puntos clave y recítalos en voz alta para ti mismo o para otra persona. Sigue el proverbio latino *Docendo discimus*, «enseñando se aprende». Recuerda que, cuando el aprendizaje es más difícil, es más profundo y dura más.

Relacionar-Hacer asociaciones

Una de las estrategias de memoria más poderosas es establecer asociaciones entre la información nueva que intentas recordar y la información más antigua que ya conoces. También puedes crear otras asociaciones. Por ejemplo, si tiendes a perder las gafas de leer y las dejas sobre el libro, intenta asociar ambas cosas para acordarte. Puedes imaginarte un libro hecho de cristal, o quizá imaginar que el libro lleva puestas las gafas. Incluso expresar verbalmente la asociación puede ayudarte a recordarla más tarde. Di en voz alta: «Voy a dejar las gafas sobre mi libro».

¿Estás intentando aprender un nuevo programa informático o una aplicación para *smartphone*? Piensa en cómo tus acciones sobre la pantalla podrían relacionarse con cosas con las que estás más familiarizado, como mover papel u otros objetos físicos y manipularlos.

Si estás intentando recordar una dirección, intenta relacionar el nombre de la calle con el número. A continuación se muestran algunos de los nombres de calles más comunes en Estados Unidos, cada uno emparejado con un número aleatorio del 1 al 100. Veamos cómo puedes hacer asociaciones que te ayuden a recordar los números que los acompañan.

- 65 Park Avenue: 65 años es la edad a la que tradicionalmente se empieza a ser *senior*. Por eso puedes imaginarte a una persona mayor de pelo blanco aparcando su coche en un lugar especial para *mayores* junto al parque.
- 76 Main Street: quizá conozcas la canción que empieza: «76 trombones encabezaron el gran desfile». Y casi seguro que sabe que la Declaración de Independencia de Estados Unidos se firmó en 1776. Así que puedes imaginarte 76 trombones desfilando por Main Street durante una celebración del Día de la Independencia.
- 25 Oak Street: como 25 céntimos equivalen a 25 centavos, intenta imaginarte un roble, pero, en lugar de bellotas, hay monedas de 25 centavos colgando de él, y cada moneda tiene la imagen de una bellota en lugar de una cara.
- 24 Clear Street: imagina un bosque con dos docenas de pinos que da paso a un claro con una casa de cristal.
- 99 Washington Street: tal vez puedas imaginarte a un George Washington de 99 años en su caballo cabalgando por la calle.
- 54 Lake Street: si sabes que 54 se considera una puntuación perfecta en golf, puedes imaginarte golpeando 54 pelotas de golf en un lago.

¿Te has dado cuenta de que la mayoría de las asociaciones que hemos descrito implican la creación de imágenes? No es casualidad. Una de las mejores formas de crear una asociación que se recuerde es generar una imagen mental, lo que nos lleva a una de las mejores formas de relacionar información: crear imágenes mentales.

Los seres humanos somos animales visuales. Probablemente dedicamos más parte de nuestro cerebro a procesar información visual que a procesar todos los demás tipos de información juntos. Por eso, una de las mejores formas de recordar información y relacionarla con otra es convertirla en una imagen mental. Si acabas de conocer a un nuevo compañero de trabajo y por casualidad comentáis que a los dos os gusta nadar, imagínate hablando con él bajo el agua —todavía con la ropa de trabajo— y eso te ayudará a recordar esa asociación.

Ten en cuenta que puedes utilizar imágenes tanto para la información concreta como para la abstracta que quieras recordar. Fíjate de nuevo en los ejemplos que utilizamos en la sección anterior. En algunos, utilizamos ejemplos concretos, como una imagen de George Washington para la calle Washington y un lago para la calle Lake. Pero en otros tomamos algo abstracto, como el número 25 o la palabra *claro*, y lo convertimos en un elemento visual, como una moneda de 25 centavos o un claro y una casa de cristal.

También puedes crear imágenes para conceptos abstractos basándote en cómo suena la palabra si estás aprendiendo vocabulario nuevo en inglés. Por ejemplo, para recordar que *jentacular* significa relacionado con el desayuno, puedes imaginarte a tu amiga *Jen* tomándose un gran vaso de zumo de naranja. (Ten en cuenta que este método también puede ser útil para recordar el millón de contraseñas que todos tenemos que tener controladas).

¿Te ha parecido que te costaba mucho esfuerzo recordar una sola palabra? Estupendo. Como ya sabes, el esfuerzo es la clave de la memoria, así que cualquier cosa que te haga esforzarte te ayudará a recordar. ¿Qué estás diciendo? ¿Es una imagen bastante tonta la que has creado? Eso también es bueno: cuanto más tonta y distintiva sea la imagen, más probabilidades tendrás de recordarla.

Hazte cargo de tu aprendizaje

Si estás estudiando, tenemos plena confianza en que lograrás aprender el contenido. El mero hecho de que dediques tiempo a leer este capítulo para mejorar tus técnicas de estudio nos dice mucho de ti. Te estás haciendo cargo de tu aprendizaje. Quiere estudiar mejor, no solo más. Sabes que, cuando te esfuerzas, utilizas las técnicas que describimos y eres persistente, estás formando nuevas conexiones en tu cerebro que realmente mejorarán tu capacidad para aprender el material que estás estudiando. En un sentido muy real, estás mejorando tu inteligencia para esa asignatura.

Parte de la responsabilidad de tu aprendizaje consiste en que puede que no te baste con estudiar el libro de texto, los deberes o el manual de una empresa. Si estas fuentes te bastan para sobresalir en el curso, preparar tu presentación y alcanzar tus objetivos, ¡genial! Pero si ves que estas técnicas no te permiten dominar el material tan bien como te gustaría ni obtener la nota que buscas en el examen, ya sabes que eso significa que necesitas explorar métodos adicionales para alcanzar el éxito. Estudiar en pequeños grupos con tus compañeros de clase, asistir a clases extras con tu profesor o reunirte con clientes y otras partes interesadas pueden ayudarte a dominar mejor el material. Si crees que dominas el material, pero el examen tiene un enfoque especial, puedes buscar libros de texto adicionales, libros de resolución de problemas, sitios web o colegas que te proporcionen información (y quizá práctica) desde otras perspectivas. Tú y tus compañeros de clase o colegas podríais incluso divertiros diseñando pruebas o escenarios de trabajo tan ingeniosos y enrevesados como podáis imaginar para ayudaros a preparar el próximo examen o reunión de trabajo. Explora también otras formas de tener éxito.

Hazlo distintivo

Las cosas distintivas son memorables. De hecho, una de las razones por las que las imágenes visuales son memorables es que, solo por su naturaleza visual, suelen ser distintivas. Pero hay muchas otras formas de hacer que la información que intentas recordar sea distintiva.

- *Implica los sentidos.* Como ya hemos dicho en este capítulo, puede utilizar imágenes, sonidos, olores, sabores y sensaciones táctiles reales o imaginarias asociadas a la información para hacerla más distintiva y, por tanto, más fácil de recordar.
- *Utiliza el humor.* Las tonterías se distinguen. Esa es una de las razones por las que muchos de nosotros recordamos tan bien chistes, dibujos animados y eslóganes tontos. Una forma de recordar la información es convertirla en algo absurdo. ¿Quieres recordar el número 1222 de Deer Valley Drive? Imagina un *ciervo* atravesando un *valle* mientras saluda a una docena *(12)* de cazadores asustados con armas del *calibre* 22.
- *Imprégnalo de emoción.* Si estás leyendo, escuchando o viendo algo que quieres recordar, intenta sentir y experimentar la esperanza, la alegría, la tristeza, el miedo, el alivio, la calma u otra emoción de las personas que aparecen en el artículo, reportaje, historia o vídeo. No te limites a leer información sobre una empresa en su página web; piensa en cómo te sentirías si trabajaras en esa empresa o fueras un cliente que recibe sus servicios. Cuando memorices palabras de vocabulario, imagínate realizando la acción o utilizando el objeto y piensa cómo te hace sentir. Si estás aprendiendo vías bioquímicas, piensa en las enfermedades que afectan a la vida de las personas cuando estas vías no funcionan correctamente, e imagínate ayudándolas como científico o médico.
- *Haz que sea importante para ti.* Si estás intentando recordar los puntos tratados por un ponente en una reunión o conferencia, piensa en cómo cada uno de ellos podría ser relevante en tu vida personal o profesional. Así, si quieres recordar «Empieza

por el final», piensa en una situación de tu vida en la que no lo hayas hecho y desearías haberlo hecho. Si estás intentando recordar las 16 oficinas regionales de tu empresa, piensa en planificar un viaje a cada una de ellas y en las actividades específicas que harías allí. Si estás intentando aprender a utilizar una nueva aplicación para *smartphone*, imagina un escenario concreto en el que pondrías en práctica los pasos (por ejemplo: «Este es el botón que pulsaré para programar que un coche me lleve a casa de un amigo. Aquí es donde tecleará su dirección. Después, miraré este mapa para saber cuándo debo coger mi abrigo y esperar fuera al conductor»).

Adquiere contenidos de la forma en que necesitarás recuperarlos

Siempre es más fácil recordar la información de la misma forma en que la aprendiste. Por lo tanto, si vas a una entrevista de trabajo como camarero y sabes que es probable que te nombren una docena de bebidas y te pregunten cómo las prepararías, debes asegurarte de utilizar el nombre de la bebida para recordar los ingredientes, y no al revés. Del mismo modo, si vas a una reunión con un cliente y se espera que conozcas los datos u otra información al dedillo, trabaja para memorizar el material desde múltiples ángulos, de modo que no solo puedas decir «Cleveland» cuando te pregunten dónde está su principal proveedor, sino también «ahí es donde está su principal proveedor» cuando mencionen Cleveland.

Para preparar los exámenes, no te limites a estudiar el material tal y como se presenta en el libro de texto; piensa en cómo es más probable que te evalúe tu profesor y estudia el material de esa manera. ¿No estás seguro de cómo te examinará? No hay nada más beneficioso que estudiar el material de varias maneras, de modo que, sea cual sea la forma en que te examinen, estés preparado. Esto también te ayudará cuando necesites recuperar el material no solo en un examen, sino en una asignatura optativa de nivel superior que incluya ese contenido.

Haz acrónimos

Una técnica de memoria de eficacia probada que se ha utilizado para memorizar desde largos discursos hasta términos anatómicos es la creación de acrónimos. Es posible que hayas crecido con Ran Va Va para ayudarte a recordar el espectro luminoso (rojo, amarillo, naranja, verde, azul, violeta, añil) o HOMES para recordar los Grandes Lagos (Huron, Ontario, Míchigan, Erie, Superior). También puedes crear acrónimos que te ayuden a recordar la lista de la compra (PANES: pan, arroz, naranjas, espinacas, sal), tus recados (FETA: farmacia, electrodomésticos, tienda de animales) y cualquier otra cosa que quieras recordar. Ten en cuenta que los acrónimos no tienen por qué ser bonitos; puedes usar ZaPP para zapatería, pastelería, podólogo, donde la *a* no tiene referente y hay dos *P*. Lo importante es que te sirva como herramienta de memoria.

DECIDE SI LO RECORDARÁS O LO OLVIDARÁS

Recuerda que tienes cierto control sobre lo que recordarás y lo que olvidarás. Si quieres recordar algo que acabas de oír o ver, piensa: «Quiero recordar esta información para contársela luego a mi amigo», por el motivo que sea. Ese simple pensamiento te ayudará a recordarlo, y puede que también quieras utilizar algunas de las otras técnicas descritas en este capítulo.

Por otro lado, hay varias formas de ayudarte a olvidar información. Una de ellas es confiar en una ayuda de memoria externa, como escribir una contraseña o permitir que el teléfono o el navegador de Internet almacenen la contraseña por ti; esta decisión etiqueta la contraseña como algo que puede olvidarse.

También puedes optar por apagar un recuerdo. Para apagar un recuerdo, cada vez que aparezca en tu mente, intenta apagarlo consciente y deliberadamente, como harías con la llama de una vela. Pisa el freno mental si los detalles del recuerdo vuelven a tu mente y no permitas que la reminiscencia continúe. Imagina el recuerdo como un castillo de arena arrastrado por las olas, o como un dibujo de tiza que estás borrando. Esfuérzate en esta tarea y utiliza cualquier metáfora que te parezca adecuada.

CUIDADO CON LAS ILUSIONES DE DOMINIO

¿Alguna vez has estudiado mucho y has creído que te sabías el material solo para descubrir que, cuando te enfrentas al examen, la reunión o la presentación, no puedes recordar el contenido? Aunque hay varias razones por las que esto puede ocurrir, una de las más comunes es que hayas experimentado la ilusión de que dominabas la materia cuando en realidad no era así.

Uno de los métodos de estudio más comunes consiste en subrayar el libro de texto, los apuntes o el manual de la empresa y, a continuación, releerlos para estudiar para el examen, la reunión o la presentación. Por desgracia, esta es una de las peores maneras de estudiar. Aunque es importante identificar los pasajes clave de la lectura —y es bueno resaltarlos o *subrayarlos*—, releer el mismo material no ayuda a que penetre en tu cerebro. No es lo suficientemente activo. No supone un esfuerzo suficiente. Y, no solo la información no se te mete en la cabeza, sino que, como es más fácil releer un capítulo o un prospecto que leerlo por primera vez, tienes la *ilusión* de que conoces la información cuando en realidad no es así.

Entonces, si releer no es el enfoque adecuado para estudiar, ¿cuál es?

PONTE A PRUEBA

La mejor manera de estudiar es ponerse a prueba. El acto de recuperar un recuerdo facilita volver a recuperarlo más tarde. Mira tu libro de texto subrayado, tus apuntes subrayados o tu manual. Convierte cada concepto, idea, fórmula, camino, palabra de vocabulario, cifra financiera u otra información que necesites aprender en una tarjeta con la pregunta en una cara y la respuesta en la otra. Después, ponte a prueba con las tarjetas. (Ten en cuenta que existen aplicaciones para *smartphone* con funciones similares. Siempre que puedas realizar los distintos tipos de pruebas y ordenaciones que describimos, probablemente deberían funcionar tan bien como las tarjetas físicas).

Mientras te pones a prueba, ordena las tarjetas en dos montones: aquellas cuya respuesta sabías con facilidad y aquellas cuya respuesta equivocaste, te resultó difícil o adivinaste. Vuelve a ponerte a prueba con las tarjetas con las que tuviste problemas. Sigue repitiendo el proceso, volviendo a estudiar periódicamente las tarjetas que sabías bien para reforzar también ese conocimiento. No temas cometer errores; siempre que compruebes tus respuestas y corrijas tus errores, recordarás la información correcta.

¿Y si vas a hacer un examen de redacción? Una vez que domines el material de las redacciones con tus tarjetas, ponte a prueba escribiendo redacciones de práctica. ¿Tu profesor utiliza tests de respuestas cortas? Crea algunos y practica. ¿Vas a presentar una presentación de diapositivas en una reunión y tienes que prepararte para preguntas imprevistas? Pide a tantos compañeros como puedas que te hagan todas las preguntas que puedan surgir y estúdialas también.

Dependiendo de la materia, también puede resultarte útil realizar pruebas prácticas que otros hayan elaborado. Puedes encontrar pruebas relevantes en Internet o en libros que te ayudarán a examinar tus conocimientos y, sobre todo si se proporcionan explicaciones, te ayudarán a aprender el material. Una de las razones por las que muchas personas se benefician de tomar clases para mejorar su rendimiento en los exámenes estandarizados que se utilizan para ingresar a las universidades, escuelas de posgrado y escuelas profesionales es que tales clases suelen hacer hincapié en las pruebas, pruebas y más pruebas.

ESPACIA EL ESTUDIO: EVITA LOS ATRACONES

Además de ponerte a prueba, es fundamental espaciar el estudio a lo largo de varias sesiones. ¿Cuánto hay que espaciar? Lo suficiente para que se produzca un pequeño olvido entre sesiones. Entonces el reaprendizaje requiere más esfuerzo, que es de lo que se trata. Puedes empezar espaciando el estudio solo unos minutos o una hora o dos, pero el intervalo debe alargarse a medida que vayas dominando mejor el material. Dormir es importante, por lo que espaciar el estudio un día y dormir entre medias suele ser bueno una vez que puedes recordar el material durante varias horas. Pero no te detengas ahí: repasa el material una semana después, y una vez al mes si quieres recordarlo para el examen de fin de curso (y para el resto de tu vida).

Por último, evita empollar (estudiar todo en poco tiempo). A veces puedes hacerlo en el último momento, pero lo más normal es que te vaya mal en el examen o en la reunión. Y lo que es más importante, lo más probable es que los conocimientos que aprendas se desvanezcan por completo en unas semanas. No es una buena forma de estudiar.

Varía tus estudios

Para construir no solo una memoria sólida sino también detallada de cualquier contenido que estés intentando recordar, es importante estudiar de diversas maneras desde múltiples puntos de vista. Por ejemplo, una vez que puedas generar todas las respuestas a las preguntas de tus tarjetas, dales la vuelta y comprueba si puedes generar todas las preguntas a partir de las respuestas. Piensa en la empresa desde la perspectiva de la dirección, los directivos, los empleados de primera línea, los clientes y los accionistas. Imagina acontecimientos históricos desde el punto de vista de cada grupo social, no solo de los que aparecen en el libro de texto, y piensa en los paralelismos actuales. Al aprender una vía bioquímica, piensa en las distintas formas en que podría estropearse y en las consecuencias que esto tendría.

Intercala el estudio

Además de variar tu aprendizaje estudiando de diversas maneras, es beneficioso intercalar estos diferentes tipos de estudio. Así, mejor que examinarte primero de todas las preguntas y luego de todas las respuestas, coge tus tarjetas y divídelas en dos montones. Dale la vuelta a un montón (de modo que las preguntas queden hacia arriba en un montón y las respuestas hacia arriba en el otro) y vuelve a barajar las tarjetas. Ahora ponte a prueba con todas las tarjetas. Cuando lo hayas hecho, dales la vuelta y vuelve a hacerlo. De este modo, vas intercalando distintos tipos de problemas que te planteas para aprender el material. Utiliza estos mismos principios para el aprendizaje que no se presta a las fichas. Es mejor trabajar con tipos de problemas ABCDABCDABCD que con AAABBBCCCDDD. Así, para consolidar tu comprensión, resuelve un tipo de problema matemático y luego otro, en lugar de resolver un conjunto de problemas con el mismo concepto subyacente o técnica procedimental.

Estudia en diferentes condiciones

Para poder recuperar fácilmente el material que estás estudiando en cualquier situación, es importante variar las condiciones en las que estudias. Por ejemplo, si estás estudiando soporte vital cardíaco avanzado, es importante que puedas recordar rápidamente ese material siempre que lo necesites. Por lo tanto, estudia el material por la mañana, por la tarde y por la noche. Estudia en tu habitación, en la clínica y en el hospital. Examínate sobre el material dentro y fuera de casa. Cuanto más varíes cuándo y dónde estudias, más fácil te resultará recordar el material en cualquier contexto.

Primero resuelve el problema y luego aprende a hacerlo

Tu profesor te ha puesto de deberes un conjunto de problemas que debes resolver. La principal dificultad es que aún no has aprendido a resolver este tipo de problemas. ¿Se ha equivocado tu profesor? ¿Está siendo malo? En absoluto. Aunque pueda parecer contraintuitivo, es más probable que recuerdes la materia si primero intentas averiguar cómo resolver el problema —y luego lees el capítulo que te indica cómo hacerlo— que si lees el capítulo primero. Del mismo modo, en el mundo laboral, lo mejor es intentar resolver la mayoría de los problemas por tu cuenta y, después de luchar un rato, pedir ayuda a un compañero o a tu jefe.

Por supuesto, tiene que existir la posibilidad de que puedas resolver el problema (o acercarte a la solución). El término que utilizamos para este tipo de problema de «tamaño adecuado» es *dificultad deseable*, lo que significa que es posible resolver el problema con tus conocimientos actuales y mucho esfuerzo, por lo que no es ni demasiado difícil ni demasiado fácil. Si primero intentas resolver los problemas de los deberes o del proyecto y luego vuelves a leer el capítulo o hablas con un compañero (y corriges tus respuestas si es necesario), estarás dedicando el esfuerzo que necesitas para construir una memoria sólida sobre esa materia.

ESTRATEGIAS PARA RECUPERAR RECUERDOS

Mantén la calma: relájate

Llegas tarde a tu cita cuando te das cuenta de que no encuentras las llaves. Aunque es normal que te entre el pánico, intenta mantener la calma y relajarte. El estrés solo hará que te resulte más difícil recordar dónde dejaste las llaves o recordar cualquier dato que estés intentando traer a la memoria. Recuerda que los fallos en la recuperación son habituales y que no hay por qué alterarse por ellos. Por supuesto, es fácil decir que hay que mantener la calma, pero es más difícil hacerlo en la práctica. Te recomendamos algunos enfoques básicos:

- Realiza una o dos respiraciones lentas y profundas hasta que sientas que tu vientre se expande. Estas respiraciones grandes y lentas activarán tu sistema nervioso parasimpático, lo que te ayudará a relajarte.

- Ten en cuenta que todo el mundo tiene estos fallos de recuperación, es probable que tu dificultad sea temporal y que la información que buscas vuelva pronto a tu mente.
- Sabes que cuentas con todas las técnicas que vamos a describir a tu alcance para ayudarte a recordar.

Una vez que estés tranquilo, puedes empezar a utilizar las estrategias de recuperación descritas en este capítulo.

Minimiza interferencias y bloqueos

Cuando te esfuerces por recuperar información para responder a una pregunta, intenta resistir el impulso natural de repasar todas las posibles respuestas concretas y no repitas nunca la respuesta incorrecta si sabes que lo es. Aunque bienintencionados, estos intentos interfieren en la recuperación y bloquean la respuesta correcta. Por ejemplo, si un amigo te pregunta: «¿Cómo se llama la película de la que me hablaste la semana pasada?», no te servirá de nada repasar tus películas favoritas de todos los tiempos o las que están en cartelera (a menos que ya sepas que probablemente esté en una de esas listas). Si repasas esas listas, solo conseguirás bloquear la respuesta correcta.

Crear claves de recuperación generales y diversas

Cuando busques en tu memoria información que no te viene con facilidad, intenta traer a la mente pistas de recuperación amplias y variadas. Piensa en otras cosas relacionadas con la información que estás buscando. O piensa en el momento en el que estabas aprendiendo esa información. Por ejemplo, si estás intentando recordar de qué película estabas hablando con tu amigo, en lugar de repasar una lista de películas, intenta recordar otros detalles y temas de la conversación que tuvisteis ese día. Piensa en las emociones que estabas experimentando y en las expresiones de la cara de tu amigo. Estas pistas generales y diversas te ayudarán a recordar la información que buscas sin bloquearla.

Regresa al contexto interno y externo de tu aprendizaje

Otra buena técnica para recordar información es imaginarte en el mismo momento y lugar en que te encontrabas cuando la aprendiste. Si estás buscando las llaves, vuelve sobre tus pasos cuando llegaste a casa. Piensa también en tu contexto interno —cómo te sentías— en ese momento. Al hacerlo, puede que recuerdes que tenías tanta sed que, con las llaves en la mano, fuiste directamente a la nevera a por una botella de agua. (Si tienes problemas para recordar qué compañero tiene alergia a los lácteos, piensa en dónde estabas cuando mantuvisteis la conversación y en otros temas que tratasteis en ese momento).

Si estás intentando recordar material que has aprendido cuando te encuentras en mitad de un examen o una presentación, viaja mentalmente en el tiempo e intenta imaginarte de nuevo en tu clase, despacho, dormitorio o dondequiera que estuvieras cuando aprendiste el material que intentas recuperar. Visualiza el libro de texto, los deberes, los prospectos o las páginas web que revisaste. Si estudiabas con música, piensa en las melodías que escuchabas en ese momento. Si te gusta tomar café mientras estudias, imagina ese sabor en tu boca.

Protégete contra los falsos recuerdos

Los falsos recuerdos son frecuentes. Recuerda que, cuando recupera un recuerdo, en realidad lo estás reconstruyendo. Por eso es fácil que se incorporen errores a tu memoria, como que dos recuerdos se mezclen entre sí.

Evalúa los detalles

La mejor manera de evitar los falsos recuerdos es evaluar el recuerdo que acabas de recuperar. ¿Es un recuerdo vívido y lleno de detalles sensoriales? Aunque no es garantía de autenticidad,

cuantos más detalles concretos contenga el recuerdo, más probabilidades tendrá de ser real y exacto. Los recuerdos (o partes de
recuerdos) que son vagos y solo contienen información general
pueden ser falsos o medias verdades distorsionadas. Por ejemplo,
si te preguntan si subiste a la atracción Big Thunder Mountain
Railroad de Disney y recuerdas los fuertes crujidos y chasquidos
que se producían periódicamente, y cómo en algunas zonas vi-
braba y se agitaba tanto que pensaste que se te iba a escapar el
corazón por la boca, estos detalles sensoriales específicos te darán
una pista de que probablemente se trate de un recuerdo real. Pero
¿es un recuerdo de Thunder Mountain? Puede merecer la pena
dedicar tiempo a buscar detalles específicos adicionales para asegurarte de que no había otra montaña rusa similar que fuera la
fuente de su vívido recuerdo. Por otra parte, cuando te preguntan si estuviste en la Haunted Mansion, si crees que sí pero solo
recuerdas que era un paseo espeluznante en la oscuridad, estas
nociones vagas y generales sugieren que es tan probable que se
trate de un recuerdo falso como de uno verdadero.

¿Podría haber ocurrido así?

Otra forma de evaluar si un recuerdo puede ser falso es comparar
su contenido con información objetiva. Por ejemplo, puede que
recuerdes que llevaste a tu hija a ver *La guerra de las galaxias* cuando
tenía diez años, pero, cuando te das cuenta de que no se estrenó
hasta que cumplió los doce, sabes que probablemente sea un recuerdo falso, distorsionado o mezclado de alguna otra forma.

¿En qué medida debes recordar este contenido?

Quizá un amigo de la infancia te diga: «¿Recuerdas cuando fuimos
a patinar sobre hielo a ese estanque en sexto de primaria?». El simple hecho de pensar en esta pregunta puede provocarte un vago
recuerdo de cuando patinabas en un estanque helado con tu amigo
en sexto de primaria. Pero ¿es realmente cierto? Si de pequeño fuiste a patinar sobre hielo a estanques docenas de veces, te resultará
difícil dilucidar si el recuerdo concreto que te viene a la memoria

es verdadero o falso. Sin embargo, como hemos mencionado antes en este capítulo, las cosas que son distintivas son más fáciles de recordar. Por este motivo, si solo has patinado en un estanque una o dos veces en tu vida, estas experiencias serían distintivas y sería más probable que recordaras vívidamente el recuerdo de patinar en el estanque con tu amigo si realmente hubiera sucedido. En este caso, a pesar de tu vago recuerdo, puedes responder: «No, no creo que fuera yo el que patinó contigo en el estanque en sexto curso, porque estoy seguro de que lo habría recordado».

¿Te esforzaste más? Eso te ayudará la próxima vez

¿Pudiste recuperar el recuerdo que buscabas, pero solo con mucho esfuerzo y quizá con algunas de las técnicas que hemos descrito en este capítulo? Si es así, ¡genial! El esfuerzo adicional que has hecho para recuperar ese recuerdo te ayudará la próxima vez.

¿Y TU ESTILO DE APRENDIZAJE?

¿Necesitas conocer tu estilo de aprendizaje para saber cuál es la mejor forma de estudiar? No intentes aprender las cosas solo por medios auditivos o visuales. Todo el mundo aprende mejor cuando aprovecha todas sus aptitudes. Aunque tengas una preferencia sobre cómo te gusta aprender material nuevo, eso no significa que eso se traduzca en cómo eres más capaz de aprender. Ten cuidado de no confundir el aprendizaje que parece fácil con el aprendizaje que se te quedará grabado. No olvides que recordamos mejor las cosas cuando *nos esforzamos*, no cuando nos resultan fáciles.

Lo importante es que tu aprendizaje se ajuste a la naturaleza de lo que se enseña. Por ejemplo, la historia del arte, la anatomía y la geometría deben aprenderse visualmente; la literatura, la poesía y la teoría musical deben aprenderse auditivamente. En el caso de las materias que pueden aprenderse de las dos formas, aunque siempre es preferible utilizar ambos métodos, la mayoría de los estudios demuestran que, si hay que elegir, el aprendizaje visual produce una mejor retención de la materia. Por ejemplo, si puedes convertir las hojas de cálculo en gráficos de barras, de líneas, circulares, de Pareto y otras representaciones visuales, te resultará más fácil recordarlas.

ESTUDIA EN COMPAÑÍA Y SOLO

Estudiar en grupos pequeños tiene muchas ventajas. La capacidad de razonamiento crítico suele aumentar al aprender de los demás cómo superar los puntos conflictivos y las áreas problemáticas a las que te habrías enfrentado solo. También puedes apreciar mejor la amplitud y profundidad del material. Sin embargo, ten cuidado al estudiar para exámenes o preparar presentaciones en grupo si solo tú vas a tener que recordar toda la información. De lo contrario, en mitad del examen o la presentación, puedes acabar dándote cuenta de que, aunque el grupo en su conjunto podía conocer la respuesta a la pregunta, tú de manera independiente no. Por lo tanto, te recomendamos que estudies tanto en grupo como por tu cuenta, de este modo obtendrás lo mejor de ambos enfoques.

EL SUEÑO COMO ESTRATEGIA

Con independencia de lo que estés estudiando, lo recordarás mejor si duermes después de haberte esforzado en aprender el material. Por lo tanto, si tienes diez horas de material que aprender y diez días para hacerlo, dominarás mejor el material y lo recordarás durante más tiempo si —además de todo lo que hemos mencionado anteriormente en este capítulo— estudias el contenido durante una hora cada día en lugar de empollar diez horas el día anterior al examen. (Ten en cuenta que si las diez horas de material se corresponden con diez unidades no relacionadas entre sí, debes asegúrate de repasar cada día algo del contenido que has aprendido previamente).

También es útil que repases el material poco antes de acostarte, ya que así aumentarás la probabilidad de que el sueño refuerce tu memoria. Si te gusta escuchar música tranquila y relajante mientras estudias, intenta escuchar la misma música mientras te preparas para dormir; esto también puede aumentar las posibilidades de que el sueño refuerce tu tiempo de estudio.

No te pases toda la noche estudiando: recordarás mejor la información si descansas. Y asegúrate de dormir lo suficiente cada noche: los estudios demuestran que los estudiantes que duermen bien durante varias semanas antes del examen obtienen los mejores resultados. Asegúrate de dormir lo suficiente cada noche.

REFLEXIONA SOBRE TU RECUPERACIÓN

Por último, si estás intentando mejorar tu capacidad de memoria, merece la pena que reflexiones sobre si tu memoria te ha funcionado en una reunión reciente con un cliente, una entrevista de trabajo, un acto social o un examen. ¿Pudiste recordar fácilmente los nombres, fechas, lugares y demás información que querías recordar? ¿O tuviste dificultades (o fracasaste) para recuperar el contenido que necesitabas en ese momento? Si lo hiciste bien, ¡enhorabuena! Si no, utiliza la lista que aparece al final de este capítulo con todas las estrategias que hemos presentado y anota si las has utilizado mucho, poco o nada. Piensa si las estrategias que no utilizaste (o solo utilizaste un poco) podrían haberte permitido dominar mejor los datos. Utiliza esa información la próxima vez que tengas que preparar una reunión, una presentación, un examen o una entrevista.

¿Qué estás diciendo? ¿Has utilizado todas las estrategias de este capítulo, pero sigues teniendo problemas para recordar nombres o el material que necesitas aprender para tu trabajo o asignatura? La información de los capítulos 24 y 25 puede ser justo lo que estás buscando.

UTILIZA ESTRATEGIAS PARA MEJORAR TU MEMORIA

Ahora que ya sabes cómo funciona tu memoria y las distintas estrategias que tienes a tu disposición, elige las que mejor te ayuden a recordar cualquier información o experiencia que desees.

- Estrategias de adquisición de recuerdos:
  — Estar motivado.
  — Alinea tus objetivos del momento con tus objetivos de memoria.
  — Relájate. No estés ansioso.
  — Esfuérzate en estas *cuatro* cosas:
    ◊ Concéntrate. Evita las distracciones, no hagas varias cosas a la vez. Haz pausas. Piensa en tomar una taza de café (o té). Utiliza tus sentidos. Crea mnemotecnias sensacionales.
    ◊ Organiza y agrupa la información.
    ◊ Comprende. Construye desde los cimientos. Genera contenidos.
    ◊ Relaciona. Haz asociaciones. Crear imágenes visuales.
  — Hazte cargo de tu aprendizaje.
  — Haz que sea distintivo: *implica los sentidos. Utiliza el humor. Imprégnalo de emoción. Haz que sea importante para ti.*
  — Adquiere contenidos de la forma en que necesitarás recuperarlos.
  — Elabora acrónimos.
- Decide si lo recordarás o lo olvidarás.
- Cuidado con las ilusiones de dominio.
- Ponte a prueba.
- Espacia tus estudios: evita los atracones.
- Varía tu estudio.
- Intercala tu estudio.
- Estudia en condiciones diferentes.
- Primero resuelve el problema y luego aprende a hacerlo.
- Estrategias de recuperación de recuerdos:
  — Mantén la calma: relájate.

346

- Minimiza las interferencias y los bloqueos.
- Crea claves de recuperación generales y diversas.
- Vuelve al contexto interno y externo de tu aprendizaje.
- Protégete contra los falsos recuerdos: *evalúa los detalles. ¿Podría haber ocurrido así? ¿Hasta qué punto deberías recordar este contenido?*
- ¿Has hecho un esfuerzo extra? Eso te ayudará la próxima vez.

• Adapta tu aprendizaje a la naturaleza de lo que se enseña. *Aprende de forma visual y auditiva siempre que sea posible.*

• Estudia en compañía y en solitario.

• El sueño como estrategia.

• Reflexiona sobre tu recuperación.

24
RECORDAR NOMBRES

Estás charlando con unos amigos en una conferencia cuando una compañera a la que conoces desde hace años se acerca y dice entusiasmada: «¡Hola, me alegro de verte!». La conversación se interrumpe y todos te miran expectantes esperando a que se la presentes. Quieres decir su nombre, pero no lo recuerdas.

Esta situación tal vez te resulte familiar. ¿Te ha ocurrido algo parecido? ¿Alguna vez te han presentado a alguien, has mantenido una pequeña conversación con esa persona y a los cinco minutos te has dado cuenta de que no recuerdas su nombre?

Partiendo de las estrategias básicas que acabamos de repasar en el último capítulo, analizaremos cómo resolver estos dos problemas: cómo aprender mejor nombres nuevos y cómo recordar el nombre de alguien que conoces.

APRENDER NOMBRES

Presta atención

Suena engañosamente sencillo y obvio, pero lo primero que debes hacer para recordar el nombre de la persona con la que que te vas a reunir es prestar atención cuando te la presentan. Lo normal es que tu atención se dirija a esa persona, establezcas contacto visual, observes lsus gestos y su lenguaje corporal, examines de cerca sus reacciones y pienses en lo que vas a decir a continuación. Con toda esta actividad cognitiva, no es de extrañar que olvides prestar atención a su *nombre*. Así que, cuando te digan: «Hola, me llamo María», detén toda la actividad cognitiva de tu cabeza y presta atención a su nombre. (¿Tienes dificultades para centrar la atención? Intenta mejorar tu atención practicando *mindfulness* como se describe en el capítulo 21). Una vez que hayas prestado atención a su nombre, tienes que grabarlo firmemente en tu memoria.

Deletrea el nombre

Tanto si es un nombre común que has oído cientos de veces como si es la primera vez que lo escuchas, intenta deletrearlo. Si no estás seguro de cómo se escribe, pregúntaselo a la persona en ese mismo momento. Por ejemplo: «Encantado de conocerte, John… ¿es J-O-H-N o J-O-N?». «Encantado de conocerte, Anahita… ¿podrías deletreármelo? Oh, ya veo, An-a-hi-ta, gracias».

Repite el nombre

Además de deletrear el nombre, debes repetirlo inmediatamente después de oírlo. Lo mejor es repetir el nombre en voz alta, por ejemplo: «Hola, Mary, encantado de conocerte. Me llamo Andrew». O, si no es apropiado decirlo en voz alta en ese momento de la conversación, dilo en silencio para ti mismo.

A continuación, debes repetir el nombre varias veces en la conversación. A veces puedes decirlo en voz alta con naturalidad: «No podría estar más de acuerdo contigo, Mary». Si no, repite el nombre en silencio para ti mismo mientras piensas: «Mary ha hecho una gran observación». Repite el nombre de nuevo al despedirte: «Encantado de conocerte, Mary». Luego, cuando vayas a tomar algo, piensa: «Acabo de conocer a Mary». Mientras conduces de vuelta a casa esa noche, repasa los nombres de las personas que has conocido. Dite a ti mismo: «Primero conocí a Mary, luego a Jon (Jonathan) y, por último, a Anahita (An-a-hi-ta)». Y si de verdad quieres recordar sus nombres durante mucho tiempo, vuelve a pensar en ellos mañana, más adelante esa misma semana y quizá uno o dos meses después.

Haz una observación sobre el nombre

Otra forma natural de repetir el nombre es ofrecer (o pensar) un comentario sobre él. Si tienes un familiar o amigo con el mismo nombre, puedes decirlo, por ejemplo: «Una de mis mejores amigas de la infancia se llamaba Anahita».

Crea una asociación

A continuación, debes crear una asociación con el nombre. Esta asociación puede ser casi cualquier cosa que te ayude a recordar el nombre. Si tienes un familiar o un amigo íntimo que se llame igual, puedes utilizarlo como asociación. Si el nombre se presta de forma natural a una asociación, puedes utilizarla (como los nombres Brooke, Daisy y Rose, o los apellidos Baker, Cooper [tonelero] y Smith [herrero]). A menudo utilizaremos personajes famosos para hacer una asociación, como Jonathan Swift para Jonathan y Muhammad Ali para Muhammad. Si se trata de un nombre que no has oído nunca o no conoces su derivación, puedes utilizar los sonidos del nombre para hacer una asociación. En el caso de Anahita, quizá sepas que es el nombre de la diosa persa de las aguas y puedas utilizar esa imagen para recordar el nombre. No importa si la asociación es lógica, elegante o no tiene sentido para nadie más que para ti.

Crea una imagen

Utilizando tu asociación, puedes crear una imagen visual. Recuerda que si la imagen es distintiva o tonta, será aún más fácil de recordar. Para Brooke, imagínate a Brooke caminando por un arroyo, con los zapatos mojados y llenos de barro. Tal vez quieras imaginar a Daisy recogiendo margaritas, pero, para darle un toque gracioso y distintivo, tal vez las margaritas que esté recogiendo le salgan de la cabeza. Tal vez Rose esté recogiendo rosas y tenga los dedos vendados por las espinas. En cuanto a Baker, Cooper y Smith, puedes imaginártelos trabajando como panadero, tonelero y herrero. Para Jonathan, debido a su asociación con Jonathan Swift, podrías imaginarte a Jonathan de pie sobre una hierba alta que le sobrepasa la cabeza (lo que le ocurrió al protagonista del libro más famoso de Swift). En el caso de Muhammad, podrías imaginártelo con los guantes de boxeo rojos de Ali, que desentonan maravillosamente con el traje y la corbata que lleva Muhammad en realidad. Para Anahita podrías imaginarse como una gigantesca letra A *saludando* con una mano.

Encuentra un rasgo facial

A continuación, busca un rasgo facial prominente, un aspecto de su rostro en el que puedas fijarte la próxima vez que lo veas. No te centres en rasgos que puedan cambiar cada vez que los veas, como el peinado, las gafas o el maquillaje, sino en características más permanentes. Quizá tenga pecas, un lunar o algo distintivo en la nariz, las orejas o las cejas. Tal vez la forma de su cara te traiga a la mente una asociación, igual que en *El mago de Oz* las características de las personas evocaban un león, un hombre de hojalata y un espantapájaros.

Conecta su imagen con el rasgo facial

Ahora quieres relacionar la imagen que has creado con el rasgo facial que has seleccionado. ¿Te recuerda la cara de Brooke a un león? Piensa que es un león caminando por el arroyo. ¿Tiene Jonathan una hendidura en la barbilla? Imagínate que la hierba crece más allá de su cara y crea esa hendidura. ¿Son características las orejas de Daisy? Imagina que le salen margaritas de las orejas y que se las arranca. ¿Y Anahita? Como nuestra mnemotecnia para su nombre utiliza una letra A gigante, piensa en encontrar una A en su cara, como el triángulo en forma de A que forma su nariz. Diviértete haciendo estas conexiones y recuerda que si es distintivo y tonto será más fácil de recordar.

Dependiendo del contexto en el que conozcas a la gente, puede ser divertido romper el hielo trabajando en colaboración para crear este tipo de imágenes mentales. Por ejemplo, los estudiantes y colegas de Elizabeth a menudo quieren recordar su apellido, Kensinger, y no confundirlo con apellidos similares, como Kensington o Kissinger. Resulta que Elizabeth tiene un conjunto de lunares en la cara y el cuello que siguen un patrón similar al de la constelación de la Osa Mayor (al menos, lo suficientemente similar como para ser útil en este tipo de mnemotecnias). Después de señalárselos, deja que la gente se lo imagine. Una de sus favoritas es una alumna que hizo la asociación Ken-cantante especialmente fuerte imaginando a una Elizabeth en miniatura cantando a dúo con un muñeco Ken, de pie en un escenario con forma de estrella y con una noche estrellada como telón de fondo.

Añade otras conexiones

Una vez que hayas establecido la conexión entre el nombre de la persona y su cara utilizando la imagen que has creado, podrás conectar también otros datos. ¿Quieres recordar que Daisy es abogada? Imagina que las margaritas que salen de sus orejas llevan toga. Para recordar que Jonathan tiene tres hijos, imagínatelos trepando por las grandes briznas de hierba que lo rodean. Para recordar que Muhammad es profesor en Harvard, imagínatelo, con su traje y los guantes de boxeo de Ali puestos, sentado en el lugar que ocupa la estatua de John Harvard en Harvard Yard.

Repite la conexión

¿Recuerdas que antes insistíamos en repetir el nombre varias veces durante la conversación en voz alta o para ti mismo? Cada vez que repitas el nombre, imagina la imagen que has creado y su relación con su rostro. Relacionar repetidamente la imagen con su rostro te ayudará a crear un recuerdo sólido.

El esfuerzo es bueno y la práctica hace al maestro

¿Todo esto te parece mucho trabajo solo para recordar un nombre? Pues muy bien. Cuanto más esfuerzo pongas en crear un recuerdo, más probabilidades tendrás de recuperarlo cuando lo necesites. Además, cuanto más intentes utilizar esta y otras estrategias para ayudar a tu memoria, más se automatizarán. Pronto te darás cuenta de que has adquirido el hábito de repetir nombres, hacer asociaciones, crear imágenes y conectar la imagen con los rasgos faciales.

RECUPERAR NOMBRES

Si te has aprendido bien el nombre de alguien utilizando las técnicas que acabamos de describir, sospechamos que te resultará relativamente fácil recuperar su nombre. Pero si te encuentras con una de las miles de personas que conociste antes de leer este libro, es posible que necesites algunas estrategias que te ayuden a recuperar su nombre. Aquí las tienes.

Relájate

Recuerda que hay pocas cosas tan perjudiciales para la recuperación de la memoria como sentir estrés. Por lo tanto, es importante que te relajes y no te pongas nervioso por el hecho de que te cueste recordar un nombre y estés a punto de vivir una situación embarazosa. Utiliza los métodos para calmarte descritos en el capítulo 23. Si el nombre sigue sin venirte a la cabeza, céntrate en mostrarte amable y relajado. Puede que el nombre te venga automáticamente cuando estés relajado.

Minimiza interferencias y bloqueos

Si te viene a la mente un nombre incorrecto que crees que está cerca del correcto, resiste el impulso de repetirlo para ti mismo: eso solo bloqueará el nombre correcto e interferirá en su recuperación. Así, después de decir «¿es Molly? No, no es el correcto. ¿Y Marie? No, tampoco es correcto», no sigas diciendo: «Vale, entonces no es Molly ni Marie... ni Molly ni Marie... ¿qué podría ser si no es Molly o Marie?».

Genera claves generales de recuperación

En lugar de repetir el nombre equivocado, piensa en otras cosas que sabes de esa persona. Quizá puedas recordar algo de lo que hablasteis la última vez que os visteis. Piensa en dónde trabaja, dónde vive, qué aficiones tiene, qué equipos deportivos le gustan o cuáles son sus hijos. Piensa en quién te lo presentó. Cualquiera de estas pistas de recuperación más generales puede activar la red semántica que desencadena la recuperación de su nombre.

Piensa en la primera o la última vez que os visteis

Viaja en el tiempo hasta el lugar donde estabas y lo que hacías cuando conociste a esa persona o cuando la viste por última vez y usaste su nombre. Imagina el lugar, el contexto, el ambiente, la música y a otras personas presentes. Trata de recordar también tu estado de ánimo y tus pensamientos en ese momento. Por ejemplo, recordar que la última vez que hablaste con ella fue cuando tu equipo favorito estaba en los Playoffs puede ayudarte a recordar su nombre.

Utiliza el alfabeto

Una forma de generar una pista de recuperación útil que no dependa de tu recuerdo de la persona es recorrer el alfabeto. A menudo, la primera letra del nombre es una pista suficiente para recuperar el resto. Recorrer el alfabeto también es una buena forma de evitar que bloquees el nombre si te vienen a la cabeza nombres erróneos.

Revisa los nombres con antelación

Si vas a asistir a un evento en el que habrá un montón de gente cuyos nombres *deberías* conocer pero no recuerdas todos, suele ser buena idea repasar sus nombres (y quizá otra información) con antelación. Por ejemplo, si vas a asistir a una de las fiestas de trabajo de tu pareja, es posible que veas a gente que conoces desde hace tiempo pero que no ves desde hace un año o más (y a la que nunca conociste muy bien). Para facilitar su recuerdo durante la fiesta, puedes dedicar unos minutos a hablar con tu pareja esa misma noche sobre los colegas que probablemente veas en la fiesta, así como un par de datos sobre cada uno, como dónde viven y qué edad tienen sus hijos.

Si vas a asistir a una reunión, puedes repasar las fotos del anuario de tus antiguos amigos. Te resultará especialmente útil agruparlos según el lugar en que los conociste: club de matemáticas, banda de música, equipo de fútbol, clase de historia, etcétera. También puedes utilizar las redes sociales para asegurarte de que sabes cómo son ahora. Por último, puedes utilizar cualquiera —o todas— las técnicas de memoria que describimos en el capítulo 23 para aprenderte una lista de nombres antes de un acontecimiento.

¿Aún no recuerdas su nombre? Pregúntaselo

Por último, no hay nada tan terrible en no ser capaz de recordar el nombre de alguien, aunque debieras saberlo. Como ya hemos dicho, los fallos de recuperación le ocurren a todo el mundo. Pregúntale su nombre. Y, ahora que te lo ha dicho, utiliza las técnicas de este capítulo para grabarlo en tu cerebro y recordarlo la próxima vez.

PUEDES MEJORAR TU MEMORIA PARA LOS NOMBRES

Aunque pocos de nosotros aprendemos y recuperamos nombres automáticamente y sin esfuerzo, no es tan difícil mejorar estas habilidades. Simplemente requiere un esfuerzo.

- Para aprender un nombre:
  — Presta atención.
  — Deletrea el nombre.
  — Repite el nombre.
  — Haz un comentario sobre el nombre.
  — Haz una asociación.
  — Crea una imagen.
  — Encuentra el rasgo facial.
  — Conecta tu imagen al rasgo facial.
  — Añade otras conexiones.
  — Repite la conexión.
  — El esfuerzo es bueno y la práctica hace al maestro.
- Para recuperar nombres
  — Relájate.
  — Minimiza las interferencias y los bloqueos: *¡No te equivoques de nombre!*
  — Genera claves generales de recuperación.
  — Piensa en la primera o la última vez que viste a esa persona.
  — Usa el alfabeto.
  — Revisa los nombres con antelación.
- ¿Todavía no recuerdas su nombre? Pregúntaselo.

25
ESTRATEGIAS AVANZADAS Y MNEMOTECNIA

Tu amiga está estudiando una segunda carrera para poder dedicarse a la fisioterapia. Te cuenta que tiene pánico porque le preocupa no ser capaz de recordar los nombres y las funciones de todos los músculos para obtener el título. Le ofreces algunas palabras de aliento, pero te preguntas en silencio cómo puede alguien recordar todos esos músculos, ¡sobre todo después de los cuarenta años! Unos meses más tarde, te la vuelves a encontrar y le preguntas cómo le va con los estudios. Se ríe y te cuenta que memorizó todos esos músculos utilizando una estrategia de memoria.

Tal vez necesites recordar los más de doscientos huesos y seiscientos músculos del cuerpo humano. Quizá te gustaría memorizar los dieciséis dígitos de tu tarjeta de crédito, además de la fecha de caducidad y el código de seguridad. O los números primos del 1 al 100. O todas las contraseñas de sitios web, programas informáticos y aplicaciones del teléfono. Tal vez te gustaría recordar la lista de la compra navideña sin tener que escribirla. En este capítulo te enseñaremos a recordar todas estas cosas, además de direcciones, discursos, cartas y mucho más.

Un par de apuntes. En primer lugar, estas estrategias se basan en las presentadas en los capítulos 23 y 24, así que léelos si aún no lo has hecho. En segundo lugar, no llamamos a estas estrategias «avanzadas» por nada: varias de ellas requieren que aprendas nuevos marcos organizativos, sistemas y esquemas. Así es: para memorizar lo que quieres recordar, primero tienes que memorizar nuevos sistemas de memorización. Entendemos que no todo el mundo está interesado en hacer eso, por eso hemos añadido estas estrategias avanzadas al final del libro. Si lo deseas, puedes omitirlas.

Método de *loci* o Palacio de la Memoria

Empecemos por una de las técnicas más antiguas y mejores, el *método de loci*, también llamado *Palacio de la Memoria*, desarrollado por los antiguos griegos hace más de dos mil quinientos años. Como verás, esta técnica utiliza muchas de las que hemos comentado, como basarse en el conocimiento existente, hacer asociaciones y utilizar la visualización, la distinción, la emoción y el humor. La idea básica es sencilla: imagínate una estructura u otro lugar que conozcas muy bien, como tu casa. Piensa en cómo recorrerías tu casa para visitar cada habitación una vez (no pasa nada si tienes que retroceder por un pasillo). No olvides los sótanos, los cuartos de baño, los armarios del vestíbulo, los áticos, etc. Una vez que tengas la estructura y la ruta —que siempre deben ser las mismas—, coloca mentalmente las cosas que te gustaría recordar en las habitaciones de tu casa, dispuestas en el orden en que te gustaría recuperarlas.

Por ejemplo, quizá quieras memorizar la lista de la compra. Muy fácil. Solo tienes que abrir la puerta de entrada y comenzar el viaje al interior de tu palacio de la memoria. Imagínate una manzana en el vestíbulo. Pero tenemos que hacer que esa manzana sea memorable, así que imagínate que tropiezas con la manzana y estás a punto de caerte. (A continuación, gira a la izquierda hacia el salón, donde encuentras una tableta de chocolate y, ¡oh, no!, ¡alguien ha dejado huellas de chocolate por todo el sofá blanco! Luego giras a la derecha para entrar en el comedor. Allí, en el centro de la mesa, hay un hermoso pollo asado. Pero, espera, cuando te agachas para inspeccionarlo, escuhas cómo cacarea. Bueno, esto es un poco macabro, pero parece que cacarea alegremente, y ahora es memorable. Entras en la cocina y, para tu sorpresa, te encuentras con barro hasta los tobillos. El suelo de tu cocina se ha transformado en un jardín con hermosos tomates creciendo en una enredadera. Bien, tienes que limpiarte, así que te diriges al cuarto de baño para quitarte el barro. Lo único que encuentras es jabón de manos; de hecho, toda la bañera está llena de jabón de manos, justo lo que necesitas comprar en el supermercado. Metes la mano en la bañera y te limpias antes de ir a tu habitación. Pones la mano en el pomo de la puerta y, al girarlo, notas que está frío, como el hielo. Entras en tu habitación y ves que se ha transformado en un congelador con bolitas verdes por todas partes. Una mirada más atenta revela que las bolitas son guisantes congelados. Así pues, hemos terminado el recorrido por nuestro pequeño palacio de la memoria y ahora podemos acordarnos de comprar los siguientes artículos: manzanas, chocolate, pollo asado, tomates, jabón de manos y guisantes congelados.

Cantidades específicas

¿Qué dices? ¿Cómo vas a acordarte de que necesitas una docena de manzanas? Tal vez, cuando entras en el vestíbulo, la docena de manzanas está en una huevera de cartón, pero, cuando te acercas, saltan y caen al suelo (donde las pisas, como antes, y casi te caes).

Amplía tu palacio

¿Y ahora qué? ¿Tienes que conseguir 24 objetos más en el supermercado y ya no te quedan habitaciones en casa? No hay problema.

Además del sofá (con huellas de chocolate), tu salón tiene un sillón, una mecedora, una alfombra, una mesa de centro, una vinoteca, una mesa auxiliar y un cuadro en la pared. Puedes poner los limones y las limas en el sillón (alguien los cortó por la mitad y los exprimió, manchando el sillón de amarillo y verde), los huevos están en la mecedora (se balancean hacia delante y hacia atrás, lo que hace que los huevos se deslicen y se rompan en el suelo), hay un tarro de salsa en la alfombra (de lado, sin tapa, la salsa se derrama por la alfombra), hay montones de granos de café cubriendo la mesa de centro, un paquete de seis cervezas está en la vinoteca (dispuestas en pirámide: tres en la parte inferior, dos en el centro, una en la parte superior), tu mesa auxiliar parece blanca porque está envuelta en papel higiénico como una momia, y hay una botella de limpiacristales con su asa colgando en el marco superior del cuadro.

Ahora hemos llegado a un total de 14 elementos y ni siquiera hemos incluido las distintas zonas de tu comedor, cocina o baño, ni el armario y los muebles de tu dormitorio. No debería ser ningún problema llegar al menos a 52 lugares concretos de tu palacio de la memoria. (¿Por qué 52? Para que puedas poner una carta en cada lugar, algo que tendrás que hacer si quieres participar en el Campeonato de Memoria de EE. UU., como hizo Joshua Foer en su libro *Moonwalking with Einstein*).[1]

LA MEMORIA DE MARK TWAIN

Samuel Clemens, más conocido como Mark Twain, tenía muy mala memoria. Uno de sus biógrafos escribió que llegó a perderse en su propio barrio y no reconocía cuadros que llevaban años colgados en su casa. Tal vez debido a su mala memoria, pasó tiempo aprendiendo —y luego desarrollando y publicando— diversos sistemas para recordar la historia, sus conferencias y otra información.[2]

En uno de sus primeros éxitos, enseñó a sus hijos a recordar a los monarcas ingleses utilizando 817 estacas clavadas en el camino de entrada a su casa. Al principio clavó una estaca y la etiquetó como *1066: Guillermo el Conquistador*. Cada monarca después de Guillermo tenía otra estaca medida (30 cm por año), clavada y etiquetada, y la última estaca era 1883 (el año actual). Sus hijos se divertían corriendo de estaca en estaca y gritando los nombres de los monarcas y los años en que ascendieron al trono. Aunque este juego fue una exitosa técnica mnemotécnica para sus hijos, las publicaciones de Twain para mejorar la memoria no lo fueron: ninguna obtuvo beneficios.

Twain tuvo éxito, sin embargo, en el uso de pequeños dibujos para recordar las conferencias nocturnas que daba cuando presentaba sus libros. Dibujaba un pajar para recordar Carson Valley, una serpiente de cascabel para recordar un viento extraño y violento que soplaba en Sierra Nevada y un rayo para recordar el tiempo que hacía en San Francisco. Cada imagen le servía para contar una historia concreta durante su conferencia. Como tenía miedo a perder sus apuntes —lo que le ocurrió una vez—, memorizaba los dibujos y los tiraba a la basura, para no perder nada.[3]

Twain era capaz de recordar las imágenes y su orden relacionándolas con su propia versión de un palacio de la memoria. Utilizaba la ubicación de los elementos de una mesa, como la servilleta, el tenedor, el plato, el cuchillo, la cuchara, el salero, el plato de la mantequilla, etc.[2] Y así, con este método, el gran narrador era capaz de hilar sus historias, sin notas, noche tras noche.

IMÁGENES, CONFERENCIAS Y DISCURSOS EN POWERPOINT

Puedes utilizar el sistema de pequeñas imágenes de Twain para ayudarte a recordar cada uno de los puntos que quieras exponer en una presentación de diapositivas. Todo el mundo sabe que no hay que limitarse a leer frases enteras de las diapositivas. La mayoría de la gente convierte sus puntos en breves frases con viñetas que les sirven para hablar de esos temas. En lugar de palabras o frases, prueba a utilizar una imagen relevante que te dé pie a hablar de cada asunto. No solo los recordarás mejor, sino que el público también lo hará. Para dar una conferencia o un discurso sin diapositivas, basta con colocar cada imagen en tu palacio de la memoria o encadenarlas en orden, como se describe en la sección siguiente. ¡Voilà! Ya tienes tu discurso memorizado.

ENCADENAMIENTO

Recordar temas y otros elementos mediante imágenes suele funcionar muy bien. Para asegurarte de que no olvidas ninguna de las imágenes (y, por tanto, los elementos que representan) es fundamental memorizarlas en orden. Un buen método para hacerlo es utilizar el palacio de la memoria, como hemos descrito antes. A veces, sin embargo, es más sencillo y fácil utilizar el *encadenamiento*. En el encadenamiento, basta con conectar una imagen con la siguiente de alguna forma visual, distintiva y, a menudo, humorística.

Supongamos que tienes una docena de cosas que recoger para preparar una fiesta de cumpleaños: plátanos (vas a hacer pastel de postre), un reloj de pulsera (tu regalo), una tarta (de la panadería), velas de cumpleaños, una cinta, una tarjeta de cumpleaños, globos, el mantel (de la tintorería), champán, copas de champán de plástico, servilletas moradas y una carpa grande (por si llueve). Hay un millón de maneras de encadenar estos elementos; aquí tienes una que se nos ha ocurrido. Empiezas con un plátano, y el plátano tiene un *reloj de pulsera* alrededor. Al mirar la esfera, se ve que la cara del reloj es en realidad una *tarta* en miniatura, y las manecillas son *velas de cumpleaños* encendidas. Cuando las manecillas llegan a las doce, alcanzan una cinta que se prende fuego. La larga cinta arde hasta llegar a una *tarjeta de cumpleaños*, que también se incendia. Por suerte, un *globo de agua* estalla sobre la tarjeta y apaga el fuego, pero ahora el *mantel* (sobre el que estaba la tarjeta) está empapado. Cuando empiezas a quitar el mantel empapado de la mesa, te olvidas de que había botellas de *champán* abiertas sobre ella: se vuelcan y el champán empieza a correr por el suelo. En un santiamén, coges las *copas de champán de plástico* y empiezas a recoger todo el líquido burbujeante que puedes. Desgraciadamente, aún queda mucho en el suelo, así que utilizas tus *servilletas moradas para absorberlo*. Una de las servilletas absorbe cada vez más líquido y empieza a hincharse y crecer hasta que pronto tiene el tamaño de una *gran tienda de campaña*.

Ahora cierra los ojos: ¿puedes enumerar los 12 elementos en orden a medida que las imágenes se suceden en tu mente? Inventa tu propia cadena de conexiones para cualquier lista de elementos y el esfuerzo que pongas en el relato te ayudará a recordarlos. Ten en cuenta que puedes unir cien elementos o más de esta manera y, siempre que cada imagen sea vívida y distinta, serás capaz de recordarlos todos en orden. Esta es una forma de recordar los más de doscientos huesos y los más de seiscientos músculos del cuerpo humano. Inventa una imagen para cada nombre, como el delta de un río para el *deltoides*, el agua que corre y te dificulta montar en bicicleta (para el *bíceps*), así que saltas de la bicicleta y te subes a un triceratops (para el *tríceps*) que iba en dirección contraria (el tríceps y el bíceps tienen acciones opuestas), y así sucesivamente.

NÚMEROS

Hay varias formas de recordar números. En el capítulo 23 describimos la fragmentación, explicando cómo puedes tomar un número de tarjeta de crédito de 16 dígitos y dividirlo en números más cortos que pueden representar fechas, números de camisetas de jugadores u otros números que pueden ser significativos para ti y, por lo tanto, más fáciles de recordar que 16 dígitos aleatorios. Pero ahora que ya sabes cómo recordar imágenes en orden utilizando tu palacio de la memoria o encadenándolas, estás listo para aprender una herramienta más poderosa.

Sistema numérico fonético

El sistema numérico fonético fue inventado por el matemático y astrónomo francés Pierre Hérigone hacia 1570 y desarrollado por otros científicos a lo largo de los 450 años siguientes.[4] La idea básica es simplemente convertir los números en los sonidos de consonantes específicas y, a continuación, añadir vocales para convertir la cadena de consonantes en palabras. A continuación, convierte las palabras en imágenes y memoriza las imágenes en orden encadenándolas o utilizando tu palacio de la memoria.

Estos son los números, sus sonidos consonánticos específicos y algunas sugerencias para recordar qué consonantes corresponden a cada número:[5]

- 1 = *t* (*d*): un trazo hacia abajo (trazo vertical del bolígrafo), o un 1 horizontal sobre un 1 vertical.
- 2 = *n*, *ñ*: dos trazos hacia abajo.
- 3 = *m*: tres trazos hacia abajo, además una *m* de lado es un 3.
- 4 = *c* (*k*, *q*): su inicial.
- 5 = *l* (*v*): el número romano para el 50 es L y para el 5 es V.
- 6 = *s* (*z*): su inicial y la *z* por similitud de pronunciación.
- 7 = *f* (*j*): se parece a un 7 escrito a la inversa.
- 8 = *g* (*x*, *ch*): la *g* es la letra más parecida al 8.
- 9 = *p* (*b*): recuerdan a un 9 al dibujarse con una línea y un círculo.
- 0 = *r* (*rr*): contenida en la palabra cero.

Ten en cuenta que algunos números, como el 1, pueden representarse tanto con *t* como con *d* porque estos sonidos son muy parecidos, ambas consonantes se articulan colocando la lengua contra los dientes superiores. Estos emparejamientos de letras son lógicos y no arbitrarios. Las vocales (*a, e, i, o, u*) y las letras *w, y* no tienen valor numérico. La *h* no tienen valor porque no emite ningún sonido, es muda. Las letras repetidas no tienen un valor.

Códigos de acceso y números de tarjeta de crédito

Empecemos con algunos números cortos para entrar en calor antes de abordar los más largos. Supongamos que te alojas en un piso de alquiler que tiene un código de cuatro cifras que hay que pulsar en un teclado para abrir la puerta: 2921. Utilizando el sistema numérico fonético, 2/9/2/1 se convierte en n/p/n/t. Toma esas letras e intenta formar una o más palabras insertando vocales entre ellas. Una posibilidad sería «nombre del pomo tecleado» y el dibujo de un teclado de ordenador con las letras del nombre del pomo resaltadas (es decir, la clave numérica que te permite acceder a tu apartamento). (No olvides que las vocales no tienen números, por eso pomo = 93 y tonto = 12).

Ahora que entiendes el principio, vamos a abordar el mismo número de tarjeta de crédito de 16 dígitos que utilizamos en el capítulo 23. Primero convierte los números 1/3/5/0/2/4/6/7/9/1/1/8/1/0/1/2 en letras:

---

t/m/l/r/n/c/g/f/p/t/d/g/t/r/d/n

Después, convierte las letras en palabras. Estas son las palabras que se nos ocurrieron después de trabajar con ellas durante unos minutos:

---

trash/metal/loco/rompe/noción/cabeza/gris/fuerte/pelea/ terrible/dolor/gato/tocar/raudo/divertido/nubarrón

---

Un loco y divertido gato gris nubarrón toca raudo trash metal y rompe nociones y cabezas en fuerte pelea de terrible dolor.

Por último, convierte las palabras en imágenes. En este caso es fácil encontrar una imagen visual para acompañar a esta frase.

Método de clavijas para listas

A veces quieres recordar cosas asociadas a un número concreto. Por ejemplo, puede que necesites recordar que la talla de zapatos de tu hija es 37, que tu clase de historia empieza a las 14:00 y que tienes que tomarte la medicación para el asma a las 10:00. Para memorizarlos, te recomendamos que utilices el método de las *cla-*

vijas. El método de las clavijas asocia cada número a una palabra. La mayoría de los gurús de la memoria utilizan palabras basadas en el sistema numérico fonético:

Lista de clavijas de números fonéticos

0 = *r* = rueda
1 = *t, d* = tiempo
2 = *n* = Noé
3 = *m* = mamá
4 = *c, k* = centeno
5 = *l* = ley
6 = *s, z* = zapato
7 = *f* = foca
8 = *g, ch, x* = gato
9 = *p* = perro
10 = *t + r* = tren
11 = *d + t* = dato
12 = *t + n* = tenor
etc.

Para recordar el 3, puedes imaginar a tu madre. Para el 5, puedes recordar la toga de un juez. Aunque nos hemos detenido en el 12, como ya conoces el sistema fonético numérico, puedes crear fácilmente tu propia lista de clavijas con hasta cien o mil palabras asociadas.

Si no te gusta el sistema fonético, quizá prefieras una lista más fácil de recordar basada en rimas. Aquí tienes una lista de clavijas rimadas en inglés extraída del libro *Make It Stick*:[6]

Lista de clavijas rimadas

1 = bun
2 = shoe
3 = tree

4 = store
5 = hive
6 = tricks
7 = heaven
8 = gate
9 = twine
10 = pen
11 = penny-one, setting sun
12 = penny-two, airplane glue
13 = penny-three, bumble-bee
etc.

Una vez que conozcas tus clavijas, puedes hacer una imagen tonta para asociar lo que intentas recordar con la clavija apropiada. Así, para recordar que tu clase de historia empieza a las 14:00, puedes imaginar el arca de Noé navegando hasta tu aula de historia. Para recordar que tienes que tomarte la medicación para el asma a las 10:00, imagina un tren de pasajeros con pañuelos en la mano y mucha tos.

CARTAS

Quizá necesites recordar una serie de letras que no necesariamente forman palabras, como los símbolos bursátiles. Una forma de hacerlo es inventar una imagen para cada letra del abecedario, como *abeja* para la *A*, *burro* para la *B*, *ciervo* para la *C*, *dinosaurio* para la *D*, *elefante* para la *E*, y así sucesivamente. Luego, formando una imagen tonta encadenada, puedes recordar fácilmente cadenas cortas o largas de letras. Esto también es útil para memorizar contraseñas.

CONTRASEÑAS

Hablando de contraseñas, al combinar el sistema fonético de números e imágenes para cada letra, puedes memorizar casi cualquier combinación de números y letras en tus distintas contraseñas. Encadénalas para formar una imagen de tu contraseña y relaciona con ella la aplicación o el sitio web. Incluso puedes diseñar tu contraseña de forma que te recuerde al sitio web. Por ejemplo, ¿qué asociarías a la contraseña 7a4e9o4? Utilizando el sistema numérico fonético, podrías leerla como FaCeBoK o Facebook. De forma similar, 1wi11e0 sería TwiTTeR e i261a80a3 sería iNSTaGRaM. ¿Qué estás diciendo? ¿Ahora le he dicho a todo el mundo tus contraseñas? Pues dales un toque único y personal. Puedes usar 4a0a5i90o (cara libro) para Facebook. O ae1wi11e0 para la cuenta de Twitter de Andrew y Elizabeth.

Naipes

Desde el bridge al póquer, en la mayoría de los juegos de cartas es bueno recordar las cartas que ya se jugaron. Pero hay 52: es mucho que recordar. ¿Cómo recordarlas? Con imágenes, por supuesto. En la siguiente tabla hay una lista de imágenes de Harry Lorayne (con algunas modificaciones nuestras) basada en el sistema numérico fonético.[5] La idea es sencilla. Del as al 10, la primera consonante es la primera consonante del palo: *T* para tréboles, *C* para corazones, *P* para picas y *D* para diamantes. El sonido de la segunda consonante utiliza el sistema numérico fonético, por lo que para el *as* (que, en realidad, es el 1) se añade *t* o *d*. Para el 2 se añade *n* o *ñ*. Para el 3 se añade *m*, y así sucesivamente.

Las sotas son solo imágenes del propio palo (trébol, corazón, pica, diamante), pero haz que sean imágenes reales, no los símbolos estilizados. Así, imagina un corazón anatómico para la sota de corazones, imagina una pica que usarías como pala para la sota de picas, etc. Para las reinas, dejamos que la emblemática reina de corazones sea simplemente «reina» y que las demás empiecen por la letra de su palo y terminen en *na*. Para los reyes, volvemos a empezar con la letra de su palo y hacemos que terminen *no* (de *trono*).

	Tréboles	Corazones	Picas	Diamantes
As	Todo	Codo	Pito	Dedo
2	Tren	Can	Piña	Duna
3	Timo	Coma	Puma	Dama
4	Teca	Caco	Peca	Decir
5	Tela	Cala	Pela	Dolor
6	Taza	Coz	Pesa	Diez
7	Teja	Caja	Paja	Dejar
8	Toga	Coger	Pegar	Daga
9	Tapa	Cubo	Papá	Deber
10	Tarro	Carro	Perro	Dardo
Sota	Trébol	Corazón	Pica	Diamante
Reina	Trina	Reina	Peina	Diana
Rey	Trono	Cono	Pino	Decano

Una vez memorizadas las imágenes, puedes colocar las cartas en tus clavijas de memoria a medida que se van jugando en cada palo, lo que te permitirá tanto contar las cartas de cada palo como saber cuáles han pasado. También puede mutilar cada carta para saber cuáles se han descartado y, por proceso de eliminación, cuáles quedan. Para la siguiente mano, quema cada imagen de carta. Luego ahógalas en agua. A continuación, corta cada carta en trocitos. Luego atraviesa cada carta con un cuchillo imaginario y así sucesivamente.

Sabemos que parece mucho trabajo, pero puedes empezar poco a poco e ir aumentando. Empieza memorizando los ases una semana, los reyes la siguiente, las reinas después y así sucesivamente. En tres meses los habrás memorizado.

CÓMO LLEGAR

¿De verdad necesitas usar herramientas mnemotécnicas para las direcciones? ¿No puedes usar las aplicaciones del teléfono? Bueno, hay muchas regiones rurales en las que las *apps* no funcionan y, en algunas ciudades, los edificios altos pueden bloquear las señales GPS y darte ubicaciones incorrectas. Por estas razones, es bueno tener un sistema para poder recordar las direcciones. Aquí tienes uno que funciona con el sistema de números fonéticos y la lista de clavijas.

Asigna imágenes que recordarás para *derecha, izquierda, norte, sur, este, oeste,* como *elefante, burro, polo norte con rayas, pingüino, palillos* y *sombrero de vaquero,* respectivamente. Si alguien dice: «Gira a la izquierda, conduce 10 manzanas, gira a la derecha, 2 manzanas más, gira otra vez a la derecha, luego 4 manzanas y a la izquierda está el restaurante», puedes formar la siguiente cadena de imágenes: Un *burro* gira a la izquierda, te montas y sigues al *tren* (10) durante 10 manzanas. Saltas y ves un *elefante* que gira a la derecha con *Noé* (2) montado en él. Corres a su lado y ves a Noé cabalgando durante 2 manzanas, y luego ves un segundo *elefante* que está girando a la derecha. Pones una bolsa de *centeno* (4) en el segundo elefante. Y luego ves un *burro* más adelante a la izquierda, parado en tu destino.

ÚLTIMAS PALABRAS: LAS IMÁGENES DISTINTIVAS SON MEMORABLES

El antiguo libro latino *Rhetorica ad Herennium* resume bien este capítulo en lo que respecta al tipo de imágenes que deben utilizarse como mnemotecnia:

Ahora la propia naturaleza nos enseña lo que debemos hacer. Cuando vemos en la vida cotidiana cosas insignificantes, ordinarias y banales, por lo general no las recordamos, porque la mente no está siendo agitada por nada novedoso o maravilloso. Pero, si vemos u oímos algo excepcionalmente bajo, deshonroso, extraordinario, grandioso, increíble o risible, es probable que lo recordemos durante mucho tiempo. En consecuencia, las cosas inmediatas a nuestro ojo u oído comúnmente las olvidamos; los incidentes de nuestra infancia a menudo los recordamos mejor. Esto no puede ser así por otra razón que porque las cosas ordinarias desaparecen fácilmente de la memoria, mientras que las llamativas y novedosas permanecen más tiempo en la memoria.[7]

Esta cita nos recuerda que las imágenes que se crean como mnemotecnia deben ser excepcionales y distintivas de alguna manera, ya que su carácter distintivo las hace memorables.

Después de leer este libro, ya sabes *por qué* las imágenes distintivas son memorables. Sabes que esas imágenes permiten que el hipocampo construya recuerdos sólidos que luego se etiquetan para priorizarlos, de modo que los recuerdos sean más fáciles de recomponer en el futuro.

Tanto si has leído este libro para realizar un trabajo escolar como si lo has hecho para mejorar tu memoria o simplemente por placer, esperamos que haya satisfecho tus expectativas. También esperamos que, aunque no recuerdes todos los detalles concretos, te quedes con la información esencial.

UTILIZA ESTRATEGIAS AVANZADAS Y MNEMOTECNIA

Ahora tienes a tu disposición toda la gama de ayudas para la memoria, estrategias y mnemotecnia, de modo que dispones de las herramientas necesarias para memorizar casi cualquier cosa que desees. Ten en cuenta estas herramientas avanzadas cada vez que necesites memorizar decenas o cientos de elementos.

- Usa el método de los *loci* o palacio de la memoria.
- Utiliza imágenes para guiarte.
- Encadena imágenes.
- Para conferencias y discursos, encadena imágenes o utiliza tu palacio de la memoria.
- Utiliza el sistema numérico fonético.
- Utiliza listas de clavijas.
- Utiliza imágenes para las letras.

- Recuerda contraseñas combinando el sistema numérico fonético y las imágenes para las letras.
- Utiliza imágenes para jugar a las cartas basadas en el sistema numérico fonético.
- Para las instrucciones, utiliza imágenes, el sistema numérico fonético y el encadenamiento.
- Recuerda: las imágenes distintivas son memorables.

EPÍLOGO

Antes de terminar nuestro viaje juntos, tenemos dos peticiones que hacerte. En primer lugar, si no lo has hecho mientras leías el libro, tómate un momento para anotar algunos puntos importantes que te gustaría recordar. Utiliza algunas de las estrategias que hemos descrito para memorizarlos. Vuelve a consultar tus notas mañana, la semana que viene y el mes que viene, para que puedas llevar contigo estas lecciones el resto de tu vida.

En segundo lugar, si no estabas satisfecho con tu memoria antes de leer este libro, tómate un momento para escribir al menos un método para mejorar algunas tareas relacionadas con la memoria. Tal vez seas un estudiante que desea planificar el semestre de forma que pueda dedicar un tiempo de estudio espaciado. Es posible que empieces un nuevo trabajo y adoptes algunas de las estrategias descritas para aprenderte los nombres de tus nuevos compañeros. Tal vez seas padre y decidas descargar una aplicación de calendario para reservar tu memoria a otras tareas que consideras más importantes. O tal vez, estás jubilado y quieras dedicar treinta minutos al día a hacer ejercicio o a retomar una afición de la que disfrutabas.

Te pedimos que hagas estas cosas para que la información contenida en este libro salga de sus tapas y se lance a tu vida cotidiana. Esperamos que —incluso cuando el hoy se convierta en ayer— lo que has aprendido y los objetivos que te has marcado se integren en tu memoria y no los olvides.

CONSEJOS PARA
RECORDAR MEJOR

Utiliza ayudas para la memoria

- Cinco principios generales:
  — Organízate.
  — Prepárate.
  — No te demores.
  — Mantén la sencillez.
  — Desarrolla rutinas.
- Un lugar para cada cosa y cada cosa en su lugar.
- Incluye las cinco preguntas en tu calendario o agenda:
  — *¿Quién?*
  — *¿Para qué?*
  — *¿Qué necesito llevar?*
  — *¿Cuándo?*
  — *¿Dónde?*
- Utiliza listas sencillas para tareas sencillas.
- Utiliza el sistema de cuatro cuadrantes para los proyectos:
  — Importante/urgente.
  — Importante/no urgente.
  — No importante/urgente.
  — No importante/no urgente.
- Utiliza recordatorios.

Mejora tu memoria procedimental

- No adquieras malos hábitos: *Toma clases.*
- Práctica, práctica, práctica.
- Utiliza los comentarios para mejorar tu rendimiento.
- Trabaja con un profesor o entrenador.
- Espacia tu práctica para optimizar el aprendizaje entre sesiones.
- Minimiza las interferencias; no practiques una habilidad competidora.
- Empieza poco a poco y ponte a prueba.
- Varía tu práctica y actúa en diversas condiciones.

Estrategias básicas de memoria episódica

- Estrategias de adquisición de recuerdos:
  — Estar motivado.
  — Alinea tus objetivos del momento con tus objetivos de memoria.
  — Relájate; no estés ansioso.
  — Utiliza el esfuerzo para hacer *cuatro* cosas:
    ◊ Centra la atención: estar presente, prestar atención. Evita las distracciones, no hagas varias cosas a la vez. Haz pausas cuando sea necesario. Considera tomar una taza de café (o té). Utiliza tus sensaciones. Crea mnemotecnias sensacionales.
    ◊ Organiza y agrupa la información. Crea acrónimos.
    ◊ Comprende y genera contenidos para poner a prueba su comprensión. Construye desde los cimientos.
    ◊ Relaciona. Crea imágenes visuales.
  — Hazte cargo de tu aprendizaje.
  — Que sea distintivo: *Implica los sentidos. Utiliza el humor. Imprégnalo de emoción. Haz que sea importante para ti.*
  — Adquiere contenidos de la forma en que necesitarás recuperarlos.
  — Decide si lo recordarás o lo olvidarás.

- — Cuidado con las ilusiones de dominio.
- — Ponte a prueba.
- — Espacia tus estudios: evita los atracones.
- — Varía tu estudio.
- — Intercala tu estudio.
- — Estudia en condiciones diferentes.
- — Primero resuelve el problema y luego aprende a hacerlo.
- Estrategias de recuperación de recuerdos:
  - — Mantén la calma: deja que tu cuerpo se relaje; respira profundamente.
  - — Minimiza las interferencias y el bloqueo: *evita generar posibles alternativas a la respuesta correcta.*
  - — Crea claves de recuperación generales y diversas.
  - — Vuelve mentalmente al contexto interno y externo de tu aprendizaje.
  - — Protégete contra los falsos recuerdos: *Evalúa los detalles. ¿Podría haber ocurrido así? ¿Hasta qué punto deberías recordar este contenido?*
  - — ¿Has hecho un esfuerzo extra? Eso te ayudará la próxima vez.
- Adapta tu aprendizaje a la naturaleza de lo que se enseña. *Aprende de forma visual y auditiva siempre que sea posible.*
- Estudia en compañía y en solitario.
- Utiliza el sueño como estrategia.
- Reflexiona sobre tu recuperación.

RECORDAR NOMBRES

- Para aprender nombres:
  - — Presta atención.
  - — Deletrea el nombre.
  - — Repite el nombre.
  - — Haz un comentario sobre el nombre.
  - — Haz una asociación.
  - — Crea una imagen.
  - — Encuentra el rasgo facial.
  - — Conecta tu imagen al rasgo facial.

— Añade otras conexiones.

— Repite la conexión.

— El esfuerzo es bueno y la práctica hace al maestro.

• Para recuperar nombres:

— No te asustes: si no recuerdas un nombre, céntrate en otro objetivo, como ser acogedor y amable.

— Minimiza las interferencias y los bloqueos: *¡No te equivoques de nombre!*

— Genera claves generales de recuperación.

— Piensa en cuando estabas con ellos.

— Usa el alfabeto.

— Revisa los nombres con antelación.

ESTRATEGIAS AVANZADAS Y MNEMOTECNIA

• Usa el método de los *loci*, palacio de la memoria.

• Utiliza imágenes para guiarte.

• Encadena imágenes.

• Para conferencias y discursos, encadena imágenes o utiliza tu palacio de la memoria.

• Utiliza el sistema numérico fonético.

• Utilizar listas de clavijas.

• Utiliza imágenes para las letras.

• Recuerda contraseñas combinando el sistema numérico fonético y las imágenes para las letras.

• Utiliza imágenes para jugar a las cartas basadas en el sistema numérico fonético.

• Para las instrucciones, utiliza imágenes, el sistema numérico fonético y el encadenamiento.

• Recuerda: las imágenes distintivas son memorables.

ANEXO

Medicamentos que pueden afectar a la memoria

Ten en cuenta que es importante consultar a un médico antes de suspender o reducir la dosis de los medicamentos. Además, las dosis de algunos medicamentos deben reducirse lentamente o pueden causar complicaciones, como convulsiones.

ANTIDEPRESIVOS ANTICOLINÉRGICOS

La mayoría de los antidepresivos que se recetan actualmente son seguros y tienen pocos efectos secundarios. Los que sí causan problemas de memoria son los anticolinérgicos. La acetilcolina es una sustancia química importante del cerebro, necesaria para el funcionamiento normal de la memoria. Los medicamentos anticolinérgicos alteran la actividad de esta importante sustancia química del cerebro, lo que afecta a la memoria y a veces también provoca somnolencia y confusión. Los antidepresivos más antiguos con efectos secundarios anticolinérgicos importantes son:

- Amitriptilina (Elavil, Endep).
- Amoxapina (Asendin).
- Clomipramina (Anafranil).
- Desipramina (Norpramin, Pertofrane).
- Doxepina (Adapin, Sinequan).
- Imipramina (Tofranil).

- Mirtazapina (Remeron).
- Nortriptilina (Pamelor, Aventyl).
- Paroxetina (Paxil).
- Protriptilina (Vivactil).
- Trazodona (Desyrel).
- Trimipramina (Surmontil).

ANTIHISTAMÍNICOS

Debido a que contienen formulaciones antiguas de antihistamínicos, muchos medicamentos para la alergia, remedios para el resfriado y la gripe, analgésicos nocturnos y somníferos de venta libre deterioran la memoria y provocan somnolencia y confusión. Algunos de los antihistamínicos más antiguos que pueden afectar a la memoria son:

- Bromfeniramina (Lodrane).
- Clorfeniramina (Chlor-Trimeton, otros).
- Difenhidramina (Benadryl, otros).
- Doxilamina (Unisom, otros).
- Hidroxizina (Vistaril, otros).

ANTIPSICÓTICOS

Los antipsicóticos son medicamentos que se han desarrollado para tratar a adultos jóvenes con esquizofrenia o manía, aunque a menudo se recetan a individuos con demencia con comportamientos difíciles. El deterioro de la memoria es frecuente con estos medicamentos, sobre todo con los antipsicóticos más antiguos, denominados «típicos»:

- Clorpromazina (Thorazine).
- Flufenazina (Prolixin).
- Haloperidol (Haldol).
- Loxapina (Adasuve).

- Mesoridazina (Serentil).
- Molindona (Moban).
- Perfenazina (Trilafon).
- Tioridazina (Mellaril).
- Tiotixeno (Navane).
- Trifluoperazina (Stelazine).

Los antipsicóticos «atípicos» más recientes, que se enumeran a continuación, tienen menos probabilidades de provocar alteraciones de la memoria, aunque pueden hacerlo, sobre todo en dosis elevadas:

- Aripiprazol (Abilify).
- Asenapina (Saphris, Sycrest).
- Brexpiprazol (Rexulti).
- Cariprazina (Reagila).
- Clozapina (Clozaril).
- Iloperidona (Fanapt).
- Lurasidona (Latuda).
- Olanzapina (Zyprexa).
- Paliperidona (Invega).
- Pimavanserina (Nuplazid).
- Quetiapina (Seroquel).
- Risperidona (Risperdal).
- Ziprasidona (Geodon).

MEDICAMENTOS CONTRA LA ANSIEDAD: BENZODIACEPINAS

Las benzodiacepinas son una clase de medicamentos utilizados para tratar la ansiedad que casi siempre provocan alteraciones de la memoria, somnolencia y confusión. De hecho, cuando los médicos realizan un procedimiento médico pero no quieren que lo recuerdes (como una colonoscopia), esta es la clase de medicación que te administran. Ten en cuenta que cualquier reducción o suspensión de estos medicamentos debe hacerse siempre bajo la supervisión de un médico; pueden provocar convulsiones si se suspenden bruscamente. Algunas de las benzodiacepinas más recetadas son:

- Alprazolam (Xanax).
- Clordiazepóxido (Librium).
- Clobazam (Onfi).
- Clonazepam (Klonopin).
- Clorazepato (Tranxene).
- Diazepam (Valium).
- Estazolam (Prosom).
- Flurazepam (Dalmane, Dalmadorm).
- Lorazepam (Ativan).
- Nitrazepam (Mogadon).
- Oxazepam (Serax).
- Temazepam (Restoril).
- Triazolam (Halcion).

MEDICAMENTOS PARA EL MAREO Y EL VÉRTIGO

Si experimentas mareos, náuseas y vértigo debido a una infección del oído interno o a que estás en un barco, está bien que tomes uno de estos medicamentos durante uno o dos días si te hace sentir más cómodo. Pero no conviene tomar los medicamentos de esta lista durante más tiempo, ya que son anticolinérgicos, antihistamínicos o benzodiacepinas y (como se ha descrito anteriormente en esta sección) provocan alteraciones de la memoria:

- Clonazepam (Klonopin) (benzodiacepina).
- Diazepam (Valium) (benzodiacepina).
- Dimenhidrinato (Dramamine) (anticolinérgico).
- Lorazepam (Ativan) (benzodiacepina).
- Meclizina (Antivert, Vertin) (anticolinérgico).
- Metoclopramida (Reglan).
- Prometazina (Phenadoz, Phenergan, Promethegan) (antihistamínico).
- Escopolamina (también conocida como hioscina, anticolinérgico).

Remedios a base de plantas

Los remedios a base de plantas no son más que otro tipo de medicamento con sus propios efectos secundarios; no son intrínsecamente más seguros por el mero hecho de ser a base de plantas. Los medicamentos a base de plantas más comunes y sus principales efectos secundarios incluyen:

- Efedra (*ma huang*): insomnio, nerviosismo, temblor, dolor de cabeza, convulsiones, hipertensión arterial, problemas cardíacos, accidentes cerebrovasculares, cálculos renales; puede afectar o no a la memoria.
- Ginkgo biloba: hemorragia. (*Nota*: No hay pruebas de que el ginkgo biloba mejore la memoria, y no recomendamos su uso).
- Kava: deterioro de la memoria, sedación, confusión, movimientos anormales.
- Hierba de San Juan: deterioro de la memoria, fatiga, mareos, confusión, sequedad de boca, malestar estomacal.

Medicamentos para la incontinencia: Antiespasmódicos

La incontinencia de vejiga que provoca accidentes urinarios es un problema grave que puede dificultar llevar una vida normal y obligar a usar ropa interior absorbente para adultos. Si padeces incontinencia y estás tomando una medicación que actúa para detener o disminuir en gran medida los accidentes, te recomendamos que siga tomándola. Sin embargo, muchas personas toman medicamentos para la incontinencia sin una reducción notable de los accidentes. Si este es tu caso, y se trata de uno de los medicamentos anticolinérgicos enumerados aquí, te recomendamos hablar con el médico para ver si se puede reducir, eliminar o sustituir por otro que funcione igual o mejor con menos efectos secundarios:

- Darifenacina (Enablex).

- Fesoterodina (Toviaz).
- Flavoxato (Urispas).
- Oxibutinina (Ditropan).
- Solifenacina (Vesicare).
- Tolterodina (Detrol).
- Trospium (Sanctura) (puede tener relativamente menos efectos secundarios).

MEDICAMENTOS PARA LA MIGRAÑA

No todos los medicamentos para la migraña provocan alteraciones de la memoria, pero algunos sí. Si tomas con frecuencia uno de los medicamentos de esta lista, considera hablar con tu médico sobre la posibilidad de probar un medicamento para la migraña que tenga menos probabilidades de causar deterioro de la memoria.

Antidepresivos anticolinérgicos

- Amitriptilina (Elavil, Endep).
- Doxepina (Adapin, Sinequan).
- Imipramina (Tofranil).
- Nortriptilina (Pamelor, Aventyl).
- Protriptilina (Vivactil).

Medicamentos que contienen butalbital

- Butalbital-acetaminofeno-cafeína (Fioricet, Vanatol LQ, Vanatol S, Esgic, Capacet y Zebutal).
- Butalbital-aspirina-cafeína (Fiorinal).

Narcóticos

- Codeína-acetaminofeno (Tylenol-Codeína n.º 3).
- Oxicodona-acetaminofeno (Percocet).

Medicamentos anticonvulsivos

- Divalproex sódico (ácido valproico y valproato sódico) (Depakote).
- Gabapentina (Neurontin).
- Topiramato (Topamax).

RELAJANTES MUSCULARES

Los medicamentos para tratar los espasmos musculares pueden ser eficaces, pero muchos también provocan alteraciones de la memoria, somnolencia y confusión:

- Baclofeno (Lioresal).
- Carisoprodol (Soma).
- Clorzoxazona (Lorzone).
- Ciclobenzaprina (Flexeril).
- Metaxalona (Skelaxin) (puede tener relativamente menos efectos secundarios).
- Metocarbamol (Robaxin) (puede tener relativamente menos efectos secundarios).
- Orfenadrina (Norflex) (anticolinérgico).
- Oxazepam (Serax) (benzodiacepina).
- Tizanidina (Zanaflex).

ESTUPEFACIENTES: OPIÁCEOS

A veces se necesitan analgésicos narcóticos. El dolor afecta a la memoria, sin embargo, los narcóticos solo deben utilizarse durante breves periodos de tiempo. Los estudios han demostrado que tienden a no funcionar para el dolor crónico, causan deterioro de la memoria y confusión, y son bastante adictivos. Los narcóticos que pueden afectar a la memoria son:

- Alfentanil.
- Buprenorfina (Belbuca, Probuphine, Buprenex).
- Codeína (en Tylenol-Codeína n.º 3 y algunos jarabes para la tos).

- Fentanilo (Actiq, Duragesic, Fentora, Abstral, Onsolis).
- Hidrocodona (Hysingla, Zohydro, en Vicodin, Lorcet, otros).
- Hidromorfona (Dilaudid, Exalgo).
- Levorfanol (Levo-Dromoran).
- Meperidina (Demerol).
- Metadona (Dolophine, Methadose).
- Morfina (MS Contin, Kadian, Morphabond).
- Nalbufina (Nalbuphine).
- Opio.
- Oxicodona (OxyContin, Oxaydo en Percocet, Roxicet).
- Oximorfona (Opana).
- Pentazocina (Talwin).
- Propoxifeno (Darvon).
- Remifentanilo (Ultiva).
- Sufentanilo (Dsuvia, Sufenta).
- Tapentadol (Nucynta).
- Tramadol (ConZip, Ultram).

MEDICAMENTOS PARA LAS NÁUSEAS, EL ESTÓMAGO Y EL INTESTINO

La mayoría de los medicamentos gastrointestinales no causan problemas de memoria, pero los enumerados aquí sí:

- Clordiazepóxido (Librium) (benzodiazepina).
- Clidinio (Librax) (anticolinérgico).
- Diciclomina (Bentyl) (anticolinérgico).
- Difenhidramina (Benadryl, otros) (antihistamínico)
- Glicopirrolato (Cuvposa, Glycate, Robinul) (anticolinérgico).
- Haloperidol (Haldol) (antipsicótico).
- Hiosciamina (también conocida como escopolamina) (Levsin, Hyosyne, Oscimin) (anticolinérgico).
- Lorazepam (Ativan) (benzodiacepina).
- Metilscopolamina (Extendryl, AlleRx, Rescon, Pamine) (anticolinérgico).

- Metoclopramida (Reglan).
- Proclorperazina (Compro) (antipsicótico).
- Propantheline (Pro-Banthine) (anticolinérgico).

Medicamentos anticonvulsivos: Anticonvulsivos

Los anticonvulsivos se recetan no solo para las convulsiones, sino también para el dolor nervioso, la neuropatía periférica, las cefaleas, la estabilización del estado de ánimo y la agitación. Algunos de los anticonvulsivos que pueden causar alteraciones de la memoria son:

- Clobazam (Onfi) (benzodiacepina).
- Clonazepam (Klonopin) (benzodiacepina).
- Diazepam (Valium) (benzodiacepina).
- Divalproex sódico (Depakote).
- Gabapentina (Neurontin) (los efectos secundarios pueden ser tolerables cuando se utiliza en dosis bajas [100 a 300 mg al día]).
- Lorazepam (Ativan) (benzodiacepina).
- Nitrazepam (Mogadon) (benzodiacepina).
- Fenobarbital.
- Fenitoína (Dilantin).
- Pregabalina (Lyrica).
- Primidona (Mysoline).
- Valproato sódico (Depakote).
- Tiagabina (Gabitril).
- Topiramato (Trokendi, Qudexy, Topamax).
- Ácido valproico (Depakote).
- Vigabatrina (Sabril).

Medicamentos para dormir

La melatonina y el paracetamol son dos medicamentos que a veces pueden ser útiles para conciliar el sueño. Por lo demás, como se expone en el capítulo 20, se recomiendan tratamientos no farmacológicos para los problemas de sueño. Entre los medicamentos utilizados para los problemas de sueño que probablemente causen alteraciones de la memoria y confusión al día siguiente se incluyen:

- Amitriptilina (Elavil, Endep) (antidepresivos).
- Clonazepam (Klonopin) (benzodiacepina).
- Difenhidramina (Benadryl, en Advil PM, Tylenol PM, otros) (véase la sección anterior sobre antihistamínicos).
- Doxepina (Adapin, Sinequan) (antidepresivo anticolinérgico).
- Estazolam (Prosom) (benzodiacepina).
- Eszopiclona (Lunesta) (similar a las benzodiacepinas).
- Flurazepam (Dalmane, Dalmadorm) (benzodiazepina).
- Gabapentina (Neurontin) (anticonvulsivo).
- Lorazepam (Ativan) (benzodiacepina).
- Mirtazapina (Remeron) (antidepresivo anticolinérgico).
- Quetiapina (Seroquel) (antipsicótico).
- Ramelteon (Rozerem) (similar a las benzodiacepinas).
- Suvorexant (Belsomra) (similar a las benzodiacepinas).
- Temazepam (Restoril) (benzodiacepina).
- Trazodona (Desyrel) (antidepresivo anticolinérgico).
- Triazolam (Halcion) (benzodiacepina).
- Zaleplon (Sonata) (similar a las benzodiacepinas).
- Zolpidem (Ambien, ZolpiMist) (similar a las benzodiacepinas).

MEDICAMENTOS PARA EL TEMBLOR

Entre los medicamentos para el temblor que pueden causar alteraciones de la memoria, somnolencia y confusión se incluyen:

- Benztropina (Cogentin) (anticolinérgico).
- Hiosciamina (Levsin, Hyosyne, Oscimin) (anticolinérgico).
- Primidona (Mysoline) (anticonvulsivo).
- Trihexifenidilo (Artane) (anticolinérgico).

REFERENCIAS

Prólogo

1. Simons, D. J. y Chabris, C. F. (2011). «What people believe about how memory works: A representative survey of the U.S. population». *PloS One, 6*(8), e22757.

Capítulo 1: La memoria no es una cosa

1. Scoville, W. B. y Milner, B. (1957). «Loss of recent memory after bilateral hippocampal lesions». *Journal of Neurology, Neurosurgery, and Psychiatry, 20*(1), 11-21.

2. Skotko, B. G. *et al.* (2004). «Puzzling thoughts for H. M.: Can new semantic information be anchored to old semantic memories?». *Neuropsychology, 18*(4), 756-769.

3. Kensinger, E. A., Ullman, M. T. y Corkin, S. (2001). «Bilateral medial temporal lobe damage does not affect lexical or grammatical processing: Evidence from amnesic patient H.M». *Hippocampus, 11*(4), 347-360.

4. Bohbot, V. D. y Corkin, S. (2007). «Posterior parahippocampal place learning in H.M». *Hippocampus, 17*(9), 863-872.

Capítulo 2: Memoria muscular

1. Macnamara, B. N., Moreau, D. y Hambrick, D. Z. (2016). «The relationship between deliberate practice and performance in sports: A meta- analysis». *Perspectives on Psychological Science, 11*(3), 333-350.

2. Baddeley, A. D. y Longman, D. (1978). «The influence of length and frequency of training session on the rate of learning to type». *Ergonomics, 21*, 627-635.

3. Robertson, E. M., Press, D. Z., y Pascual-Leone, A. (2005). «Off-line learning and the primary motor cortex». *Journal of Neuroscience, 25*(27), 6372-6378.

4. Fox, P. W., Hershberger, S. L., y Bouchard, T. J., Jr. (1996). «Genetic and environmental contributions to the acquisition of a motor skill». *Nature, 384*, 356-358.

5. Vakil, E., Kahan, S., Huberman, M., y Osimani, A. (2000). «Motor and non-motor sequence learning in patients with basal ganglia lesions: The case of serial reaction time (SRT)». *Neuropsychologia, 38*(1), 1-10.

6. Poldrack, R. A., Clark, J., Paré-Blagoev, E. J., Shohamy, D., Creso Moyano, J., Myers, C., y Gluck, M. A. (2001). «Interactive memory systems in the human brain». *Nature, 414*(6863), 546-550.

7. Ahmadian, N., van Baarsen, K., van Zandvoort, M., y Robe, P. A. (2019). «The cerebellar cognitive affective syndrome: A meta-analysis». *Cerebellum, 18*(5), 941-950.

8. Elbert, T., Pantev, C., Wienbruch, C., Rockstroh, B., y Taub, E. (1995). «Increased cortical representation of the fingers of the left hand in string players». *Science, 270*, 305-307.

9. Tang, Y. Y., Tang, Y., Tang, R., y Lewis-Peacock, J. A. (2017). «Brief mental training reorganizes large- scale brain networks». *Frontiers in Systems Neuroscience, 11*, 6.

Capítulo 3: Recuérdalo

1. Miller, G. (1956). «The magic number seven plus or minus two: Some limits on our capacity for processing information». *Psychological Review, 63*, 81-97.

2. Cowan, N. (2001). «The magical number 4 in short- term memory: A reconsideration of mental storage capacity». *Behavioral and Brain Sciences, 24*(1), 87-185.

3. Ericsson, K. A., y Chase, W. G. (1982). «Exceptional memory: Extraordinary feats of memory can be matched or surpassed by people with average memories that have been improved by training». *American Scientist, 70*(6), 607-615.

4. Repovs, G., y Baddeley, A. (2006). «The multi-component model of working memory: Exploraciones en psicología cognitiva experimental». *Neuroscience, 139*(1), 5-21.

5. Mazoyer, B., Zago, L., Jobard, G., Crivello, F., Joliot, M., Perchey, G., Mellet, E., Petit, L., y Tzourio-Mazoyer, N. (2014). «Gaussian mixture modeling of hemispheric lateralization for language in a large sample of healthy individuals balanced for handedness». *PloS One, 9*(6), e101165.

6. Badre, D. (2008). «Cognitive control, hierarchy, and the rostro-caudal organization of the frontal lobes». *Trends in Cognitive Sciences, 12*, 193-200.

7. Shaw, P., Kabani, N. J., Lerch, J. P., Eckstrand, K., Lenroot, R., Gogtay, N., Greenstein, D., Clasen, L., Evans, A., Rapoport, J. L., Giedd, J. N., y Wise, S. P. (2008). «Neurodevelopmental trajectories of the human cerebral cortex». *Journal of Neuroscience, 28*, 3586-3594.

Capítulo 4: Viajar atrás en el tiempo

1. Ribot, T. (1882). *The diseases of memory.* Appleton.

2. Ally, B. A., Simons, J. S., McKeever, J. D., Peers, P. V., y Budson, A. E. (2008). «Parietal contributions to recollection: Electrophysiological evidence from aging and patients with parietal lesions». *Neuropsychologia, 46*(7), 1800-1812.

3. Moscovitch, M., Cabeza, R., Winocur, G., y Nadel, L. (2016). «Episodic memory and beyond: The hippocampus and neocortex in transformation». *Annual Review of Psychology, 67*, 105-134.

Capítulo 5: Lo que sabes

1. Damasio, H., Grabowski, T. J., Tranel, D., Hichwa, R. D., y Damasio, A. R. (1996). «A neural basis for lexical retrieval». *Nature, 380*(6574), 499-505.

Capítulo 6: Lo que recordamos juntos

1. Congleton, A. R., y Rajaram, S. (2014). «Collaboration changes both the content and the structure of memory: Building the architecture of shared representations». *Journal of Experimental Psychology: General, 143*(4), 1570-1584.

2. Roediger, H. L., y DeSoto, A. (2016). «The power of collective memory». *Scientific American.*

3. Gokhale, A. A. (1995). «Collaborative learning enhances critical thinking». *Journal of Technology Education, 7*(1). https://doi.org/10.21061/jte.v7i1.a.2

4. Rajaram, S. (2011). «Collaboration both hurts and helps memory: A cognitive perspective». *Current Directions in Psychological Science, 20*(2), 76-81.

5. Speer, M. E., Bhanji, J. P., y Delgado, M. R. (2014). «Savoring the past: Positive memories evoke value representations in the striatum». *Neuron, 84*(4), 847-856. https://doi.org/10.1016/j.neuron.2014.09.028

6. Sheen, M., Kemp, S., y Rubin, D. (2001). «Twins dispute memory ownership: A new false memory phenomenon». *Memory & Cognition, 29*, 779-788.

7. French, L., Gerrie, M. P., Garry, M., y Mori, K. (2009). «Evidence for the efficacy of the MORI technique: Viewers do not notice or implicitly remember details from the alternate movie version». *Behavior Research Methods, 41*(4), 1224-1232.

Capítulo 7: ¿Necesitas intentar recordar?

1. Tulving, E. (1972). «Episodic and semantic memory». En E. Tulving, & W. Donaldson (Eds.), *Organization of memory* (pp. 381-403). Academic Press.

2. Renoult, L., y Rugg, M.D. (2020). «An historical perspective on Endel Tulving's episodic- semantic distinction». *Neuropsychologia, 139.*

3. Nickerson, R. S., y Adams, M. J. (1979). «Long-term memory for a common object». *Cognitive Psychology, 11*(3), 287-307.

4. Brandsford, J. D. (1972). «Contextual prerequisites for understanding: Some investigations of comprehension and recall». *Journal of Verbal Learning and Verbal Behavior, 11*(16), 717-726.

5. Craik, F. I. M., Govoni, R., Naveh-Benjamin, M., y Anderson, N. D. (1996). «The effects of divided attention on encoding and retrieval processes in human memory». *Journal of Experimental Psychology: General, 125*(2), 159-180.

6. Rahhal, T. A., Hasher, L., y Colcombe, S. J. (2001). «Manipulaciones instruccionales y diferencias de edad en la memoria: Now you see them, now you don't». *Psychology and Aging, 16*(4), 697-706.

Capítulo 8: Mételo en la memoria y mantenlo ahí

1. Oliva, A., y Torralba, A. (2006). «Building the gist of a scene: The role of global image features in recognition». *Progress in Brain Research, 155*, 23-36.

2. Gobet, F. (1998). «Expert memory: A comparison of four theories». *Cognition, 66*(2), 115-152.

3. Ebbinghaus, H. (1885). *Memory: A contribution to experimental psychology.* Nueva York por Teachers College, Columbia University. Traducido por Henry A. Ruger & Clara E. Bussenius (1913).

4. Schacter, D. L. (2001, 1 de mayo). «The seven sins of memory». *Psychology Today.*

5. Cooper, R. A., Kensinger, E. A., y Ritchey, M. (2019). «Memories fade: The relationship between memory vividness and remembered visual salience». *Psychological Science, 30*(5), 657-668.

6. Richter-Levin, G., y Akirav, I. (2003). «Emotional tagging of memory formation-in the search for neural mechanisms». *Brain Research Reviews, 43*(3), 247-256.

7. Hunt, R. R., y Worthen, J. B. (Eds.). (2006). *Distinctiveness and memory.* Oxford University Press.

8. MacLeod, C. M., Gopie, N., Hourihan, K. L., Neary, K. R., y Ozubko, J. D. (2010). «The production effect: Delineation of a phenomenon». *Journal of Experimental Psychology: Aprendizaje, Memoria y Cognición, 36*(3), 671-685.

9. Los beneficios del olvido fueron defendidos por el filósofo William James en *Los principios de la psicología,* cuando escribió: «En el uso práctico de nuestro intelecto, olvidar es una función tan importante como recordar». Y estos beneficios han seguido siendo respaldados por la investigación científica (https://media.nature.com/original/magazine-assets/d41586-019-02211-5/d41586-019-02211-5.pdf).

10. Schacter, D. L., Addis, D. R., y Buckner, R. L. (2007). «Remembering the past to imagine the future: The prospective brain». *Nature Reviews Neuroscience, 8*(9), 657-661.

Capítulo 9: Recuperar ese recuerdo

1. Josselyn, S. A., Köhler, S., y Frankland, P. W. (2017). «Heroes of the Engram». *Journal of Neuroscience, 37*(18), 4647-4657.

2. Brown, R., y McNeill, D. (1966). «The "tip- of- the- tongue" phenomenon». *Journal of Verbal Learning and Verbal Behavior, 5*, 325-337.

3. Conway, M. A., y Pleydell-Pearce, C. W. (2000). «The construction of autobiographical memories in the self-memory system». *Psychological Review*, *107*(2), 261-288.

4. Nadel, L., y Moscovitch, M. (1997). «Memory consolidation, retrograde amnesia and the hippocampal complex». *Current Opinion in Neurobiology*, *7*, 217-227.

5. McDaniel, M. A., y Einstein, G. O. (2007). *Prospective memory: An overview and synthesis of an emerging field.* SAGE Publications, Inc.

6. Godden, D. R., y Baddeley, A. D. (1975). «Context-dependent memory in two natural environments: On land and underwater». *British Journal of Psychology*, *66*(3), 325-331.

Capítulo 10: Información asociada

1. Yonelinas, A. P. (2001). «» Components of episodic memory: The contribution of recollection and familiarity. *Philosophical Transactions of the Royal Society of London. Series B, Biological Sciences*, *356*(1413), 1363-1374.

2. Johnson, M. K. (1997). «Source monitoring and memory distortion». *Philosophical Transactions of the Royal Society of London. Series B, Biological Sciences*, *352*(1362), 1733-1745. https://doi.org/10.1098/rstb.1997.0156

3. Gopie, N., y MacLeod, C. (2009). «Destination memory: Stop me if I've told you this before». *Psychological Science*, *20*, 1492-1499.

4. Davachi, L., y DuBrow, S. (2015). «How the hippocampus preserves order: The role of prediction and context». *Trends in Cognitive Sciences*, *19*(2), 92-99. https://doi.org/10.1016/j.tics.2014.12.004

5. Walker, W. R., y Skowronski, J. J. (2009). «The fading affect bias: But what the hell is it for?». *Applied Cognitive Psychology*, *23*(8), 1122-1136.

6. Kensinger, E. A., Garoff-Eaton, R. J., y Schacter, D. L. (2007). «Effects of emotion on memory specificity: Memory trade-offs elicited by negative visually arousing stimuli». *Journal of Memory and Language*, *56*, 575-591.

7. Schlichting, M. L., y Preston, A. R. (2015). Integración de la memoria: Mecanismos neuronales e implicaciones para el comportamiento. *Current Opinion in Behavioral Sciences*, *1*, 1-8.

Capítulo 11: Controlar lo que se olvida y lo que se recuerda

1. Dunsmoor, J. E., Murty, V. P., Davachi, L., y Phelps, E. A. (2015). «Emotional learning selectively and retroactively strengthens episodic memories for related events». *Nature*, *520*, 345-348.

2. Bjork, R. A. (1989). «Retrieval inhibition as an adaptive mechanism in human memory». En H. L. Roediger & F. I. M. Craik (Eds.), *Varieties of memory and consciousness: Ensayos en honor de Endel Tulving* (pp. 309-330). Erlbaum.

3. Guillory, J. J., y Geraci, L. (2016). «The persistence of erroneous information in memory: The effect of valence on the acceptance of corrected information». *Applied Cognitive Psychology*, *30*(2), 282-288.

4. Wegner, D. M. (1987). «Transactive memory: A contemporary analysis of the group mind». En B. Mullen y G. R. Goethals (Eds.), *Theories of group behavior* (pp. 185-208). Springer Series in Social Psychology. Springer.

5. Jackson, M., y Moreland, R. L. (2009). «Transactive memory in the classroom». *Small Group Research*, *40*(5), 508-534.

6. Gagnepain, P., Hulbert, J., y Anderson, M. C. (2017). «Parallel regulation of memory and emotion supports the suppression of intrusive memories». *Journal of Neuroscience*, *37*(27), 6423-6441.

7. Anderson, M. C., y Hanslmayr, S. (2014). «Neural mechanisms of motivated forgetting». *Trends in Cognitive Sciences*, *18*(6), 279-292.

Capítulo 12: ¿Seguro que no es un falso recuerdo?

1. Wixted, J. T., y Wells, G. L. (2017). «The relationship between eyewitness confidence and identification accuracy: A new synthesis». *Psychological Science in the Public Interest*, *18*(1), 10-65.

2. Wade, K. A., Garry, M., Don Read, J., y Lindsay, D. S. (2002). «A picture is worth a thousand lies: Using false photographs to create false childhood memories». *Psychonomic Bulletin & Review*, *9*, 597-603.

3. Steblay, N. K., Wells, G. L., y Douglass, A. B. (2014). «The eyewitness post identification feedback effect 15 years later: Theoretical and policy implications». *Psychology, Public Policy, and Law*, *20*(1), 1-18.

4. Loftus, E. F., y Hoffman, H. G. (1989). «Misinformation and memory: The creation of new memories». *Journal of Experimental Psychology: General*, *118*(1), 100-104.

5. Loftus, E. F., Miller, D. G., y Burns, H. J. (1978). «Semantic integration of verbal information into a visual memory». *Journal of Experimental Psychology: Human Learning and Memory*, *4*(1), 19-31.

6. Otgaar, H., Romeo, T., Ramakers, N., y Howe, M. L. (2018). «Forgetting having denied: The "amnesic" consequences of denial». *Memory & Cognition*, *46*(4), 520-529.

7. Roediger, H. L., y McDermott, K. B. (1995). «Creating false memories: Remembering words not presented in lists». *Journal of Experimental Psychology: Learning, Memory, and Cognition*, *21*(4), 803-814.

8. Mitchell, J. P., Sullivan, A. L., Schacter, D. L., y Budson, A. E. (2006). «Misattribution errors in Alzheimer's disease: The illusory truth effect». *Neuropsychology*, *20*(2), 185-192.

9. Brown, R., y Kulik, J. (1977). «Flashbulb memories». *Cognition*, *5*, 73-99.

10. Neisser, U., y Harsch, N. (1992). «Phantom flashbulbs: False recollections of hearing the news about Challenger». En E. Winograd y U. Neisser (Eds.),

Emory symposia in cognition, 4. Affect and accuracy in recall: Studies of «flashbulb» memories (pp. 9-31). Cambridge University Press.

11. Talarico, J. M., y Rubin, D. C. (2003). «Confidence, not consistency, characterizes flashbulb memories». *Psychological Science, 14*(5), 455-461.

12. Paller, K. A., Antony, J. W., Mayes, A. R., y Norman, K. A. (2020). «Replay-based consolidation governs enduring memory storage». In D. Poeppel, G. R. Mangun, y M.S. Gazzaniga (Eds.), *The cognitive neurosciences* (6th ed.). MIT Press.

13. Loftus, E. F., Loftus, G. R., y Messo, J. (1987). «Some facts about "weapon focus"». *Law and Human Behavior, 11*(1), 55-62.

14. Steinmetz, K. R., y Kensinger, E. A. (2013). «The emotioninduced memory trade- off: More than an effect of overt attention?». *Memory & Cognition, 41*(1), 69-81.

15. Rotello, C. M., y Heit, E. (1999). «Two-process models of recognition memory: Evidence for recall-to-reject?». *Journal of Memory and Language, 40*(3), 432-453.

Capítulo 13: ¿Envejecimiento normal o Alzheimer?

1. Alzheimer, A., Stelzmann, R. A., Schnitzlein, H. N., y Murtagh, F. R. (1995). Una traducción al inglés del artículo de Alzheimer de 1907, «Uber eine eigenartige Erkankung der Hirnrinde». *Clinical Anatomy, 8*(6), 429-431.

2. Budson, A. E., y O'Connor, M. K. (2023). *Seven Steps to Managing Your Aging Memory: What's Normal, What's Not, and What to Do About It*. Nueva York, Oxford University Press.

3. Budson, A. E., y O'Connor, M. K. (2022). *Six Steps to Managing Alzheimer's Disease and Dementia: A Guide for Families*. Nueva York, Oxford University Press.

Capítulo 14: ¿Qué más puede fallar en la memoria?

1. Wada, H., Inagaki, N., Yamatodani, A., y Watanabe, T. (1991). «Is the histaminergic neuron system a regulatory center for whole-brain activity?». *Trends in Neurosciences, 14*(9), 415-418.

2. Passani, M. B., Benetti, F., Blandina, P., Furini, C., de Carvalho Myskiw, J., e Izquierdo, I. (2017). «Histamine regulates memory consolidation». *Neurobiology of Learning and Memory, 145*, 1-6.

3. Zhou, H., Lu, S., Chen, J., Wei, N., Wang, D., Lyu, H., Shi, C., y Hu, S. (2020). «The landscape of cognitive function in recovered COVID-19 patients». *Journal of Psychiatric Research, 129*, 98-102.

4. Heneka, M. T., Golenbock, D., Latz, E., Morgan, D., y Brown, R. (2020). «Immediate and long- term consequences of COVID- 19 infections for the development of neurological disease». *Alzheimer's Research & Therapy, 12*(1), 69.

5. Luo, Y., Weibman, D., Halperin, J. M., y Li, X. (2019). «A review of heterogeneity in attention- deficit/ hyperactivity disorder (ADHD)». *Frontiers in Human Neuroscience, 13*, 42.

6. Kraguljac, N. V., Srivastava, A., y Lahti, A. C. (2013). «Memory deficits in schizophrenia: A selective review of functional magnetic resonance imaging (FMRI) studies». *Behavioral Sciences*, *3*(3), 330-347.

7. Blomberg, M. O., Semkovska, M., Kessler, U., Erchinger, V. J., Oedegaard, K. J., Oltedal, L., y Hammar, Å. (2020). «A longitudinal comparison between depressed patients receiving electroconvulsive therapy and healthy controls on specific memory functions». *Primary Care Companion for CNS Disorders*, *22*(3), 19m02547.

Capítulo 15: Trastorno de estrés postraumático: Cuando no se puede olvidar

1. McKinnon, M. C., Palombo, D. J., Nazarov, A., Kumar, N., Khuu, W., y Levine, B. (2015). «Threat of death and autobiographical memory: A study of passengers from Flight AT236». *Clinical Psychological Science*, *3*(4), 487-502. https://doi.org/10.1177/2167702614542280

2. Brewin, C. R. (2018). Memoria y olvido. *Current Psychiatry Reports*, *20*(10), 87. https://doi.org/10.1007/s11920-018-0950-7

3. Brewin, C. R., Gregory, J. D., Lipton, M., y Burgess, N. (2010). «Intrusive images in psychological disorders: Characteristics, neural mechanisms, and treatment implications.». *Psychological Review*, *117*(1), 210-232. https://doi.org/10.1037/a0018113

4. Mayou, R., Bryant, B., y Duthie, R. (1993). «Psychiatric consequences of road traffic accidents». *BMJ (Clinical Research Edition)*, *307*(6905), 647-651.

5. Benjet, C., Bromet, E., Karam, E. G., Kessler, R. C., McLaughlin, K. A., Ruscio, A. M., Shahly, V., Stein, D. J., Petukhova, M., Hill, E., Alonso, J., Atwoli, L., Bunting, B., Bruffaerts, R., Caldas-de-Almeida, J. M., de Girolamo, G., Florescu, S., Gureje, O., Huang, Y., Lepine, J. P., (...) Koenen, K. C. (2016). «The epidemiology of traumatic event exposure worldwide: Results from the World Mental Health Survey Consortium». *Psychological Medicine*, *46*(2), 327-343.

6. Berntsen, D. (2021). «Involuntary autobiographical memories and their relation to other forms of spontaneous thoughts». *Philosophical Transactions of the Royal Society of London. Series B, Biological Sciences*, *376*(1817), 20190693.

7. Catarino, A., Küpper, C. S., Werner-Seidler, A., Dalgleish, T., y Anderson, M. C. (2015). «Failing to forget: Inhibitory-control deficits compromise memory suppression in posttraumatic stress disorder». *Psychological Science*, *26*(5), 604-616.

8. Anderson, M. C., y Green, C. (2001). «Suppressioning unwanted memories by executive control». *Nature*, *410*(6826), 366-369. https://doi.org/10.1038/35066572

9. McNally, R. J., Metzger, L. J., Lasko, N. B., Clancy, S. A., y Pitman, R. K. (1998). «Directed forgetting of trauma cues in adult survivors of childhood sexual abuse with and without posttraumatic stress disorder». *Journal of Abnormal Psychology*, *107*(4), 596-601.

10. Reisman, M. (2016). «PTSD treatment for veterans: What's working, what's new, and what's next». *& Therapeutics*, *41*(10), 623-634.

11. Gradus, J. L. Epidemiology of PTSD. National Center for PTSD. https://www.ptsd.va.gov/ profe ssio nal/ treat/ ess entials/ epide miol ogy.asp

12. Neylan, T. C., Marmar, C. R., Metzler, T. J., Weiss, D. S., Zatzick, D. F., Delucchi, K. L., Wu, R. M., y Schoenfeld, F. B. (1998). «Sleep disturbances in the Vietnam generation: Findings from a nationally representative sample of male Vietnam veterans». *American Journal of Psychiatry, 155*(7), 929-933.

13. Wang, C., Laxminarayan, S., Ramakrishnan, S., Dovzhenok, A., Cashmere, J. D., Germain, A., y Reifman, J. (2020). «Increased oscillatory frequency of sleep spindles in combatexposed veteran men with post- traumatic stress disorder». *Sleep, 43*(10), zsaa064.

14. Logue, M. W., *et al.* (2018). «Smaller hippocampal volume in posttraumatic stress disorder: A multisite ENIGMA- PGC study: Subcortical volumetry results from posttraumatic stress disorder consortia». *Biological Psychiatry, 83*(3), 244-253.

15. Kremen, W. S., Koenen, K. C., Afari, N., y Lyons M. J. (2012). «Twin studies of posttraumatic stress disorder: Differentiating vulnerability factors from sequelae». *Neuropharmacology, 62*(2), 647-653.

16. Brewin, C. R. (2014). «Episodic memory, perceptual memory, and their interaction: Foundations for a theory of posttraumatic stress disorder». *Psychological Bulletin, 140*(1), 69-97.

17. Iyadurai, L., Visser, R. M., Lau-Zhu, A., Porcheret, K., Horsch, A., Holmes, E. A., y James, E. L. (2019). «Intrusive memories of trauma: A target for research bridging cognitive science and its clinical application». *Clinical Psychology Review, 69*, 67-82. https://doi.org/10.1016/j.cpr.2018.08.005

18. Rubin, D. C., Berntsen, D., y Bohni, M. K. (2008). «A memory-based model of posttraumatic stress disorder: Evaluating basic assumptions underlying the PTSD diagnosis». *Psychological Review, 115*(4), 985-1011.

Capítulo 16: Los que se acuerdan de todo

1. McGaugh, J. L. (2017). «Highly superior autobiographical memory». En J. H. Byrne (Ed.), *Learning and memory: A comprehensive reference* (2.ª ed., capítulo 2.08). Academic Press.

2. Klüver, H. (1928). «Studies on the eidetic type and on eidetic imagery». *Psychological Bulletin, 25*(2), 69-104.

3. Giray, E. F., Altkin, W. M., Vaught, G. M., y Roodin, P. A. (1976). «The incidence of eidetic imagery as a function of age». *Child Development, 47*(4), 1207-1210. PMID: 1001094.

4. Frey, P. W., y Adesman, P. (1976). «Recall memory for visually presented chess positions». *Memory & Cognition, 4*, 541-547.

5. Symons, C. S., y Johnson, B. T. (1997). «The self-reference effect in memory: A meta-analysis». *Psychological Bulletin, 121*(3), 371-394.

6. Patihis, L., Frenda, S. J., LePort, A. K., Petersen, N., Nichols, R. M., Stark, C. E., McGaugh, J. L., y Loftus, E. F. (2013). «False memories in highly superior autobiographical memory individuals». *Actas de la Academia Nacional de Ciencias de los Estados Unidos de América, 110*(52), 20947-20952.

7. Boddaert, N., Barthélémy, C., Poline, J., Samson, Y., Brunelle, F., y Zilbovicius, M. (2005). «Autism: Functional brain mapping of exceptional calendar capacity». *British Journal of Psychiatry*, *187*(1), 83-86.

8. Cowan, R., y Frith, C. (2009). «Do calendrical savants use calculation to answer date questions? A functional magnetic resonance imaging study». *Philosophical Transactions of the Royal Society of London. Series B, Biological Sciences*, *364*(1522), 1417-1424.

9. Olson, I. R., Berryhill, M. E., Drowos, D. B., Brown, L., y Chatterjee, A. (2010). «A calendar savant with episodic memory impairments». *Neurocase*, *16*(3), 208-218.

10. Kennedy, D. P., y Squire, L. R. (2007). «An analysis of calendar performance in two autistic calendar savants». *Learning & Memory*, *14*(8), 533-538.

11. Libero, L. E., DeRamus, T. P., Lahti, A. C., Deshpande, G., y Kana, R. K. (2015). «Multimodal neuroimaging based classification of autism spectrum disorder using anatomical, neurochemical, and white matter correlates». *Cortex*, *66*, 46-59.

12. Ally, B. A., Hussey, E. P., y Donahue, M. J. (2013). «A case of hyperthymesia: Rethinking the role of the amygdala in autobiographical memory». *Neurocase*, *19*(2), 166-181.

13. LePort, A. K., Mattfeld, A. T., Dickinson-Anson, H., Fallon, J. H., Stark, C. E., Kruggel, F., Cahill, L., y McGaugh, J. L. (2012). «Behavioral and neuroanatomical investigation of highly superior autobiographical memory (HSAM)». *Neurobiology of Learning and Memory*, *98*(1), 78-92.

14. Henner, M. (2013). *Total memory makeover: Uncover your past, take charge of your future.* Gallery Books.

Capítulo 17: Ejercicio: El elixir de la vida

1. Jadczak, A. D., Makwana, N., Luscombe-Marsh, N., Visvanathan, R., y Schultz, T. J. (2018). «Effectiveness of exercise interventions on physical function in community dwelling frail older people: An umbrella review of systematic reviews». *JBI Database of Systematic Reviews and Implementation*, *16*(3), 752-775. https://doi.org/10.11124/JBISRIR-2017-003551

2. Hörder, H., Johansson, L., Guo, X., Grimby, G., Kern, S., Östling, S., y Skoog, I. (2018). «Midlife cardiovascular fitness and dementia: A 44- year longitudinal population study in women». *Neurology*, *90*(15), e1298-e1305. https://doi.org/10.1212/WNL.0000000000005290

3. Strazzullo, P., D'Elia, L., Cairella, G., Garbagnati, F., Cappuccio, F. P., y Scalfi, L. (2010). «Excess body weight and incidence of stroke: Meta-analysis of prospective studies with 2 million participants». *Stroke*, *41*(5), e418-e426. https://doi.org/10.1161/STROKEAHA.109.576967

4. Guo, Y., Yue, X. J., Li, H. H., Song, Z. X., Yan, H. Q., Zhang, P., Gui, Y. K., Chang, L., y Li, T. (2016). «Excess body weight and incidence of stroke: Meta-analysis of prospective studies with 2 million participants». *Journal of Stroke and Cerebrovascular Diseases*, *25*(12), 2995-3004. https://doi.org/10.1016/j.jstrokecerebrovasdis.2016.08.018

5. Siebers, M., Biedermann, S. V., Bindila, L., Lutz, B., y Fuss, J. (2021). «Exercise-induced euphoria and anxiolysis do not depend on endogenous opioids in humans». *Psychoneuroendocrinology*, *126*, 105173. https://doi.org/10.1016/j.psyneuen.2021.105173

6. Kvam, S., Kleppe, C. L., Nordhus, I. H., y Hovland, A. (2016). «Exercise as a treatment for depression: A meta- analysis». *Journal of Affective Disorders*, *202*, 67-86. https://doi.org/10.1016/j.jad.2016.03.063

7. Thomas, A. G., Dennis, A., Rawlings, N. B., Stagg, C. J., Matthews, L., Morris, M., Kolind, S. H., Foxley, S., Jenkinson, M., Nichols, T. E., Dawes, H., Bandettini, P. A., y Johansen-Berg, H. (2016). «Multi- modal characterization of rapid anterior hippocampal volume increase associated with aerobic exercise». *NeuroImage*, *131*, 162-170. https://doi.org/10.1016/j.neuroimage.2015.10.090

8. Erickson, K. I., Voss, M. W., Prakash, R. S., Basak, C., Szabo, A., Chaddock, L., Kim, J. S., Heo, S., Alves, H., White, S. M., Wojcicki, T. R., Mailey, E., Vieira, V. J., Martin, S. A., Pence, B. D., Woods, J. A., McAuley, E., y Kramer, A. F. (2011). «Exercise training increases size of hippocampus and improves memory». *Proceedings of the National Academy of Sciences of the United States of America*, *108*(7), 3017-3022. https://doi.org/10.1073/pnas.1015950108

9. Liu, P. Z., y Nusslock, R. (2018). «Exercise- mediated neurogenesis in the hippocampus via BDNF». *Frontiers in Neuroscience*, *12*, 52. https://doi.org/10.3389/fnins.2018.00052

10. Basso, J. C., y Suzuki, W. A. (2017). «The effects of acute exercise on mood, cognition, neurophysiology, and neurochemical pathways: A review». *Brain Plasticity*, *2*(2), 127-152. https://doi.org/10.3233/BPL-160040

11. Smith, J. C., Nielson, K. A., Woodard, J. L., Seidenberg, M., Durgerian, S., Hazlett, K. E., Figueroa, C. M., Kandah, C. C., Kay, C. D., Matthews, M. A., y Rao, S. M. (2014). «Physical activity reduces hippocampal atrophy in elders at genetic risk for Alzheimer's disease». *Frontiers in Aging Neuroscience*, *6*, 61. https://doi.org/10.3389/fnagi.2014.00061

12. Morris, J. K., Vidoni, E. D., Johnson, D. K., Van Sciver, A., Mahnken, J. D., Honea, R. A., Wilkins, H. M., Brooks, W. M., Billinger, S. A., Swerdlow, R. H., y Burns, J. M. (2017). «Aerobic exercise for Alzheimer's disease: A randomized controlled pilot trial». *PloS One*, *12*(2), e0170547. https://doi.org/10.1371/journal.pone.0170547

13. Petersen, R. C., Lopez, O., Armstrong, M. J., Getchius, T., Ganguli, M., Gloss, D., Gronseth, G. S., Marson, D., Pringsheim, T., Day, G. S., Sager, M., Stevens, J., y Rae-Grant, A. (2018). «Practice guideline update summary: Mild cognitive impairment: Report of the Guideline Development, Dissemination, and Implementation Subcommittee of the American Academy of Neurology». *Neurology*, *90*(3), 126-135.

Capítulo 18: Nutrición: Somos lo que comemos

1. https://www.nhlbi.nih.gov/health/educational/lose_wt/BMI/bmicalc.htm

2. Berti, V., Walters, M., Sterling, J., Quinn, C. G., Logue, M., Andrews, R., Matthews, D. C., Osorio, R. S., Pupi, A., Vallabhajosula, S., Isaacson, R. S., de

Leon, M. J., y Mosconi, L. (2018). «Mediterranean diet and 3- year Alzheimer brain biomarker changes in middle- aged adults». *Neurology, 90*(20), e1789-e1798.

3. Morris, M. C., Tangney, C. C., Wang, Y., Sacks, F. M., Barnes, L. L., Bennett, D. A., y Aggarwal, N. T. (2015). «MIND diet slows cognitive decline with aging». *Alzheimer's & Dementia, 11*(9), 1015-1022.

4. Morris, M. C., Tangney, C. C., Wang, Y., Sacks, F. M., Bennett, D. A., y Aggarwal, N. T. (2015). «MIND diet associated with reduced incidence of Alzheimer's disease». *Alzheimer's & Dementia, 11*(9), 1007-1014.

5. Keenan, T. D., Agrón, E., Mares, J. A., Clemens, T. E., van Asten, F., Swaroop, A., Chew, E. Y.; AREDS and AREDS2 Research Groups (2020). «Adherence to a Mediterranean diet and cognitive function in the Age-Related Eye Disease Studies 1 & 2». *Alzheimer's & Dementia, 16*(6), 831-842.

6. https://www.fda.gov/food/consumers/advice-about-eating-fish

7. Stonehouse, W., Conlon, C. A., Podd, J., Hill, S. R., Minihane, A. M., Haskell, C., y Kennedy, D. (2013). «DHA supplementation improved both memory and reaction time in healthy young adults: A randomized controlled trial». *American Journal of Clinical Nutrition, 97*(5), 1134-1143. https://doi.org/10.3945/ajcn.112.053371

8. Dangour, A. D., y Allen, E. (2013). «Do omega- 3 fats boost brain function in adults? Are we any closer to an answer?». *American Journal of Clinical Nutrition, 97*(5), 909-910. https://doi.org/10.3945/ajcn.113.061168

9. Hosseini, M., Poljak, A., Braidy, N., Crawford, J., y Sachdev, P. (2020). «Blood fatty acids in Alzheimer's disease and mild cognitive impairment: A meta-analysis and systematic review». *Ageing Research Reviews, 60*, 101043. https://doi.org/10.1016/j.arr.2020.101043.

10. Quinn, J. F., Raman, R., Thomas, R. G., Yurko-Mauro, K., Nelson, E. B., Van Dyck, C., Galvin, J. E., Emond, J., Jack, C. R. Jr., Weiner, M., Shinto, L., y Aisen, P. S. (2010). «Docosahexanoic acid supplementation and cognitive decline in Alzheimer's disease». *JAMA, 304*, 1903-1911.

11. Littlejohns, T. J., Henley, W. E., Lang, I. A., Annweiler, C., Beauchet, O., Chaves, P. H. M., Fried, L., Kestenbaum, B. R., Kuller, L. H., Langa, K. M., Lopez, O. L., Kos, K., Soni, M., y Llewellyn, D. J. (2014). «Vitamin D and the risk of dementia and Alzheimer disease». *Neurology, 83*, 920-928.

12. Solomon, P. R., Adams, F., Silver, A., Zimmer, J., y DeVeaux, R. (2002). «Ginkgo for memory enhancement: A randomized controlled trial». *JAMA, 288*(7), 835-840. https://doi.org/10.1001/jama.288.7.835

13. Snitz, B. E., O'Meara, E. S., Carlson, M. C., Arnold, A. M., Ives, D. G., Rapp, S. R., Saxton, J., Lopez, O. L., Dunn, L. O., Sink, K. M., DeKosky, S. T., y Ginkgo Evaluation of Memory (GEM) Study Investigators (2009). «Ginkgo biloba for preventing cognitive decline in older adults: A randomized trial». *JAMA, 302*(24), 2663-2670. https://doi.org/10.1001/jama.2009.1913

14. Turner, R. S., Thomas, R. G., Craft, S., van Dyck, C. H., Mintzer, J., Reynolds, B. A., Brewer, J. B., Rissman, R. A., Raman, R., Aisen, P. S., y Alzheimer's Disease Cooperative Study (2015). «A randomized, double- blind, placebocon-

trolled trial of resveratrol for Alzheimer disease». *Neurology*, *85*(16), 1383-1391. https://doi.org/10.1212/WNL.0000000000002035

15. https://www.ftc.gov/news-events/press-releases/2017/01/ftc-new-york-state-charge-marketers-prevagen-making-deceptive

16.Valls-Pedret, C., Sala-Vila, A., Serra-Mir, M., Corella, D., de la Torre, R., Martínez-González, M. Á., Martínez-Lapiscina, E. H., Fitó, M., Pérez-Heras, A., Salas-Salvadó, J., Estruch, R., y Ros, E. (2015). «Mediterranean diet and age- related cognitive decline: A randomized clinical trial». *JAMA Internal Medicine*, *175*(7), 1094-1103. https://doi.org/10.1001/jamainternmed.2015.1668

Capítulo 19: Así es tu cerebro bajo los efectos del alcohol, el cannabis y las drogas

1. Söderlund, H., Grady, C. L., Easdon, C., y Tulving, E. (2007). «Acute effects of alcohol on neural correlates of episodic memory encoding». *NeuroImage*, *35*(2), 928-939. https://doi.org/10.1016/j.neuroimage.2006.12.024

2. Solfrizzi, V., D'Introno, A., Colacicco, A. M., Capurso, C., Del Parigi, A., Baldassarre, G., Scapicchio, P., Scafato, E., Amodio, M., Capurso, A., Panza, F., y Italian Longitudinal Study on Aging Working Group (2007). «Alcohol consumption, mild cognitive impairment, and progression to dementia». *Neurology*, *68*(21), 1790-1799. https://doi.org/10.1212/01.wnl.0000262035.87304.89

3. Topiwala, A., y Ebmeier, K. P. (2018). «Effects of drinking on late-life brain and cognition». *Evidence-Based Mental Health*, *21*(1), 12-15. https://doi.org/10.1136/eb-2017-102820

4. Colaboradores de GBD 2016 Alcohol. (2018). «Alcohol use and burden for 195 countries and territories, 1990- 2016: A systematic analysis for the Global Burden of Disease Study 2016». *Lancet*, *392*(10152), 1015-1035. https://doi.org/10.1016/S0140-6736(18)31310-2

5. Sewell, R. A., Poling, J., y Sofuoglu, M. (2009). «The effect of cannabis compared with alcohol on driving». *American Journal on Addictions*, *18*(3), 185-193. https://doi.org/10.1080/10550490902786934

6. https://www.washingtonpost.com/transportation/2020/01/30/proportion-drivers-fatal-crashes-who-tested-positive-thc-doubled-after-marijuanas-legalization-study-finds/

7. Dahlgren, M. K., Sagar, K. A., Smith, R. T., Lambros, A. M., Kuppe, M. K., y Gruber, S. A. (2020). «Recreational cannabis use impairs driving performance in the absence of acute intoxication». *Drug and Alcohol Dependence*, *208*, 107771. https://doi.org/10.1016/j.drugalcdep.2019.107771

8. Schuster, R. M., Gilman, J., Schoenfeld, D., Evenden, J., Hareli, M., Ulysse, C., Nip, E., Hanly, A., Zhang, H., y Evins, A. E. (2018). «One month of cannabis abstinence in adolescents and young adults is associated with improved memory». *Journal of Clinical Psychiatry*, *79*(6), 17m11977. https://doi.org/10.4088/JCP.17m11977

403

9. Pope, H. G., Jr, Gruber, A. J., Hudson, J. I., Huestis, M. A., y Yurgelun-Todd, D. (2001). «Neuropsychological performance in long-term cannabis users». *Archives of General Psychiatry*, *58*(10), 909-915. https://doi.org/10.1001/archpsyc.58.10.909

10. Platt, B., O'Driscoll, C., Curran, V. H., Rendell, P. G., y Kamboj, S. K. (2019). «The effects of licit and illicit recreational drugs on prospective memory: A meta- analytic review». *Psychopharmacology*, *236*(4), 1131-1143. https://doi.org/10.1007/s00213-019-05245-9

11. Morgan, C., Freeman, T. P., Hindocha, C., Schafer, G., Gardner, C., y Curran, H. V. (2018). «Individual and combined effects of acute delta- 9- tetra-hydrocannabinol and cannabidiol on psychotomimetic symptoms and memory function». *Translational Psychiatry*, *8*(1), 181. https://doi.org/10.1038/s41398-018-0191-x

12. Curran, T., Devillez, H., York Williams, S. L., y Bidwell, C. L. (2020). «Acute effects of naturalistic THC vs. CBD use on recognition memory: A preliminary study». *Journal of Cannabis Research*, *2*, 28. https://doi.org/10.1186/s42238-020-00034-0

13. ElSohly, M. A., Mehmedic, Z., Foster, S., Gon, C., Chandra, S., y Church, J. C. (2016). «Changes in cannabis potency over the last 2 decades (1995– 2014): Analysis of current data in the United States». *Biological Psychiatry*, *79*(7), 613-619. https://doi.org/10.1016/j.biopsych.2016.01.004

14. Cuttler, C., LaFrance, E. M., y Stueber, A. (2021). «Acute effects of high-potency cannabis flower and cannabis concentrates on everyday life memory and decision making». *Scientific Reports*, *11*(1), 13784. https://doi.org/10.1038/s41598-021-93198-5

15. Hotz, J., Fehlmann, B., Papassotiropoulos, A., de Quervain, D. J., y Schicktanz, N. S. (2021). «Cannabidiol enhances verbal episodic memory in healthy young participants: A randomized clinical trial». *Journal of Psychiatric Research*, *143*, 327-333. https://doi.org/10.1016/j.jpsychires.2021.09.007

16. Gruber, S. A., Sagar, K. A., Dahlgren, M. K., Gonenc, A., Smith, R. T., Lambros, A. M., Cabrera, K. B., y Lukas, S. E. (2018). «The·grass might be greener: Medical marijuana patients exhibit altered brain activity and improved executive function after 3 months of treatment». *Frontiers in Pharmacology*, *8*, 983. https://doi.org/10.3389/fphar.2017.00983

17. Laws, K. R., y Kokkalis, J. (2007). «Ecstasy (MDMA) and memory function: A meta-analytic update». *Human Psychopharmacology*, *22*(6), 381-388. https://doi.org/10.1002/hup.857

18. Daumann, J., Fischermann, T., Heekeren, K., Henke, K., Thron, A., y Gouzoulis-Mayfrank, E. (2005). «Memory-related hippocampal dysfunction in poly-drug ecstasy (3,4-metilendioximetanfetamina) users». *Psychopharmacology*, *180*(4), 607-611. https://doi.org/10.1007/s00213-004-2002-8

19. Moon, M., Do, K. S., Park, J., y Kim, D. (2007). «Memory impairment in methamphetamine- dependent patients». *International Journal of Neuroscience*, *117*(1), 1-9. https://doi.org/10.1080/00207450500535503

20. Gruber, S. A., Tzilos, G. K., Silveri, M. M., Pollack, M., Renshaw, P. F., Kaufman, M. J., y Yurgelun-Todd, D. A. (2006). «Methadone maintenance impro-

ves cognitive performance after two months of treatment». *Experimental and Clinical Psychopharmacology*, *14*(2), 157-164. https://doi.org/10.1037/1064-1297.14.2.157

21. Healy, C. J. (2021). «The acute effects of classic psychedelics on memory in humans». *Psychopharmacology*, *238*, 639-653. https://doi.org/10.1007/s00213-020-05756-w

Capítulo 20: Dormir bien

1. Cirelli, C., y Tononi, G. (2017). «The sleeping brain». *Cerebrum: The Dana Forum on Brain Science*, *2017*, cer-07-17.

2. Mander, B. A., Santhanam, S., Saletin, J. M., y Walker, M. P. (2011). «Wake deterioration and sleep restoration of human learning». *Current Biology*, *21*(5), R183-R184. https://doi.org/10.1016/j.cub.2011.01.019

3. Walker, M. (2017). *Why we sleep*. Scribner.

4. Rudoy, J. D., Voss, J. L., Westerberg, C. E., y Paller, K. A. (2009). «Strengthening individual memories by reactivating them during sleep». *Science*, *326*(5956), 1079. https://doi.org/10.1126/science.1179013

5. Hu, X., Cheng, L. Y., Chiu, M. H., y Paller, K. A. (2020). «Promoting memory consolidation during sleep: A meta-analysis of targeted memory reactivation». *Psychological Bulletin*, *146*(3), 218-244. https://doi.org/10.1037/bul0000223

6. Sanders, K., Osburn, S., Paller, K. A., y Beeman, M. (2019). «Targeted memory reactivation during sleep improves nextday problem solving». *Psychological Science*, *30*(11), 1616-1624. https://doi.org/10.1177/0956797619873344

7. Wassing, R., Lakbila-Kamal, O., Ramautar, J. R., Stoffers, D., Schalkwijk, F., y Van Someren, E. (2019). «Restless REM sleep impedes overnight amygdala adaptation». *Current Biology*, *29*(14), 2351-2358.e4. https://doi.org/10.1016/j.cub.2019.06.034

8. Cartwright, R., Young, M. A., Mercer, P., y Bears, M. (1998). «Role of REM sleep and dream variables in the prediction of remission from depression». *Psychiatry Research*, *80*(3), 249-255. https://doi.org/10.1016/s0165-1781(98)00071-7

9. Robbins, R., Quan, S. F., Weaver, M. D., Bormes, G., Barger, L. K., y Czeisler, C. A. (2021). «Examining sleep deficiency and disturbance and their risk for incident dementia and all-cause mortality in older adults across 5 years in the United States». *Aging*, *13*(3), 3254-3268. https://doi.org/10.18632/aging.202591

10. Lim, A. S., Kowgier, M., Yu, L., Buchman, A. S., y Bennett, D. A. (2013). «Sleep fragmentation and the risk of incident Alzheimer's disease and cognitive decline in older persons». *Sleep*, *36*(7), 1027-1032. https://doi.org/10.5665/sleep.2802

11. Lim, A. S., Yu, L., Kowgier, M., Schneider, J. A., Buchman, A. S., y Bennett, D. A. (2013). «Modification of the relationship of the apolipoprotein E ε4 allele to the risk of Alzheimer disease and neurofibrillary tangle density by sleep». *JAMA Neurology*, *70*(12), 1544-1551.

12. Patterson, P. D., Ghen, J. D., Antoon, S. F., Martin-Gill, C., Guyette, F. X., Weiss, P. M., Turner, R. L., y Buysse, D. J. (2019). «Does evidence support

"banking/ extending sleep" by shift workers to mitigate fatigue, and/or to improve health, safety, or performance? A systematic review». *Sleep Health, 5*(4), 359-369. https://doi.org/10.1016/j.sleh.2019.03.001

13. Dewald, J. F., Meijer, A. M., Oort, F. J., Kerkhof, G. A., y Bögels, S. M. (2010). «The influence of sleep quality, sleep duration and sleepiness on school performance in children and adolescents: A meta- analytic review». *Sleep Medicine Reviews, 14*(3), 179-189. https://doi.org/10.1016/j.smrv.2009.10.004

14. Seoane, H. A., Moschetto, L., Orliacq, F., Orliacq, J., Serrano, E., Cazenave, M. I., Vigo, D. E., y Perez-Lloret, S. (2020). «Sleep disruption in medicine students and its relationship with impaired academic performance: A systematic review and meta- analysis». *Sleep Medicine Reviews, 53*, 101333. https://doi.org/10.1016/j.smrv.2020.101333

15. Okano, K., Kaczmarzyk, J. R., Dave, N., Gabrieli, J., y Grossman, J. C. (2019). «Sleep quality, duration, and consistency are associated with better academic performance in college students». *NPJ Science of Learning, 4*, 16. https://doi.org/10.1038/s41539-019-0055-z

16. Huedo-Medina, T. B., Kirsch, I., Middlemass, J., Klonizakis, M., y Siriwardena, A. N. (2012). «Effectiveness of nonbenzodiazepine hypnotics in treatment of adult insomnia: Meta- analysis of data submitted to the Food and Drug Administration». *BMJ (Clinical Research Ed.), 345*, e8343.

17. https://www.nhlbi.nih.gov/files/docs/public/sleep/healthy_sleep.pdf

Capítulo 21: Actividad, actitud, música, atención plena y entrenamiento cerebral

1. Matsuzawa, T. (2013). «Evolution of the brain and social behavior in chimpanzees». *Current Opinion in Neurobiology, 23*(3), 443-449.

2. Krell-Roesch, J. *et al.* (2019). «Quantity and quality of mental activities and the risk of incident mild cognitive impairment». *Neurology, 93*(6), e548-e558.

3. James, B. D., Wilson, R. S., Barnes, L. L., y Bennett, D. A. (2011). «Late-life social activity and cognitive decline in old age». *Journal of the International Neuropsychological Society, 17*(6), 998-1005.

4. Wilson, R. S., Boyle, P. A., James, B. D., Leurgans, S. E., Buchman, A. S., y Bennett, D. A. (2014). «Negative social interactions and risk of mild cognitive impairment in old age». *Neuropsychology, 29*(4), 561-570.

5. Sachs, M. E., Habibi, A., Damasio, A., y Kaplan, J. T. (2020). «Dynamic intersubject neural synchronization reflects affective responses to sad music». *NeuroImage, 218*, 116512. https://doi.org/10.1016/j.neuroimage.2019.116512

6. Toiviainen, P., Burunat, I., Brattico, E., Vuust, P., y Alluri, V. (2020). «The chronnectome of musical beat». *NeuroImage, 216*, 116191.

7. Wu, K., Anderson, J., Townsend, J., Frazier, T., Brandt, A., y Karmonik, C. (2019). «Characterization of functional brain connectivity towards optimization of music selection for therapy: A fMRI study». *International Journal of Neuroscience, 129*(9), 882-889.

8. Mehegan, L., y Rainville, G. (2020, junio). *Music nourishes and delights: 2020 AARP Music and Brain Health Survey.* https://doi.org/10.26419/res.00387.001

9. Gómez Gallego, M., y Gómez García, J. (2017). Musicoterapia y enfermedad de Alzheimer: Aspectos cognitivos, psicológicos y efectos conductuales. *Neurologia, 32*(5), 300-308. https://doi.org/10.1016/j.nrl.2015.12.003

10. *Alive Inside: A Story of Music and Memory.* Wikipedia. https://en.wikipedia.org/w/index.php?title=Alive_Inside:_A_Story_of_Music_and_Memory&oldid=991942258

11. Predovan, D., Julien, A., Esmail, A., y Bherer, L. (2019). «Effects of dancing on cognition in healthy older adults: A systematic review». *Journal of Cognitive Enhancement, 3*(2), 161-167. https://doi.org/10.1007/s41465-018-0103-2

12. Echaide, C., Del Río, D., y Pacios, J. (2019). «The differential effect of background music on memory for verbal and visuospatial information». *Journal of General Psychology, 146*(4), 443-458. https://doi.org/10.1080/00221309.2019.1602023

13. Gallant. S. N. (2016). «Mindfulness meditation practice and executive functioning: Breaking down the benefit». *Consciousness and Cognition, 40*, 116-130. https://doi.org/10.1016/j.concog.2016.01.005

14. Brown, K. W., Goodman, R. J., Ryan, R. M., y Anālayo, B. (2016). «Mindfulness enhances episodic memory performance: Evidence from a multimethod investigation». *PLoS One, 11*(4), e0153309. doi:10.1371/journal.pone.0153309

15. Isbel, B., Weber, J., Lagopoulos, J., Stefanidis, K., Anderson, H., y Summers, M. J. (2020). «Neural changes in early visual processing after 6 months of mindfulness training in older adults». *Scientific Reports, 10*(1), 21163. https://doi.org/10.1038/s41598-020-78343-w

16. Levy, B. R., Zonderman, A. B., Slade, M. D., y Ferrucci, L. (2012). «Memory shaped by age stereotypes over time». *Journals of Gerontology. Series B, Psychological Sciences and Social Sciences, 67*(4), 432-436. https://doi.org/10.1093/geronb/gbr120

17. Levy, B. R., y Myers, L. M. (2004). «Preventive health behaviors influenced by self-perceptions of aging». *Preventive Medicine, 39*(3), 625-629. doi:10.1016/j.ypmed.2004.02.029

18. Barber, S. J. (2020). «The applied implications of age- based stereotype threat for older adults». *Journal of Applied Research in Memory and Cognition, 9*(3), 274-285, https://doi.org/10.1016/j.jarmac.2020.05.002.

19. Steele, C. M., y Aronson, J. (1995). «Stereotype threat and the intellectual test performance of African Americans». *Journal of Personality and Social Psychology, 69*, 797-811. doi:10.1037/0022-3514.69.5.797

20. Krell-Roesch, J., Syrjanen, J. A., Vassilaki, M., Machulda, M. M., Mielke, M. M., Knopman, D. S., Kremers, W. K., Petersen, R. C., y Geda, Y. E. (2019). «Quantity and quality of mental activities and the risk of incident mild cognitive impairment». *Neurology, 93*(6), e548-e558. https://doi.org/10.1212/WNL.0000000000007897

21. Fritsch, T., Smyth, K. A., Debanne, S. M., Petot, G. J., y Friedland, R. P. (2005). «Participation in novelty-seeking leisure activities and Alzheimer's disease». *Journal of Geriatric Psychiatry and Neurology, 18*(3), 134-141. https://doi.org/10.1177/0891988705277537

22. Tranter, L. J., y Koutstaal, W. (2008). «Age and flexible thinking: An experimental demonstration of the beneficial effects of increased cognitively stimulating activity on fluid intelligence in healthy older adults». *Aging, Neuropsychology, and Cognition, 15*(2), 184-207. doi:10.1080/13825580701322163

23. Lindstrom, H. A., Fritsch, T., Petot, G., Smyth, K. A., Chen, C. H., Debanne, S. M., Lerner, A. J., y Friedland, R. P. (2005). «The relationships between television viewing in midlife and the development of Alzheimer's disease in a case-control study». *Brain and Cognition, 58*(2), 157-165. doi:10.1016/j.bandc.2004.09.020

24. Sharifian, N., y Zahodne, L. B. (2021). «Daily associations between social media use and memory failures: The mediating role of negative affect». *Journal of General Psychology, 148*(1), 67-83. doi:10.1080/00221309.2020.1743228

25. Comisión Federal de Comercio. (2015, 9 de abril). *La FTC aprueba una orden final que prohíbe a la empresa hacer afirmaciones infundadas relacionadas con las capacidades de «entrenamiento cerebral» de los productos.*

26. Comisión Federal de Comercio. (2016, 5 de enero). *Lumosity pagará 2 millones de dólares para resolver las acusaciones de publicidad engañosa de la FTC por su programa «Brain Training»: La empresa afirmaba que el programa agudizaría el rendimiento en la vida cotidiana y protegería contra el deterioro cognitivo.* https://www.ftc.gov/news-events/press-releases/2016/01/lumosity-pay-2-million-settle-ftc-deceptive-advertising-charges

27. West, R. K., Rabin, L. A., Silverman, J. M., Moshier, E., Sano, M., y Beeri, M. S. (2020). «Short-term computerized cognitive training does not improve cognition compared to an active control in non-demented adults aged 80 years and above». *International Psychogeriatrics, 32*(1), 65-73. https://doi.org/10.1017/S1041610219000267

28. Lee, H. K., Kent, J. D., Wendel, C., Wolinsky, F. D., Foster, E. D., Merzenich, M. M., y Voss, M. W. (2020). «Home- based, adaptive cognitive training for cognitively normal older adults: Initial efficacy trial». *Journal of Gerontology. Series B, Psychological Sciences and Social Sciences, 75*(6), 1144-1154. https://doi.org/10.1093/geronb/gbz073

29. Simons, D. J., Boot, W. R., Charness, N., Gathercole, S. E., Chabris, C. F., Hambrick, D. Z., y Stine-Morrow, E. A. (2016). «Do "brain- training" programs work?». *Psychological Science in the Public Interest, 17*(3), 103-186. https://doi.org/10.1177/1529100616661983

Capítulo 22: Ayudas para la memoria

1. Brown, P. C., Roediger III, H. L., y McDaniel, M. A. (2014). *Make it stick: The science of successful learning.* Belknap Press, un sello de Harvard University Press.

2. Lorayne, H. (2010). *Ageless memory: The memory expert's prescription for a razor-sharp mind.* Black Dog & Leventhal.

3. Foer, J. (2011). *Moonwalking with Einstein: El arte y la ciencia de recordarlo todo.* Penguin Press.

4. Budson, A. E., y O'Connor, M. K. (2017). *Seven steps to managing your memory: What's normal, what's not, and what to do about it.* Oxford University Press.

5. https://en.wikipedia.org/wiki/Time_management#The_Eisenhower_Method

Capítulo 25: Estrategias avanzadas y mnemotecnia

1. Foer, J. (2011). *Moonwalking with Einstein: The art and science of remembering everything*. Penguin Press.

2. https://danielkilov.com/2014/05/05/the-memory-systems-of-mark-twain/

3. https://timeonline.uoregon.edu/twain/pleasures.php

4. https://en.wikipedia.org/wiki/Mnemonic_major_system#History Consultado el 17/4/2021

5. Lorayne, H. (2010). *Ageless memory: The memory expert's prescription for a razor-sharp mind*. Black Dog & Leventhal.

6. Brown, P. C., Roediger III, H. L., y McDaniel, M. A. (2014). *Make it stick: The science of successful learning*. Belknap Press, un sello de Harvard University Press.

7. https://archive.org/details/adcherenniumdera00capluoft/page/218/mode/2up

ACERCA DE LOS AUTORES

Andrew E. Budson se licenció en el Haverford College, donde se especializó en química y filosofía. Tras licenciarse *cum laude* en la Facultad de Medicina de Harvard, fue médico interno en el Brigham and Women's Hospital. Posteriormente asistió al Programa de Residencia en Neurología de Harvard-Longwood, en el que fue elegido jefe de residentes en su último año. A continuación realizó una beca de investigación en neurología conductual y demencia en el Brigham and Women's Hospital, tras lo cual se incorporó al departamento de Neurología. Participó en numerosos ensayos clínicos de nuevos fármacos para tratar la enfermedad de Alzheimer en su función de Director Médico Asociado de Ensayos Clínicos para la Enfermedad de Alzheimer en el Brigham and Women's Hospital. Tras su formación clínica, pasó tres años estudiando la memoria como becario posdoctoral en psicología experimental y neurociencia cognitiva en la Universidad de Harvard bajo la dirección del profesor Daniel Schacter. Tras cinco años como profesor adjunto de neurología en la Facultad de Medicina de Harvard, se incorporó al Centro de Investigación de la Enfermedad de Alzheimer de la Universidad de Boston y al Centro Clínico de Educación en Investigación Geriátrica (GRECC) del Hospital de Asuntos de Veteranos de Bedford. Durante sus cinco años en el GRECC de Bedford desempeñó varios cargos, entre ellos el de Director de Servicios Ambulatorios, Director Clínico

Asociado y, más tarde, Director General del GRECC. En 2010 se trasladó al Veterans Affairs Boston Healthcare System, donde actualmente es Jefe Asociado de Personal para Educación, Jefe de Neurología Cognitiva y Conductual y Director del Centro de Neurociencia Cognitiva Traslacional. También es Director Asociado y Responsable de Divulgación, Captación y Educación en el Centro de Investigación sobre la Enfermedad de Alzheimer de la Universidad de Boston, Profesor de Neurología en la Facultad de Medicina de la Universidad de Boston y Profesor de Neurología en la Facultad de Medicina de Harvard. El Dr. Budson ha recibido financiación para investigación de los Institutos Nacionales de Salud y otros organismos gubernamentales desde 1998, y ha recibido un Premio Nacional al Servicio de Investigación y un Premio al Desarrollo Profesional (K23), además de subvenciones para proyectos de investigación (R01) y becas al Mérito de la Administración de Veteranos. Ha dado más de 750 conferencias locales, nacionales e internacionales y otras charlas académicas, entre ellas en el Instituto de Neurociencia Cognitiva, Queen Square, Londres; Berlín, Alemania; y la Universidad de Cambridge, Inglaterra. Ha publicado 9 libros y más de 150 artículos en revistas especializadas, entre ellas *The New England Journal of Medicine*, *Brain* y *Cortex*, y es revisor de más de 50 revistas. Fue galardonado con el Premio Norman Geschwind de Neurología Conductual en 2008 y con el Premio de Investigación en Neurología Geriátrica en 2009, ambos de la Academia Americana de Neurología. Su investigación actual utiliza las técnicas de la psicología experimental y la neurociencia cognitiva para comprender la memoria y las distorsiones de la memoria en pacientes con enfermedad de Alzheimer y otros trastornos neurológicos. En su Clínica de Trastornos de la Memoria del Veterans Affairs Boston Healthcare System trata a pacientes al tiempo que enseña a estudiantes de medicina, residentes y becarios. También atiende a pacientes en el Boston Center for Memory de Newton, Massachusetts. Cuando no está trabajando o escribiendo, le gusta pasar tiempo con su familia, viajar, correr, esquiar, navegar en kayak, montar en bicicleta y practicar yoga.

Elizabeth A. Kensinger es actualmente catedrática y presidenta del Departamento de Psicología y Neurociencia del Boston College, donde dirige el laboratorio de Neurociencia Cognitiva y Afectiva desde 2006. Se licenció *summa cum laude* en psicología y biología por la Universidad de Harvard y se doctoró en neurociencia en el Instituto Tecnológico de Massachusetts con una beca predoctoral del Instituto Médico Howard Hughes. Tras una formación posdoctoral en la Universidad de Harvard y el Hospital General de Massachusetts, con becas de la Corporación de Investigación Biomédica de Massachusetts y el Instituto Nacional de Salud Mental, consiguió un puesto en el Boston College. Allí imparte cursos sobre memoria humana y neurociencia afectiva e involucra a los estudiantes en prácticas de investigación. A lo largo de los años ha sido tutora de docenas de becarios posdoctorales y estudiantes de posgrado, y de más de 100 estudiantes universitarios. La mayoría de los miembros de su laboratorio han seguido carreras académicas, pero puede presumir de que sus ayudantes de investigación universitarios han aprovechado su formación para carreras que van literalmente de la A (publicidad) a la Z (zoología). La Dra. Kensinger ha publicado más de 200 artículos de investigación y ha sido editora asociada de *Emotion and Cognition and Emotion,* así como editora asociada fundadora de *Affective Science*. Ha recibido premios de la Cognitive Neuroscience Society, la Association for Psychological Science y la American Psychological Association, y ha tenido el honor de presidir el Comité del Programa de las dos primeras sociedades. Su investigación está financiada por la National Science Foundation y los National Institutes of Health, y su laboratorio también ha recibido recientemente financiación del McKnight Endowment Fund for Neuroscience, la Retirement Research Foundation y la American Federation for Aging Research. Su laboratorio también se ha beneficiado de una donación de los miembros de la pro-

413

moción de 1991 del Boston College para apoyar la investigación sobre el aprendizaje y la memoria dirigida a mejorar la experiencia educativa de los estudiantes con problemas de memoria. Su investigación combina múltiples métodos (resonancia magnética funcional, potenciales relacionados con eventos, polisomnografía, psicofisiología, seguimiento ocular) para responder a preguntas como: ¿Por qué recordamos algunos momentos de nuestro pasado, como los imbuidos de emoción, mejor que otros? ¿Por qué el sueño es tan importante para la memoria? ¿Cómo cambia la memoria a medida que los adultos envejecen y qué podemos hacer para minimizar el impacto negativo de esos cambios? Cuando no está en el laboratorio o en el aula, lo más probable es encontrarla horneando y decorando pasteles o pasando tiempo al aire libre con su marido y su hija. Les gusta especialmente pasar tiempo en las montañas de Nueva Inglaterra, donde su hija se enfrenta a veces al reto de mantener el ritmo en las excursiones a pie por las montañas, y Elizabeth se enfrenta siempre al reto de alcanzar a su hija mientras desciende esquiando por ellas.

Este libro se terminó de imprimir
en el mes de marzo de 2024
en Liberdúplex S.L. (Barcelona)